남북 및 남남 갈등시대의

통일교육론

남북 및 남남 갈등시대의

통일교육론

배장오 저

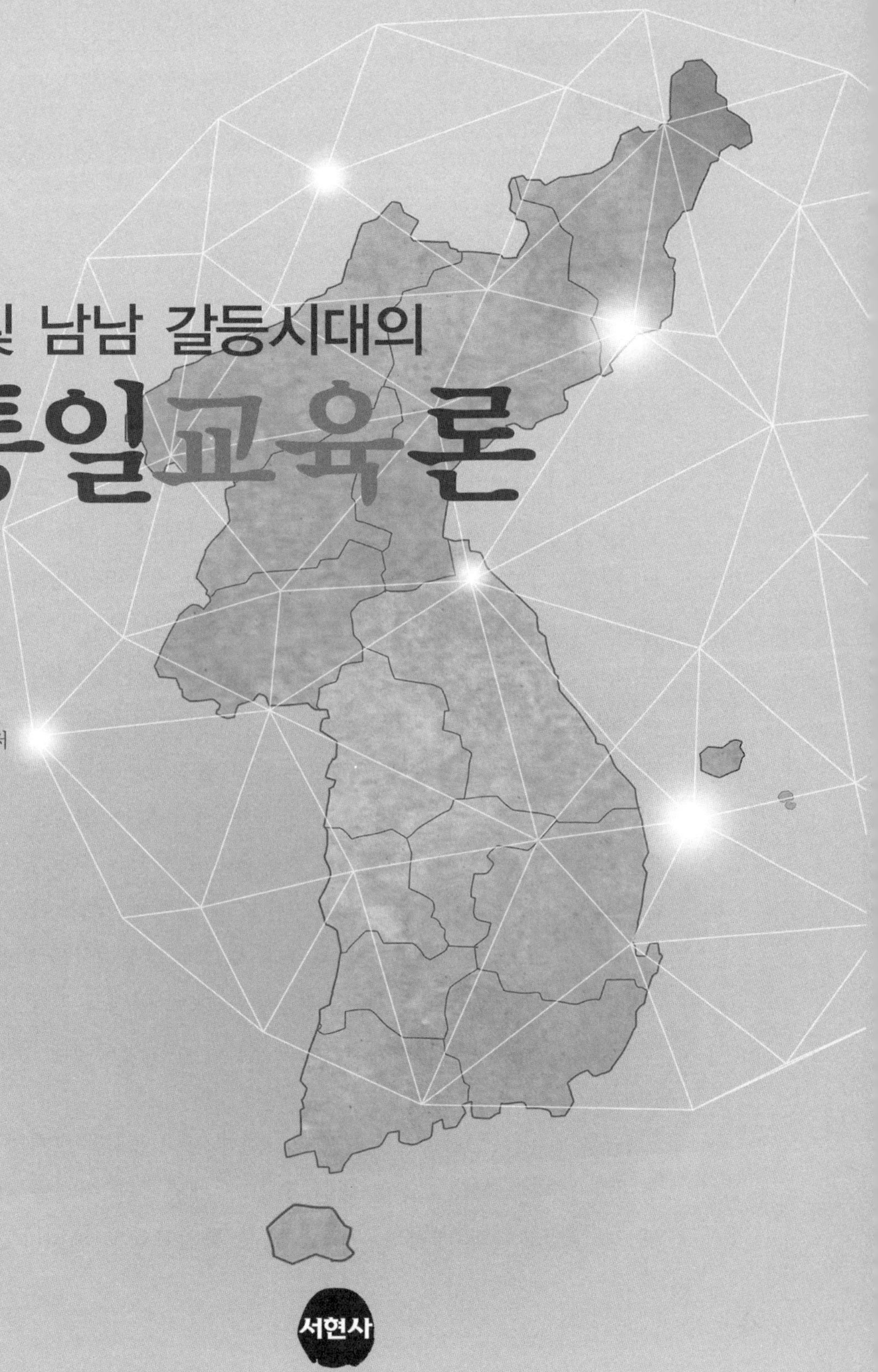

서현사

머리말

우리나라는 지구촌의 유일한 분단국가이다. 지난 세기에 독일, 베트남, 예멘이 통합을 이룸으로써 우리만 분단 상태이다. 1972년 7월 4일 남북공동성명에 자극받은 독일이 그해 부랴부랴 동서독 회담을 재개하더니, 그로부터 18년 만인 1990년에 베를린 장벽을 걷었다. 베를린 제국의사당 앞에서 독일 통일 기념식이 열린 날이 하필이면 10월 3일, 우리의 개천절이어서 통일교육에 관심이 많은 필자 같은 사람은 더욱 안타까움을 자아냈던 기억이 난다.

우리의 자존심을 구기는 일은 독일의 통합만은 아니다. 우리의 분단이 외세에 의한 것이지만 한반도를 에워싸고 있는 열강들은 자국의 국익과 한국의 통일문제를 끝없이 저울질하며 등거리 외교를 일삼아왔다. 주변국들의 태도가 이럴수록 우리는 민족공동체 깃발 아래 통합을 이루어야 하지만, 북한은 북한대로 3대 세습과 강성대국을 만들겠다며 핵보유국을 향해 치닫고 있고, 우리는 우리대로 이념적 갈등이 극에 달하고 있다. 바로 이런 맥락에서 《남북 및 남남 갈등시대의 통일교육론》을 기획하게 되었다.

《남북 및 남남 갈등시대의 통일교육론》은 전체를 12개의 장(章)으로 꾸몄다. 우선, 통일교육에 대한 관심과 개괄적인 이해를 돕기 위해서 제1장 통일교육의 개념과 성격, 제2장 통일교육의 패러다임 전환으로 구성하였다. 다음으로는 통일교육 활동의 지침이 될 것으로 확신하여 제3장 통일교육의 원칙, 제4장과 제5장에 통일의 내용과 방법을 기술하였다. 다음으로는 한반도 통일의 당사자인 대한민국과 북한의 통일교육을 논의한 후에 그 특징을 제6장부터 제9장까지 네 개의 장에 걸쳐서 언급하였고, 제10장은 독일 통일의 사례를 타산지석으로 삼자는 의미에서 동서독의 통일교육, 제11장은 21세기의 통일교육 그리고 마지막 제12장에는 통일한국의 미래와 요구되는 인간상으로 정리하였다. 더하여, 각 장의 말미에는 한만길(1999)이 엮은 《북한에서는 어떻게 교육할까》에서 발췌한 내용과 통일 관련 전문가들의 일간지 기고문이나 인터뷰 내용 등을 수록하여 평화통일의 신념을 배양하기 위한 읽을거리를 제공하였다.

최근 사회부총리 겸 교육부 장관이 조선일보와의 인터뷰(2015.1.7)에서 남북한의 이질성과 간극을 최소화하기 위해 비정치적 · 비군사적인 부문 중에서도 가장 중요한 교육에서 공통부분을 넓혀가야 한다면서 "학교현장 통일교육을 강화하겠다." 라고 밝힌 바 있다. 담론 수준의 통일교육 논의가 구체적인 내용에 방법을 곁들인 교육활동의 모습으로 전환될 것이라는 기대를 하면서 이 책의 수정판이 나오기 이전에 남북의 평화통일에 대한 우리의 준비가 완료되기를 기대한다.

끝으로, 출판업계의 어려운 여건에도 불구하고, 이 책의 출판을 격려한 서현사 조재성 사장님과 편집부 여러분의 수고에도 감사를 드린다.

아울러 폭넓은 자료 수집에 땀 흘린 큰딸 문주와 윤문 및 교정에 동참해준 교육학과 후배들에게 고마움을 전한다.

2015년 2월 15일

시내산 기슭 연구실에서

배 장 오

차례

제5장 통일교육의 방법

제6장 대한민국의 통일교육(Ⅰ)

제7장 대한민국의 통일교육(Ⅱ)

제8장 북한의 통일교육

제9장 남북한 통일교육의 특징

제10장 동서독의 통일

제11장 21세기의 통일교육

제12장 통일한국의 미래와 요구되는 인간상

제 1 장

통일교육의 개념과 성격

제1장 통일교육의 개념과 성격

1 통일교육의 개념

통일교육은 우리 민족의 당면과제인 통일을 달성하기 위해 선행되어야 할 국민교육을 일컫는다. '통일'이라는 말과 '교육'이라는 말의 합성어인 통일교육은 통일준비교육과 통일대비교육으로 나누어 논의되어야 한다. 전자는 통일을 이룩하기 이전까지의 교육인 반면, 후자는 통일이 되었을 때 직면하게 될 여러 가지 상황을 예견하여 이에 대처할 수 있도록 역량을 기르는 교육이다.

조휘재(2011)는 통일교육이 한반도의 분단에 접근하는 관점, 통일의 의미 그리고 교육에 대한 관점에 따라 다양하게 변화되어 왔으며, 여러 명칭으로 불려왔다고 설명하고 있다. 그러면서 통일교육의 개념은 통일환경, 국민의식 그리고 정부의 통일정책 등이 복합적으로 작용하며, 유사한 측면과 상이한 강조점이 동시에 주어지면서 구체적으로 제시되었다고 했다. 여기에서 말하는 통일환경이란 통일의 실질적 당사자인 남북한이 견지하고 있는 체제의 특성과 한반도 통일에 직·간접적으로 영향을 미칠 수 있는 국제상황과 세계사적 추세를 일컫는 포괄적 개념이다. 또한, 한국민족의 역량, 세계열강들의 이해관계와 얽혔던 분단과정과 남북한의 국가·사회적 역량 그리고 동북아 각국의 이해관계와 관련된 통일과정 및 우리가 추진하는 통일정책이나 통일방안 및 통일의 의미까지를 포괄(이우영, 2003)하고 있다.

통일교육 용어에 대해 통일교육지원법(1999.2.5. 법률 제5752호로 제정, 2009.10.19. 법률 제9800호. 일부개정) 제2조에서는 '자유민주주의에 대한 신념과 민족공동체 의식 및 건전한 안보관을 바탕으로 통일을 이룩하는 데 필요한 가치관과 태도를 기르도록 하기 위한 교육'이라고 정의하고 있다. 또한, 통일교육의 과제로는 통일의지와 민족공동체 형성의지의 고취, 북한에 대한 올바른 이해, 안보와 평화의지 함양, 남북한 화해 및 협력관계 형성에 필요한 준비 그리고 통일에 대한 올바른 준비태세 배양 등이 있다고 했다.

이러한 통일교육에 대한 정의를 이전의 정의와 비교해 보았을 때 당장의 통일보다는 평화를 강조하고 있으며, 이 평화정착의 기초로서 건전한 안보의 문제를 강조하고 있다. 또한 자유민주주의에 대한 신념이라는 용어를 사용하고, 민족공동체 의식의 고취라는 측면에서 동포애를 강조한다. 아울러 통일을 이룩하는 데 필요한 가치관과 태도의 측면에서 남북한 화해 및 협력관계 형성에 필요한 준비를 통해 사실상의 통일을 이룩하는 문제와 이러한 과정에서 우리가 직면하게 되는 여러 과제를 예견하고, 그 해결방안을 찾게 함으로써 명확한 전망과 준비태세를 갖추도록 하고 있다.

특히, 통일교육에 대한 일반적 정의[1)]의 원론적인 차원을 토대로 통일교육의 개념범주를 여러 부문으로 나누어 볼 수 있으며, 통일여건의 변화와 대북정책의 변천에 따라서도 그 내용을 변경시킬 수 있다.

---

1) 여기에서의 일반적 정의란 국민, 즉 성인과 학생을 모두 포괄할 수 있는 넓은 의미의 개념규정을 의미한다. ; 배장오(2005). 《통일교육의 새지평》 고양 : 서현사. p.41. 재인용.

예컨대, 현재의 상태에서는 통일교육이라는 개념을 '통일준비교육'과 '통일대비교육'의 두 단계로 나누어 정립함으로써 보다 개념적으로 명확성을 기할 수 있다. 먼저, '통일준비교육'은 통일을 이루기까지 필요한 교육으로서 남북한 간의 적대감과 대결 감정을 해소하여 평화를 정착시킴으로써 남북이 화해, 협력, 신뢰에 기초하여 인적 · 물적교류를 이루는 사실상 통일상태를 이룰 때까지의 범국민적 교육이라고 할 수 있다. 따라서 통일준비교육은 통일에 필요한 지식, 태도, 사고, 가치관 그리고 행동규범 등을 국민들에게 습득하게 하는 교육이다. 이에 비해 '통일대비교육'이란 제도 및 영토 통일, 즉 체제통합을 이룩한 이후에 통일국가를 완성하고, 같은 민족으로서 이질적 측면을 완화하며, 동질성 제고에 요구되는 적절한 지식, 태도, 가치관, 의식, 사고 그리고 행동규범 등을 국민들에게 이해시키고 습득하게 하는 교육이라고 할 수 있다.

그러나 이러한 통일교육에 대한 일반적 · 분석적 정의가 어린이나 청소년들을 대상으로 하는 학교 통일교육의 정의에 그대로 적용되는 것은 아니다. 우선 교육의 대상이 상이하며, 이에 따라 주요 관심사도 다르다. 그들은 또한 변화된 환경 속에서 자라난 새로운 세대이고, 통일의지나 통일의식 또한 대학생이나 성인들에 비해 약화된 현상을 보이고 있다. 따라서 학교 통일교육에 대한 정의는 일반적 정의보다는 상당히 특화될 필요가 있다.

이러한 관점에 기초하여 학교 통일교육의 정의를 규정하면, 학교 통일교육은 북한 및 통일문제에 대한 청소년들의 약화된 인식을 고양시키고, 청소년들로 하여금 남북한 사회의 과거와 현재의 모습에 대한 이해를 통해 평화를 만들어내는 능력에 기초한 통일의지를 함양시키며, 통일환경과 과정에 대한 객관적 지식과 합리적 판단력을 습득하여 통일을 준비하는 동시에 통일 이후를 대비하는 바람직한 태도를 형성하기 위한 교육이라고 할 수 있다. 여기에서 강조점은 무엇보다도 당장의 통일보다는 한반도에 평화를 정착시키고, 이를 기초로 남북한이 화해와 협력을 통해 사실상의 통일상태를 이룩하고자 하는 의식과 태도를 함양시키는 데 있다.

2 통일교육의 성격

통일은 '한국의 한국화'를 이루면서 '한국의 세계화'를 동시에 성취할 수 있어야 한다(권성아, 1999). 이때의 세계화 역시 우리 것에 우리 옷을 입히되 서구의 것도 포용할 수 있는 방향으로 나아가야 한다. 남북관계에 있어서 한국화 역시 궁극적으로는 민족의 동질성 회복을 뜻하고, 동질성에 앞서 민족의 정체성이 우선적으로 회복되어야 한다. 이는 현재 오래된 분단상황으로 인해 남북 간의 생활양식이 지나치게 이질화되어 있어서 '동질성' 주장이 자칫 '이념' 논쟁으로 발전할 가능성이 크기 때문이다. 따라서 통일은 남북의 양극적 이념을 극복하면서 공산화는 물론 서구화도 아닌 민족의 주체적 사상에 입각한 한국적 민족의식 계발에 그 목적을 두어야 한다. 그런 후에는 이렇게 찾아낸 한국화를 현대화시키되, 서구의 전형적인 사상이나 문화와 대립하지 않고, 세계의 보편적 이상에 융합할 수 있는 방향으로 세계화될 수 있도록 해야 한다. 즉, 한국의 주체적인 사상을 현대화 및 세계화시키는 과정 속에서 통일의 방향을 모색해야 할 것이다.

이에, 통일교육 또한 기본적으로 한국의 사상을 주체성, 현대성 그리고 보편성을 띠도록 하는 방향에서 이루어져야 한다고 볼 수 있다. 그러나 단지 사상에만 머물게 해서는 안 되며, 그것이 민족공동체 · 인류공동체 형성에 기여토록 하기 위해서는 사상을 구체적인 내용과 방법론을 지닌 학문으로 성장시킬 수 있어야 한다. 하나의 신념차원에 머무를 수밖에 없는 사상은 진위가 판명 가능한 진리를 대상으로 하는 학문으로 성립되어야만 진정한 의미의 교육, 즉 진리탐구를 통한 바람직한 인간형성으로서의 교육이 이루어질 수 있으며, 그 단계까지 진입해야 비로소 한민족의 삶을 실질적으로 변화시킬 수 있게 되기 때문이다.

문제는 대한민국의 건국이념인 홍익인간 사상이 주체성, 현대성 그리고 보편성을 띤 한민족의 통일교육 사상으로 삼을 수 있는 근거를 그 안에 지니고 있는가 하는 점이다. 이를 밝히기 위해서는 먼저 '한'이라는 말의 의미를 되새겨 볼 필요가 있다. '한'은 "어떻게 하는 것이 인간을 널리 이롭게 한다는 의미인가?"와 관련되기 때문이다.

우리말에 쓰이는 '한'의 용도는 매우 다양하다. 대표적으로 신을 나타내는 개념인 한인(桓因) · 하느님 · 하나님과 우리나라를 나타내는 말인 한국 · 대한민국 등을 들 수 있다. 또한 한옛적(太古) · 한끝(最終端) · 한마루턱(最高峰) · 할아버지(한아버지의 변음) · 한강(큰 강) 등에도 쓰이고 있다. 이러한 '한'의 용도는 큼(大), 하나(單一 · 唯一 · 同一 · 統一), 하늘(天), 으뜸(元 · 始 · 第一 · 神聖), 가장 · 맨(最 · 太 · 至極), 바름(正), 긺(長 · 永), 넓음(廣), 오램(久), 많음(多), 뭇(衆), 모두 · 다 · 온(諸 · 一切 · 全體), 임금(王 · 君 · 主), 밝음(明 · 光明), 나라(韓) 등 다양하기가 이루 말할 수 없으나 대체로 유일하다는 의미의 하나 · 크다 · 넓다 · 높다 · 밝다 등으로 집약할 수 있다.

여기서는 '한'이라는 말이 대체로 '하나'(유일)라는 말을 중심으로 쓰이고 있다는 점에서 '한'이라는 말의 가장 중요한 용도를 '유일'(唯一)이라고 보고자 한다. 그리고 '크다' · '넓다' · '높다'는 것은 공간적인 의미를 지닌 것으로서 '대일'(大一)이라는 말로 개념화하고자 한다. 또한 '밝다'

는 것은 공간적인 의미로도 쓰이나, 일차적으로는 어느 때인가 빛이 비춤으로써 주변이 밝아지는 것이 가능하기 때문에 시간적인 의미가 앞선다고 할 수 있으므로 '명일'(明一)이라는 말로 개념화하고자 한다. 이와 같이 볼 때 '한'은 유일하다는 중심 개념을 축으로 하여 시간적 · 공간적으로 명일 · 대일하다는 특징을 지니고 있다고 볼 수 있다. 그래서 '한'은 영원한 하나(유일)이면서도 공간적으로는 만상을 포괄하고, 시간적으로는 천지창조의 원동력으로 존재한다고 할 수 있겠다.

'한'이 지니고 있는 이러한 의미 속성들 때문에 많은 학자들은 '한'이라는 말 속에 우리의 전통사상이 거의 다 포함되어 있어서 우리 민족이 본래부터 가지고 있는 고유 사상, 즉 천신사상(天神思想)이 주를 이루는 홍익인간 사상을 '한 사상'으로 표현하고 있다. 대표적으로 천도교에서 '한 사상'이라는 말을 사용하고 있으며, 독자적으로 한 사상을 펼친 학자로는 이을호(1986)와 김상일(1986) 및 최민홍(1988)을 들 수 있다. 손인수(1988) 또한 단군의 개천 사상은 우리 민족의 뿌리 사상으로 '크다' · '높다' · '전체적 하나'라는 뜻을 가진 '한(韓)'의 사상이라고 부를 수 있다고 했다.

'한'을 한자로는 韓 · 干 · 汗 · 桓으로 썼으나, 음을 표했을 뿐이다. 이 '한' 혹은 '흔'이 우리 정신생활의 등뼈다. 우리 사람은 한 사람이요, 우리 나라는 한 나라요, 우리 문화는 한 문화다. 그리고 그것을 인격화하여 대표하는 것이 한님 곧 하느님, 환인이다. …… 그 한을 하늘에서 표시하면 해다. 그러므로 태양신 섬김과도 하나다. '밝' 혹은 '박' 사상은 그리해서 나온 것일 것이다. 후대에 유교 · 도교 · 불교가 들어오면서 이 하느님은 帝 · 上帝 · 帝釋으로 바뀌어 불리게 되었고, 기독교가 들어올 때에는 그 유일신을 번역하는 데 이것을 그대로 써서 하나님으로 부르게 됐다(손인수, 1988).

여기에서 '한'이라는 말을 중심으로 볼 때 홍익인간 사상은 통일교육의 토대로도 가능하다. 왜냐하면, '한'이라는 말의 핵심인 '하나'라는 말을 중심으로 하되, 그것이 담고 있는 사상적 내용의 중심이 바르게 잡혀 있으면, 그러한 사상은 시간적으로도 선명하게 밝아 변화하는 세상을 언제나 밝혀줄 수 있으며, 깊이와 넓이 또한 이 세상의 어떤 사상도 공간적으로 포용할 수 있는 역량을 지님으로써, 통일한국의 교육적 이상도 밝혀줄 수 있기 때문이다.

그런데, '하나'라는 말이 오직 우리 민족에게만 있으면서(유일) 세상을 환하게 통째로 밝혀주는(명일) 커다란 통일 사상(대일)이라고 할 때, 홍익인간 사상은 역사적으로 우리 민족에게만 전해져 내려오는(이를 홍익인간 사상의 '역사성'으로 보려고 한다), 처음으로 나라를 세운 고조선부터 현대 및 미래에 이르기까지 우리 민족에게 영원토록 살아 있는(이를 홍익인간 사상의 '시간성'으로 보려고 한다), 그러면서도 우리 민족에게서 출발하여 항상 온 인류를 하나로 품는(이를 홍익인간 사상의 '공간성'으로 보려고 한다), 인류 역사상 유례가 없는 유일한 한민족의 사상이라고 할 수 있다.

따라서 통일교육의 근간을 홍익인간 사상에 둔다면 한국의 통일은 우리 민족에게 역사적으로 유일한 사상에 근거하여 중심 있는 민족 통일을 이루는 것이 되고(이를 통일교육의 '주체성'이라는 준거로 보려고 한다), 시간적으로는 구태의연하지 않아서 통일한국의 앞날까지도 한마음으로 환하게 밝혀줄 수 있으며(이를 통일교육의 '현대성'이라는 준거로 보려고 한다), 공간적으로도 폭이 넓어서 온 인류를 하나의 공동체로 묶어줄 수 있는 것(이를 통일교육의 '보편성'이라는 준거로 보려고 한다)이 될 수 있다.

이와 같이 '한'이라는 말에 담겨 있는 의미로 살펴볼 때, 홍익인간 사상은 〈표 1-1〉에서 볼 수 있는 것처럼 역사적 유일성, 시간적 명일성 그리고 공간적 대일성을 지니고 있다고 볼 수 있다. 그러므로 홍익인간 사상을 토대로 하여 이루어지는 통일교육은 역사적으로는 '주체성'을 지니고, 시간적으로는 '현대성'을 지니며, 공간적으로는 '보편성'을 지닌다고 할 수 있다. 즉, '한'은 "인간을 역사적 · 시간적 · 공간적으로 널리 이롭게 하여 주체적 · 현대적 · 보편적인 인간이 되게 한다." 라는 의미로 홍익인간을 재해석함으로써 홍익인간 사상의 성격을 드러내주며, 그것을 그대로 통일교육의 준거로 삼을 수 있게 하는 것이다.

〈표 1-1〉 '한'의 의미에 따른 홍익인간 사상의 성격과 통일교육의 준거

'한'의 의미	홍익인간 사상의 성격	통일교육의 준거
유일	역사성	주체성
명일	시간성	현대성
대일	공간성	보편성

해방 이후 홍익인간 사상이 위와 같은 성격을 지녀야 한다고 명백하게 드러난 적은 없지만, 남북한 독립정부 수립 후에 남한의 교육이념으로 홍익인간을 채택한 동기에서 보면, 주체성 · 현대성 · 보편성이 통일교육의 준거가 되어야 한다는 점을 명시하고 있다.

> 원래 이 '홍익인간'이라는 교육이념은 다른 곳에서 빌려온 것도 아니고, 또 이것이 다른 나라를 배타하는 제국주의 사상도 아니고, 근대사상 그대로를 반영한 것이니까 '홍익인간'으로 우리 이상을 삼자고 해서 채택이 되었던 것입니다(백낙준, 1963).

여기서 홍익인간 사상은 다른 곳에서 빌려 온 것이 아니라 우리 민족

의 것이라는 점에서 우리 민족의 고유한 주체성이 드러나고, 자유와 평등을 중심으로 한 근대사상을 반영하고 있다는 점에서 현대성을 함의하며, 다른 나라를 배타하는 편협한 민족주의가 아니라는 점에서 보편성을 띠고 있기 때문에 교육이념으로 채택할 수 있었다는 것이다.

이후, 교육이념으로서의 홍익인간의 성격은 대략 앞의 세 가지로 구체화되어 나타났다. 오천석(1963)은 홍익인간이 하나의 이상에 그치지 않으려면 현대화 · 민주화 · 한국화의 요소를 지닌 교육이 되어야 한다고 밝힌 바 있는데, 이는 통일교육의 준거와도 일치하는 것이다. 또한 '현대화' 과정에 있어서는 기본적으로 과학적 사고방식이 요청된다고 보았는데, 이는 앞의 '현대성'에 포함시킬 수 있는 개념이다. '민주화'는 인간적 가치가 존중되는 사회로 본 것으로, 온 인류가 보편적으로 추구하는 이상이라는 점에서 '보편성'에 포함시킬 수 있다. 그리고 '한국화'는 우리 자신을 재발견하고 민족적 긍지를 되살리는 교육이념으로서, 이는 바로 '주체성'에 해당하는 개념이다. 따라서 오천석은 현대성을 가장 앞세우고 주체성을 뒤에 놓음으로써 우선순위를 달리했을 뿐, 통일교육의 준거를 밝히는 데에는 차이가 없다고 하겠다.

정범모(1966) 또한 교육이념과 관련하여 근대적 인간상으로 주권화 · 근대화 · 민주화를 내세웠는데, 이 또한 표현방식만 달리했을 뿐, 통일교육의 준거와 내용 및 우선순위에 있어서 조금도 다르지 않다. 이에, 통일교육은 홍익인간 사상의 성격을 드러낼 수 있는 방향으로 이루어져야 할 것이며, 따라서 주체성 · 현대성 · 보편성은 통일교육에서 만족되어야 할 최소한의 조건이라고 할 수 있다.

사회사상으로서의 홍익인간 사상에 입각한 통일교육이 주체성 · 현대성 · 보편성이라는 준거를 만족시켜야 하는 이유와 그 조건을 보다 구체적으로 제시하면 다음과 같다.

1) 주체성

통일교육이 주체성(subjectivity)을 가져야 한다는 것은 우리 민족이 자율적인 의사결정에 의해 자유롭게 선택하고 결정할 수 있는 독특한 민족적 자아의식을 지녀야 함을 의미한다. 이는 '한'이라는 말이 지니고 있는 하나·바름·같음·으뜸·온전·하늘·위·임금 등의 개념에서 도출될 수 있는 준거이다. 또, 이는 '한'이라는 말의 '유일성'에 포함되면서 홍익인간 사상의 '역사성'을 이루기 때문에, 역사적으로 언제나 한 민족과 함께하며 널리 이롭게 된 주체적인 인간형성을 추구하게 하므로 통일한국에서도 지향해야 할 민족교육의 토대를 이룬다.

주체는 일관된 민족의식을 가져야 하며, 그 의식은 근대적 의식구조를 가지면서 민족적 동일의식을 상실하지 않는 것이어야 한다. 따라서 민족 주체성은 국민 각자의 자기 주체성 속에 함께 결집되어 있는 민족의 본질과 특이성에 대한 의견, 목표지향성, 공동체의식 및 역할의식 등을 일컫는 것으로서 우리 민족이 통일을 이루기 위하여 가장 먼저 회복해야 할 내용이다.

특히, 우리 민족은 일제시대와 분단시대를 거치면서 우리 민족에게만 유일한 공동의 주체성을 상당히 상실했다. 단군신화 등에서 드러나는 우리 민족의 유일한 주체성은, 개인의 자유를 우선시하여 만민의 평등을 저해하는 서구의 인본주의나 만인의 평등을 중요시하여 개인의 자유를 박탈하는 공산주의의 인본주의와는 구별된다. 이들 인본주의는 기본적으로 인간 우월주의에서 나오는 것으로서, 결국은 자연을 지배하고 파괴할 뿐만 아니라 인간관계를 상대적인 위치에 놓고 보게 함으로써 지배자와 피지배자가 생겨나게 한다. 또한 궁극적으로는 초월자를 인정하지 않음으로써 신을 인간의 경지로 끌어내리는 행위를 하게 한다. 그리스와 중국으로 대표되는 서양과 동양의 인본주의가 그러했으며, 북한의 주체사상은 인본주의에서 한 걸음 더 나아가 특정 개인을 신격화시키는 경지에까지 이르렀다.

그러나 우리 민족에게 있어서 홍익인간 사상은 인간이 만물의 결정권자라는 주체사상과는 달리 인간이 만물의 주관자가 아닐 뿐만 아니라 그럴 수 없는 인간의 한계까지를 인식하고 인정한다는 의미를 지니고 있다. 따라서 자연의 위대함이나 궁극적 존재 혹은 초월자로서의 신을 긍정하는 입장을 지닌다. 그렇다고 해서 전적으로 신에 의지하여 살아가는 신본주의라는 말은 아니다. 굳이 명칭을 붙이자면, 신의 뜻을 따르되 인간의 자유의지에 의한 선택에 의하여 그 뜻을 세상에 널리 펴며 살아가는, 신인합일(神人合一)의 인간존엄 사상이다.

이에, 한민족이 통일민족국가로 나아가기 위해서는 홍익인간 사상이 뜻하고 있는 신과 자연과의 관계 속에서 민족 주체성을 확립하여 한민족 본연의 모습을 찾음으로써, 어떠한 주의나 이념에 얽매이지 않은 민족공동의 주체성을 설정하는 방향으로 나아가야 할 것이다. 이를 위해 통일교육은 다음과 같은 조건을 지녀야 주체성이라는 준거를 만족시킬 수 있다.

첫째, 통일교육은 홍익인간 사상을 역사적으로 재해석하여 한민족의 얼을 지닌 인간을 형성하는 데 주력해야 한다. 따라서 우선 역사적으로 한민족의 주체적인 사상이 담긴 것을 통일교육의 내용으로 삼아야 한다. 여기에는 외국에서 시작된 것이라고 해도 그것이 한민족에게 융합되어 민족 주체성과 분리시킬 수 없는 것이라면 포용되어야 한다. 그러나 주체성이 없이 외국의 것을 거의 그대로 본뜬 것은 역사적으로 아무리 오래되었다고 해도 배제시켜야 한다.

둘째, 통일교육은 한국적인 사고방식을 지닌 인간을 형성하는 방향으로 나아가야 하므로, 역사적으로 한민족의 독특한 삶의 방식이 담긴 것을 주 대상으로 삼아야 한다. 따라서 외국의 방법에 거의 전적으로 의존한 것은 제외하되, 토착화된 것만 대상으로 해서는 안 된다. 외국 사상 자체에 대한 근본적인 비판을 하면서도 우리 사상을 대안으로 제시할 수 있는 것, 즉 토착화를 뛰어넘는 창조적 사고방식이 담긴 것을 바탕으로 해야 한다.

다시 말해서 통일교육이 주체성을 띠기 위해서는 폐쇄적인 것에 함몰되지 않도록 민족의 역사성을 중심으로 한 주체성을 기본으로 하되, 언제나 민족의 개방성을 동시에 견지할 수 있도록 해야 한다.

2) 현대성

통일교육이 현대성(modernity)을 띠어야 한다는 것은 우리의 민족의식이 과거의 전통에 경직적으로 함몰되어 있는 것이 아니라, 사회변화나 국제관계의 흐름을 새로이 밝혀 민족의 전통문화를 현대인의 삶의 양식과 사고방식에 걸맞게 새롭게 변화시킬 수 있는 포용력 있는 역사의식을 지녀야 함을 의미한다. 이는 '한'이라는 말이 지니고 있는 밝음 · 힘 · 환함 등의 개념에서 도출 가능한 준거이다. 또한 '한'이라는 말의 '명일성'에 포함되면서 홍익인간 사상의 '시간성'을 이루기 때문에, 역사적으로 언제나 한민족과 함께하며 항상 새롭게 변화되어 현대적으로도 널리 이롭게 된 인간형성을 추구하게 하므로 통일한국에서도 지향해야 할 민족교육의 토대를 이룬다.

우리 민족은 역사적으로 근대화를 이루지 못했다. 사상적으로는 실학을 통해 근대화를 이루려다 한계에 부딪쳤으며, 종교적으로는 동학을 통해 근대화를 이루려다 실패했다. 정치적으로도 우리 것을 근대화시키지 못하고 동도서기론(東道西器論)의 입장을 견지하려다가 남의 옷을 입게 되었으며, 교육에 있어서도 전통교육을 살리지 못하고 서구식교육이 근대적이라고 해서 대체해버리고 말았다. 그리하여 우리의 민족 사상이 세상을 밝힐 수 있는 내용을 기본으로 하여 이루어져 있고, 언제나 새로워질 수 있는 가능성을 지니고 있다는 것을 모른 채 일제시대와 분단시대를 거치게 되었다. 이제 남한은 형식뿐만 아니라 내용까지도 거의 다 서구화되어버렸으며, 북한은 전근대성을 면치 못하고 점점 폐쇄화되어가고 있다.

이에, 한민족이 통일민족 국가로 나아가기 위해서는 한민족의 주체적인 역사 속에서 근대화의 의미가 무엇인지 새롭게 밝혀 한민족 본연의 모습을 일단 근대화시킴으로써 민족의 정체성을 확보한 후, 이를 외국에서 들어온 현대화에 의존하지 않고 홍익인간 사상 속에서 한민족 특유의 현대성을 설정하는 방향으로 발전시켜야 할 것이다. 이를 위해 통일교육은 다음과 같은 조건을 지녀야만 현대성이라는 준거를 만족시킬 수 있다.

첫째, 통일교육은 홍익인간 사상을 시간적으로 재해석하여 주체적이면서도 현대적인 인간, 즉 명일한 인간을 형성하는 데 기여해야 한다. 그러기 위해서는 지금까지 우리 것을 근대화시키려고 노력하다가 일제의 침략 및 남북분단으로 잊어버리거나 잃어버리게 된 것을 현대화시키는 방향에서 통일교육의 내용을 구성해야 한다. 또한 남북의 이념대립으로 감추어진 것도 발굴해내고 이들을 객관화시켜 현대적인 의미로 재해석할 수 있어야 한다.

둘째, 통일교육은 일제와 남북분단으로 근대화 과정 중에 미처 다루지 못한 한국적 사상을 포함시킬 수 있어야 한다. 그리하여 그것을 중심으로 통일된 민족이 새롭게 현대화해 나가는 데 기여해야 한다. 서양화만이 현대화가 아니라, 민족의 가장 전통적인 것에서도 새로운 문화풍토를 조성하면 독특한 현대화를 이룰 수 있음을 보여줄 수 있어야 한다.

다시 말해서 통일교육이 현대성을 띠게 하려면 시간적으로 과거나 현세적인 것에 함몰되지 않도록 전통을 기반으로 현재를 인정하되, 민족의 미래를 지향할 수 있도록 해야 한다.

3) 보편성

통일교육이 보편성(universality)을 띠어야 한다는 것은 우리의 민족의식이 일정한 공간에만 한정하여 적용되는 것이 아니라, 어떠한 사회적 상황이나 국제환경의 변화에도 포괄적으로 활용될 수 있어야 함을 의미한다. 이는 '한'이라는 말이 지니고 있는 큼 · 높음 · 넓음 · 깊 · 포용 등의 개념에서 도출될 수 있는 준거이다. 또, 이는 '한'이라는 말의 '대일성'에 포함되면서 홍익인간 사상의 '공간성'을 이루기 때문에, 역사적으로 언제나 한민족에게서 출발하여 온 인류를 포용하는 방향으로 나아감으로써 보편적으로 널리 이롭게 된 인간형성을 추구하게 한다. 즉, 통일한국에서도 지향해야 할 민족교육의 토대를 이루게 된다는 것이다.

홍익인간 사상으로 대변되는 우리 민족의 전통 사상은 크고 넓어서 세상의 모든 사상을 포용하는 보편성을 지니고 있다. 하늘의 뜻을 이 세상의 정치 · 종교 · 교육에 펼쳐 조화롭고 평화로운 나라를 건설하자는 단군신화와 정치 · 경제 · 교육의 균등화로 개인 · 민족 · 국가 간의 대등화를 이루자는 임시정부의 삼균주의(三均主義)는 모두 이 세상에 존재하는 다양한 사상을 인류애를 바탕으로 융합시켜 하나의 문화공동체를 이루어나가자는 의미를 담고 있다. 그래서 한민족 · 한국 · 한글 등 우리나라를 상징하는 문화내용은 모두 세계를 '커다란 하나의 민족 · 국가 · 글'로 통일시키자는 의지를 담고 있다.

홍익인간 사상이 교육이념으로도 타당한 이유 중의 하나는 그것이 온 인류를 포용하는 보편성을 지니고 있기 때문이다.

> 홍익인간은 우리의 민족적 이상인 동시에 인류에 공헌한다는 세계 이상에 부합되는 것이다. 교육의 목적은 교육을 받는 그 사람을 위하는 것일 뿐 아니라, 나아가서 전인류가 함께 사는 데 있다. 그러니 민주적 혹은 보편적 교육(universal education)의 입장에서 볼 때에도 홍익인간은 우리의 교육이념으로서 타당하다(손인수, 1988).

그런데 일제시대와 분단시대를 거치면서 한민족에 대한 외국의 영향력이 지나치게 커져서, 신과 자연과 인간 등 온 우주만물의 조화와 평화를 추구함으로써 이 세상의 어떤 사상이나 정치 · 경제 · 종교 · 교육도 공유할 수 있는 보편성을 지닌 홍익인간 사상이 더 이상 주체적으로 발전하지 못하고 있다. 그러면서 남한은 지나치게 서구화의 과정을 밟고, 북한은 지나친 폐쇄화의 과정을 밟음으로써 한민족의 괴리감을 점점 더 심화시키고 있다.

이에, 한민족이 통일민족국가로 나아가기 위해서는 한민족의 주체적인 홍익인간 사상에서 보편성의 의미가 무엇인지 새롭게 찾아내어 이를 통일교육에 적용시켜야 할 것이다. 이로써 남과 북이 진정으로 공유할 수 있는 보편적인 민족의식이 형성될 수 있는데, 이를 위해 통일교육은 다음과 같은 조건을 지녀야 보편성이라는 준거를 만족시킬 수 있을 것이다.

첫째, 통일교육은 홍익인간 사상을 공간적으로 재해석하여 주체적이면서도 보편적인, 즉 대일한 인간을 형성하는 데 기여할 수 있어야 한다. 이를 위해서는 홍익인간 사상이 민족적 우월경쟁을 조장하지 않고 보편적 원리를 지닐 수 있도록 합리적 · 객관적인 것으로 발전시킬 수 있어야 한다. 그러나 유교나 불교처럼 과거 우리 역사에서 단순히 사회적 지배이념으로 작용했다는 이유만으로 보편화시켜서는 안 된다. 사회적 지배이념에 의해 혹시 감추어져 있었다고 해도 민족의 보편성을 밝혀줄 수 있는 홍익인간 사상의 내용을 포함하고 있다면, 이를 통일교육의 내용으로 삼을 수 있어야 하는 것이다.

둘째, 통일교육은 국제적인 유대를 가지고 세계사의 보편적인 방향을 함께 모색하는 작업을 통해 이루어질 수 있다. 그러기 위해서는 먼저 우리 사상의 독자적인 시각을 마련하되, 이러한 민족사의 과업이 세계사의 방향과 합치되거나 이를 새로운 방향으로 이끌 수 있도록 유도하는 방향에서 이루어져야 한다.

다시 말해서 통일교육이 보편성을 띠게 하기 위해서는 공간적으로 지나치게 일반적인 것만 추구해서는 안 되며, 민족의 특수성을 인정하고 이를 출발로 삼되, 그것이 융통성 · 다양성을 지닐 수 있도록 해야 하는 것이다.

그동안 인류의 역사는 대서양시대를 지나 현재는 지구촌시대를 이루고 있다. 그러나 앞으로의 세계는 태평양시대가 될 것이라고 예언하는 사람들이 많다. 이러한 시대흐름에 있어서 히브리즘 · 헬레니즘 · 기독교 사상이 종합적으로 형성된 대서양 문화는 서구에 한정된 것이어서 오늘을 사는 인류의 정신문화를 하나로 통일하여 지배하기 어렵다. 그러나 태평양 문화는 동양의 모든 사상, 즉 유교 · 불교 · 도교 사상을 '한'이 포용하여 홍익인간 사상으로 형성될 수 있도록 할 뿐만 아니라, 대서양 문화까지도 포용하여 하나로 융합할 수 있는 소지가 있으므로 지구촌 공동체 문화의 수립을 가능하게 해줄 수 있다. 왜냐하면 '한'이 그 자체 개념 속에 전일성(全一性)과 포괄성을 지니고 있기 때문이다.

따라서 역사성 · 시간성 · 공간성을 지닌 홍익인간 사상을 주체성 · 현대성 · 보편성을 지닌 통일교육으로 형성하고, 이에 근거를 둔 통일교육을 실시함으로써 우리에게 독특한 민족공동체 의식을 형성할 수 있을 때, 비로소 '유일' · '명일' · '대일'한 홍익인간이 창조되어 진정한 사회의식 통합과 문화공동체 의식의 형성으로 민족을 통일하는 것이 가능해질 것이다. 그리고 이러한 홍익인간으로 형성된 통일한국은 역사적 · 시간적 · 공간적으로 한민족에서 출발하여 온 인류를 포용하게 됨으로써, 21세기를 주도할 새로운 전통문화를 지닌 세계사 속의 한민족 국가로 거듭날 수 있게 될 것이다.

▸홍일식 한국인문사회연구원 이사장 중앙일보 인터뷰

(2014.12.24. 중앙일보 30면 - 오피니언)

"통일이란 목표가 있는 한 우리 민족은 사그라질 수 없다."

"《한국문화사대계》를 완간해 달라."

시인 조지훈(1920~68) 선생이 고려대 민족문화연구소 소장을 지내다 타계할 무렵 연구소의 총간사였던 홍일식(78) 한국인문사회연구원 이사장에게 남긴 유언이다. 홍 이사장은 당시 고려대 국문과 대학원 박사과정에 재학 중이었다. 그의 가슴에 '민족'이란 두 글자가 평생의 화두로 자리잡게 된 계기였다. 《한국문화사대계》는 2권까지 나온 상태였고, 이후 출간작업을 홍 이사장이 도맡아 전 6권을 1972년에 완간했다.

《한국문화사대계》는 순수 학술도서로는 드물게 100만 질이 판매됐다. 학문적 축적이 많지 않던 시절의 획기적인 사업이었고, 훗날 일본 도쿄대 인문과학연구소에서 발행한 저널에서 이것을 광복 후 한국학연구의 3대 업적 중 하나로 꼽았다.

2015년 한국 나이로 팔순을 맞는 홍 이사장이 최근 또 한 권의 민족을 생각하는 책을 펴냈다. 《나의 조국 대한민국》이다. 민족과 국가를 이야기하면 마치 시대의 흐름에 뒤떨어졌다는 듯한 반응이 돌아오는 요즘의 세태를 그는 안타까운 눈으로 응시한다. "우리 젊은이들에게 이 얘기만은 꼭 전해주고 가야겠다."는 일념으로 썼다고 한다. 초점은 '역사의식'에 맞춰 있다. 조선 말기-일제강점기-광복과 분단-대한민국 건국을 아우르는 우리의 근현대사를 그만의 경험적 시각으로 다시 전해주려고 한다. 일제가 심어 놓은 식민사관의 폐해를 강도 높게 비판하면서 그는 다른 한편으로 대학시절 2년여에 걸쳐 직접 사사한 육당 최남선에 대한 기억도 털어놨다.

19일 오후 서울 성북동의 한국인문사회연구원에서 그를 만났다. 홍 이사장은 "나는 농경사회에서 태어나 IT 첨단기술사회까지 살아온 세대다. 우리 민족이 한계상황에 닥치면 언제나 놀라운 순발력으로 난국을 타개해나가는 것을 내 눈으로 봤다."며 "'통일조국 건설'이라는 목표가 있는 한 앞으로도 그러할 것."이라고 말했다.

《나의 조국 대한민국》을 펴낸 계기는 무엇인가.

"오늘날 70대 이상 세대들은 일제식민지시대에 태어나 나라 없는 설움과 천대에다 모진 가난 속에서 유소년 시절을 보냈다. 광복의 환희도 잠시였고 6·25전쟁의 참화와 굶주림, 게다가 집집마다 거의 안 겪은 사람이 없을 만큼 육친의 이산과 생주검을 경험하기도 했다. 그런 비운의 세대가 오늘날 세계가 놀라는 현대 국가 대한민국을 만들어냈다. 정말 기적이라고 하지 않을 수 없다. 왜, 무엇이 기적을 가능하게 했는지를 밝혀 알려주고 싶었다."

책 속에서 우리 근현대사의 주요 인물들에 대한 재평가를 요청하고 있다.

"제2차 세계대전 후 독립한 나라 중에서, 더구나 남북분단과 전란의 악조건 속에서 유일하게 산업화와 민주화를 차례로 이루어냈고 원조를 받던 나라에서 원조를 주는 나라로 우뚝 섰다. 이것은 그동안 우리 민족의 모든 구성원이 서로가 절묘하게 역할 분담을 잘 해냈기 때문이다."

'역할 분담'이란 무엇인가.

"우리는 국권을 상실하자 역할을 분담해 스스로의 역량을 키워갔다. 중국과 미주로 망명해 무력항쟁을 벌이고 외교적 독립운동을 택한 강경투쟁 노선과, 국내에서 갖은 수모를 참아가며 민족의 역량을 키워 미래를 준비한 온건준비노선이 그것이다. 전 민족의 차원에서 보면 밖에서는 광복을 위한 투쟁, 안에서는 자기 역량을 키우는 노력이 병행되었다는 뜻이다. 이 두 역량이 광복 후에 합쳐져 오늘날 전대미문의 대한민국을 만든 것이다. 우리처럼 역할 분담을 못하고 식민지 해방투쟁에만 전념한 다른 제3세계 100여 개 나라들이 국권회복은 했지만 아직도 민주화, 산업화를 이루지 못한 것과 비교하면 그 의미가 뚜렷해진다."

기존의 친일 개념에 어떤 문제가 있나.

"예를 들어 우리에게 잘 알려져 있지 않은 홍사익 장군이란 사람을 보자. 일제시대 일본군 육군 중장이었다. 그래서 쉽게 친일파라고 매도한다. 얼마나 친일을 했으면 육군 중장까지 올라갔겠느냐는 거다. 하지만 그가 '명색이 최고 위직에 있는 내가 일본군을 떠나 독립군에 가담한다면 나는 영광이 되겠지만 지금 강제로 동원된 병사들은 물론 징용된 수십만의 동포들이 보복을 받을 것'이라고 우려한 당시의 기록이 있다. 그가 일본 육사에 간 것도 대한제국에서 유학생으로 선발돼서다. 친일 얘기만 나오면 흥분부터 할 일이 아니다. 이제 차분히 옥석을 가려 역사적 인물의 공(功)과 과(過)를 따져볼 때가 되지 않았나 한다."

친일파를 변호하는 소리로 들린다.

"조선의 마지막 총독이었던 아베 노부유키가 쫓겨 가면서 했다는 말을 기억해야 한다. '우리는 졌다. 그러나 반드시 다시 온다. 100년, 200년이 가도 벗어날 수 없는 식민사관을 조선에 심었기 때문에 우리는 다시 조선을 지배할 수 있다. 우리는 지지 않았다.' 이 말에서 식민사관이란 말을 놓치면 안 된다. 우리가 우리의 역사를 어떤 시각에서 보고 있는지 잘 생각해봐야 한다."

요즘 세대에게 70대 이상의 아픔과 영광의 경험이 잘 와 닿지 않을 수 있다.

"잘 알고 있다. 우리는 천형(天刑)과도 같은 가난의 굴레에서 벗어나 물질적 가치만을 추구해오는 동안 더 귀중한 것을 잃었다. 어떻게 하면 더 많은 먹을거리를 생산해낼까만을 생각했지, 어떻게 해야 싸우지 않고 이것을 잘 나누어 먹을 것인가는 생각하지 않았다. 자식들에게도 어떻게든 1등만 하라고 다그쳤지 어떻게 하는 것이 남을 도우며 함께 잘살아가는 길인가를 가르치지 않았다."

요즘 젊은이들을 '삼포 세대'라고 한다. 연애, 결혼, 출산을 포기했다. 어떤 말을 해줄 수 있을까.

"안타깝다. 도움이 될는지 모르지만 이런 일화를 말해주고 싶다. 내가 15세 때 1·4후퇴가 있었다. 1950년 12월 28일이니까 이맘때쯤 피란 짐을 짊어지고 여덟 식구가 한강 얼음 위를 걸어서 건너갔다. 일주일 만에 겨우 선대의 산소가 있는 충북 청원군 미원면에 갔다. 무릎까지 눈이 찼고 기진맥진했다. 그런데 도착해서 아버지의 첫마디가 '잘됐다'였다. 몇 끼를 굶고 뒤에서는 중공군이 따라왔는데 말이다. 그런데 하시는 말씀이 '내가 평소에 너에게 한문을 좀 가르치고 싶었는데 그동안 나는 사회생활, 너는 학교에 다니느라 바빴지 않니. 이제 너도 나도 내일부터 할 일이 없으니 한문공부나 하자. 얼마나 잘됐나'고 하셨다. 이어서 하시는 말씀이 '이런 어려운 난국을 만났을 때 세상을 원망하고 남을 탓하는 것은 어리석은 짓이다. 이럴 때가 아니면 할 수 없는 일을 찾아서 해야 뒷날 후회를 안 한다'였다. 나는 그때부터 한문을 읽었다. 맹자, 논어, 통감을 차례로 읽었다. 한문의 눈을 그때 떴다."

내년이 광복 70주년이다. 젊은 세대가 식민사관, 패배주의에서 어떻게 벗어날 수 있나.

"희망이 있다는 건 대단히 중요한 얘기다. 우리 민족은 세계에서 유일하게 목표가 있다. 중국은 소수민족 다루기, 미국 눈치 보기 등으로 정신이 없다. 일본도 이미 목표를 상실했다. 허공에서 몸부림을 치고 있다. 그런데 우리는 '통일조국 건설'이라는 목표가 있다. 이게 있는 한 사양길에 들어설 수가 없다. 우리만이 뚜렷한 공동체의 목표가 있고 희망이 있다. 목표와 희망이 있는 한 민족은 절대 사그라질 수 없다."

통일을 이루는 과정에서 우리가 무엇을 준비해야 하나.

"21세기는 '문화주권' 시대가 아닌가? 문화대국으로 가야 한다. 국민의 도덕성을 함양해야 한다. 마오쩌둥과 장제스를 비교해 보자. 1945년 당시 재력, 병력, 화력, 또 국제적 위상으로 보면 장제스와 마오쩌둥은 비교할 수조차 없을 만큼 장제스가 우세했다. 그런데 불과 4년도 안돼서 중국 대륙은 마오쩌둥 천하가 됐다. 그 결정적 요인이 도덕성이다. 독일 통일과 베트남은 어떤가. 서독의 경우 월등한 경제력이 흡수 통일한 것으로 생각하는데, 내가 독일에 가보니까 그게 아니다. 동독에도 군인, 정보원, 경찰 다 있었다. 그런데 통일과정에서 총소리 한 방 안 났다. 흡수되더라도 마구 죽이진 않을 거란 서독의 도덕성을 동독 사람들이 믿었던 것이다. 우리도 이걸 참고해야 한다."

책에서는 문명적 위기의 대안으로 우리의 전통 효 사상과 인본주의를 제시했는데.

"현대인은 고독의 늪에 빠졌다. 농경사회는 배고파서 못살겠다고 하던 시대였다. 산업혁명 이후 대량생산으로 굶주림은 면했지만 노동시간 단축, 근로조건 개선을 내세우며 아우성쳤다. 그다음에 기술주권시대에는 시간이 없어서 못살겠다고 한다. 또 지금 고도의 전문지식 정보화시대는 외로워서 못살겠다는 때다. 인간의 얼굴을 잃어버렸기 때문이다. 이 고독의 늪에서 어떻게 해방, 탈출할 것인가. 그 사상을 창조해내는 국가가 세계의 리더가 될 것이다. 자본주의와 사회주의를 좌우에 놓고 가운데에 동양의 인본주의를 놔야 한다. 여기에 인본주의 기본인 우리의 효(孝) 사상을 접목시키면 고독을 극복할 수 있는 새로운 철학이 나온다. 이게 우리 사상의 발전적인 실체다. 앞으로 효 사상, 효 문화가 인류 구원의 메시아가 된다. 따라서 21세기 중반 이후 문화주권시대에는 우리 한국이 세계에서 유일한 리더가 될 것으로 믿는다."

홍일식

1936년 서울 출생. 양정고 졸업.

고려대 문학박사, 연세대 명예 철학박사, 고려대 13대 총장과 한국외국어대 재단이사장을 역임했다. 고려대 교수 시절 민족문화연구소 소장을 지내며 《한국문화사대계》와 《중한(中韓)대사전》을 편찬했다.

현재 흥사단 민족통일운동본부 공동의장, 우당이회영선생기념사업회 회장, 세계효문화본부 총재 등을 맡고 있다.

제2장

통일교육의 패러다임 전환

제2장 통일교육의 패러다임 전환[1)]

1 통일교육의 지향점

그동안 통일교육의 지향점은 시대적 요청에 따라, 즉 국시(國是) 또는 국가정책적 요구와 남북관계에 따라 변화되어 왔다. 북진 통일의 기치 아래에서는 승공통일교육을, 극렬한 대치상황 속에서는 반공교육을 그리고 상대방의 존재를 인정하면서 경쟁관계를 유지한 시기에는 안보교육을 시행해 왔다. 또 북한에 대해 어느 정도의 자신감을 갖고 있던 시기에는 통일을 지향하면서도 한편으로는 경계하는 교육을, 상대방을 대화의 장으로 이끌어내려는 입장에서는 북한에 대한 이해와 포용의 교육을 시행해 왔다.

통일교육의 지향점은 통일의 지향점이 무엇이냐에 따라 다르므로, 통일의 지향점이 먼저 설정되어야 한다. 통일의 지향점에 대해서는 여러 차원의 접근이 가능하다. 이념적으로는 자유민주주의를 기반으로 한 통일이어야 할 것이며, 제도적으로는 새로운 통일(new unification)이어야 할 것이다. 물론, 새로운 통일의 내용에 대해서는 기대가 다를 수 있다. 일부 통일주창자들 중에서는 국가 대개조와 국민의식의 혁명을 수반하는 통일혁명을 가정하는 경우도 있다(박세일, 2011). 이른바 대한민국의 '새판 짜기'를 염두에 둔 것이라고 하겠다. 그러나 획일적인 새판 짜기

1) 황인표(2011).〈학교 통일교육의 새로운 패러다임에 대한 일고〉윤리연구. 제83호. pp.221-262 중에서 'Ⅳ. 학교 통일 교육의 새로운 패러다임 모색(pp.240-255)' 내용을 재구성하여 전재함.

는 또 다른 부작용을 가져올 우려가 있다. 분야별로 새판 짜기가 필요한 곳이 있겠지만, 기존의 제도 중 일부를 수용하여 적절한 통합을 모색하는 방법도 있을 수 있기 때문이다.

특히, 본고에서 관심을 두고자 하는 것은 통일을 달성하기까지의 과정과 통일 이후 통합의 방식에 대한 것이다. 통일의 방식은 기능주의적 접근에 의한 과정을 거쳐 통일이 달성되고, 종국적 통합과정에서는 우리나라의 구조와 체제에 통합되는 발전된 통합형태를 상정했다. 이는 통일교육에 대한 접근방법을 모색함에 있어 방향타가 될 것이다. 목표로서 '통합'의 방향이 설정되고, 그 목표를 위해 접근방법이 결정되면, 어떤 내용을 교육할 것인가의 문제가 어느 정도 해결될 것이기 때문이다.

목표와 방향이 설정되는 것은 아주 중요한 문제의 해결을 담보한다. 그동안 통일교육 내용에 대해 진보적 차원이니 보수적 차원이니 하는 논의를 불식시킬 수 있는 장점이 있다. 예를 들어, 통일교육에 있어서 평화교육적 접근은 진보적 차원과 가치로서의 평화교육이라는 차원이 동시에 포함되는데, 통합의 목적에 부합한다면 평화교육적 방법을 필요한 정도로 가미하여 접근하는 것이 가능해진다. 통합의 방향에 부합하기만 하면, 방법상의 지엽적인 문제들은 큰 틀에서 논란이 없어질 수 있기 때문이다.

문제는 종국적 통합의 문제가 과거에 폐기했던 방식으로 이루어져서는 안 된다는 점이다. 이미 흡수통합에 대한 논의는 동구권의 몰락과 소련의 붕괴과정에서 통일의 주요 대안으로 모색되었으며, 우리나라도 1990년대 초반에 흡수 통일을 목표로 여러 가지 논의와 교육적 노력이 있었다. 즉, 과거의 흡수통합 방식을 통일의 과정으로 사용하고자 했는데, 통일이 진행되는 과정에서부터 북한을 우리의 체제 속으로 끌어들인다는 점에서 상대방의 반발을 불러올 수도 있다. 상대방의 불안의식을 자극하고, 교류의 단절을 불러올 수 있는 것이다. 그러나 발전된 통합방안이나 변증법적으로 발전된 통합방안에서는 통일과정의 단계가 상호 간의 이해의 폭을 최대한 넓혀 줌으로써 평화공존의 장이 형성되고, 상호 공감대 확산을 통해 자연스럽게 통일의 단계에 도달함으로써 이른바 일방적 통합에 대한 반발을 잠재울 수 있다.

따라서 이런 점에서 공공연한 흡수 통일 용어는 지양될 필요가 있다. 완전한 통합을 위한 노력은 통일 이후에 우리의 프로그램으로 진행되는 것이므로, 지금 단계에서 굳이 대화의 상대와 용어논쟁을 하면서 소모적 대치를 할 필요가 없다. 이와 마찬가지로 통일교육의 방향에 있어서도 그동안의 통일교육 논의를 새로이 변증법적으로 종합하는 것이라고 하겠다. 즉, 기능주의 접근과정에서 통일교육의 방법으로 모색된 방안들을 충분히 활용하되, 결국에는 제도적으로나 이념적으로 그리고 국민의 행복을 담보할 수 있는 질적 통합방안을 반영하는 교육이 모색되어야 한다. 이러한 내용을 그림으로 나타내면 다음과 같다.

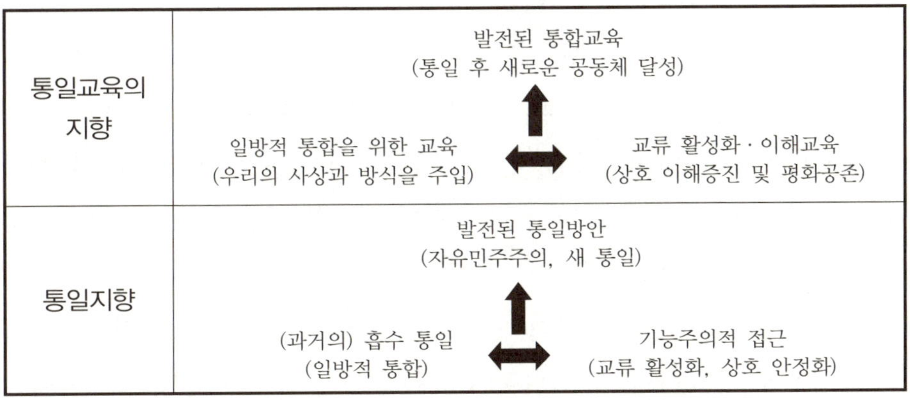

[그림 2-1] 새로운 통합교육을 위한 방향의 도식화[2)]

2) 위의 책, p.242. 재인용. 황인표(2011)는 제목을 〈표〉로 했지만, 그림으로 나타낸 것이므로 [그림]으로 표시하는 것이 필자는 더 바람직하다고 사료됨.

2 새로운 패러다임에 적합한 통일교육 내용과 방법적 모색

기능주의적 접근 또는 햇볕정책 시기에는 북한이해 교육이 중심을 이루었다면, 새로운 발전된 통합교육의 상황에서는 통합을 달성하기 위한 적극적인 교육적 노력이 병행되어야 한다. 과정으로서 기능주의적 접근과 통일의 달성 그리고 종국적인 흡수통합이 상정된 상태에서의 통일교육은 그러한 것들을 구축할 수 있는 내용 또는 방법으로서의 접근이 필요하다.

1) 기능주의 접근 논리를 구현하기 위한 교육내용과 방법

기능주의의 대전제는 국가 간의 갈등으로부터 자유로운 기술적 영역에서 교류가 확대됨으로써 상호 의존이 증가할 것을 상정하고 있다(이무성 외 3인, 2008). 교류의 증대는 이해의 증대와 더불어 사람들에게 자신이 서로에게 속한 일원이라는 '집합적 정체성'을 고양시키고 공동체의식을 고양시킬 것으로 생각했다. 그러므로 통일교육의 내용으로 교류의 활성화를 통한 상호 이해의 증진과 동질성 회복 방안은 중요한 교육내용이자, 접근방법이라고 할 수 있다. 이를 통해 비정치적 분야의 교류가 정치적 분야의 교류로 전이되는 파급효과를 가져와 통합에 기여하게 될 것이라는 가정[3]이다.

이러한 동질성 증진을 위해서는 교류의 차원에서만 보면 정치적 · 경제적 교류도 중요하지만, 이념적이거나 정치적 접근에서 벗어나 사회 ·

---

3) 하스(Ernst. B. Hass)는 파급효과와 합리성에 기인한 이익을 강조하면서 기능주의에서 강조한 전문가의 역할과 동시에 정부의 역할강조와 정치 엘리트의 역할을 강조했다. ; 위의 책, p.243. 재인용.

문화적 접근도 대단히 중요하다. 다만, 북한이해의 측면에서 그동안의 교류차원을 넘어 좀 더 적극적인 전환이 필요하다. 지난 이명박 정부에서 기능주의 논리를 사회 · 문화적 차원으로 한정했다면, 새로운 패러다임에서의 북한이해는 사회 · 문화적 차원에 한정하지 말고 이데올로기의 내용을 포함한 정치적 · 비정치적 차원에서 '포괄적 이해교육'으로 전환해야 한다. 상대방에 대한 이해는 궁극적 통합을 위한 첫 단계이기 때문이다.

지난 정부에서도 기본적으로 남북 교류협력이 여러 형태로 이루어져 왔다. 정치적 차원과 경제적 차원의 교류협력도 활성화되고 있지만, 정경분리의 원칙하에 정치적 영향에 상관없이 지속적인 교류협력이 이루어질 수 있도록 배려하고 있는 것이다. 이는 결국 남북관계에 평화를 가져오고 통일을 가져오는 초석이 될 수 있다.

이렇게 일반 시민단체나 국가차원의 교류협력은 어느 정도 이루어지고 있다고 할 수 있으나, 청소년들의 교류협력은 극히 미미하고 부족한 실정이다. 장기적으로 볼 때, 미래의 통일주역은 자라나는 청소년들이고 이들이 바로 통일세대라는 것을 생각하면, 청소년들의 동질성 회복을 위한 노력은 더욱 체계적으로 이루어져야 할 것이다. 이러한 노력은 통일 이전에는 통일을 앞당기는 촉매제가 되고, 통일 이후에는 우리 사회가 진정한 통합을 이루기 위한 초석이 된다.

참고로 최근 진행된 '통일준비 공론화 사업'의 학계 보고에 의하면, 많은 사람들이 '교류협력 증대(43.1%)'를 가장 바람직한 통일추진 방안으로 생각한다는 반응을 했다고 한다. 그러므로 이러한 내용들은 학교 통일교육에서 중점을 두고 추진해야 할 방향이 된다. 다만, 이러한 방법들의 실행은 양 당사국의 적극적인 의지와 노력이 병행되어야 할 것이며, 그 시기나 내용에 있어서 구체적인 논의가 있어야 하는 것들도 있다. 본고의 제안은 방향성 차원에서 고려되어야 하는 것이고, 통합을 위해 궁극적으로 모색되어야 할 방안이라는 의미를 갖는다.

(1) 청소년 관련 교류협력 활성화 및 관련제도의 개선[4)]

독일 통일의 주역인 에곤 바르(Egon Bahr)에 의하면, 독일 통일 과정에서는 학생들을 상호 교환하는 프로그램을 충실히 이행했다. 전 독일 총리인 빌리 브란트(Willy Brandt) 이후 헬무트 콜(Helmut Kohl) 총리 시절까지 지속적인 동방정책으로 청소년들의 교류를 활성화했다. 학생들의 수학여행을 서독에서는 동독으로, 동독에서는 서독으로 보냄으로써 오가는 학생들 모두에게 서로 이해의 폭을 높일 수 있도록 한 것이다(Geghard Michels, 2000). 그럼에도 불구하고, 독일은 정치적 통합을 이룩한 후에도 주민들 간의 이질화로 약 10여 년간에 걸쳐 내적 갈등을 겪었고(길은배, 1999), 그것이 20여 년 이상 흐른 지금에도 여전히 그 잔재가 남아 있다.

따라서 미래의 통일주역인 청소년들을 무제한 교류하게 하여 생각과 문화적 차원에서 이해의 폭을 넓히는 것은 대단히 중요하다. 실제로 학생들의 만남의 장(場)이 있었던 경우를 보면, 그들은 상호 접촉을 통해 처음의 어색함을 없애고 서로의 친밀감을 확인했다.[5)] 현재는 일부 대학 또는 민간단체들에서 합법적·비합법적으로 상호 교류나 자매결연을 맺고 있다. 이 중 비합법적인 것들은 합법화하고, 그들의 교류를 늘리는 조치를 할 필요가 있다. 그리고 현재의 법제 아래에서 현실적으로

4) 이하의 글은 한국청소년개발원(2005)에서 발간한 〈남북한 청소년의 사회·문화적 동질성 증진방안〉이라는 정책연구보고서에 기고한 내용을 기반으로 하되, 새로 연구된 내용을 추가·보완·수정한 것임을 밝혀 둔다. ; 위의 책, p.244. 재인용.

5) 길은배(1999), p.47에서 세계평화청년연합과 대학원리연구회 및 북한대학생들의 토론 및 문화체육행사 이후의 소감피력에서 나타난다. ; 위의 책, p.243. 재인용.

가능한 것이라도 우선적으로 시행하고 권장해야 한다. 중·고등학생들의 '백두산·금강산 수학여행', 더 정확하게는 '북한지역 투어' 등이 장려될 수 있어야 한다.

정치성을 배제하면서 사회·문화적 차원에서 언제든지 할 수 있는 것이 청소년 부문의 교류이다. 청소년 교류를 활성화하는 것은 미래를 위한 투자로써 상호 이해의 폭을 증진시키는 첨병으로 대단히 중요한 의미가 있다. 그러나 현재는 그 실천에 많은 장애가 있다. 그러므로 이러한 단계를 벗어나 우리가 좀 더 진전된 교류를 활성화하기 위해서는 제도적 권장 장치가 필요하고, 교류방법을 다양화하는 것이 중요하다.

우선, 청소년들의 교류에 불필요한 많은 장애물들을 제거하고, 필요한 서식이나 양식에 있어 융통성을 발휘해야 할 것이다. 또한 '청소년 교류활성화 촉진특례법(가칭)'과 같은 제도적 장치도 마련해야 한다. 여기에는 남북 상호 간에 인솔자의 책임하에 방북 또는 방남이 될 수 있도록 하는 획기적인 조치가 있어야 한다. 동시에, 자매결연을 통한 상호 방문, 홈스테이 제도의 활용, 육로를 통한 수학여행 및 졸업여행, 각종 학술탐사 활동 등이 장려되어야 한다.

(2) 북한동포 돕기 운동의 적극적 참여

단순한 교류협력 단계를 벗어나서 상호 평화정착의 단계에서는 지금보다 훨씬 적극적인 북한돕기 운동을 전개할 수 있을 것으로 예상된다. 이러한 운동을 통해 상호 이해의 증진은 물론, 통일의 필요성과 당위성을 절감하게 될 것이다. 현재 진행되고 있는 북한돕기 운동으로는 의약품 보내기, 식량지원, 의류 보내기, 학습기자재 지원 등이 있다. 그리고 학생들은 동참의 의미에서 '북한학생돕기 동전모으기'나 '1인 통일통장갖기' 등의 방법을 활용하고 있고, 국제연합국제아동구호기금(United

Nations International Children's Emergency Fund : Unicef, 유니세프)에 기금을 출연하는 방법 등으로 북한돕기 운동에 참여하고 있다.

이제는 이러한 소극적인 방법에서 벗어나 좀 더 적극적인 방법을 모색해야 할 때다. 특히 완성품을 기부하는 1차적 단계를 넘어, 그들의 자활(自活)을 도울 수 있는 여러 가지 기부운동을 해야 한다. 최근 우리 사회에 불고 있는 '재능기부' 같은 것들도 생각해 볼 수 있겠다. 이는 두 가지 차원에서 큰 의의를 가질 수 있는데, 첫째는 기부과정에서 이루어지는 우호적 관계증진이고, 둘째는 통일 후 남북 간의 격차를 최소화하는 결과를 가져올 것이다. 이러한 사실은 아프리카나 전후 복구과정에 있는 나라들에게 그동안 우리가 펼쳐온 경험적 사례로도 증명이 가능하다.

물론, 앞으로의 정치적 상황에 따라 참여의 폭은 훨씬 더 넓어질 수도 있으나, 직접참여에는 여전히 많은 제한이 예상된다. 그러므로 각종 국제평화단체 등을 통해 제한 없이 참가하는 방안을 강구할 필요가 있다. 당국에서는 학생들의 이러한 활동을 유도하기 위한 유인책을 마련해야 할 것이다. 봉사활동으로 인정해주거나, 북한관련 업체에 우선 취업의 기회를 부여하는 것 등이 그 예라고 하겠다. 그리고 북한의 수용 여부에 따라 달라지긴 하겠지만, 우리 학생들이 각종 봉사활동을 직접적으로 실행할 수 있는 방안－의료 봉사활동, 농업생산기술의 전파, 산림녹화 봉사활동 등－이 모색될 수 있을 것이다.

(3) 통일관련 청소년 문화운동의 전개

청소년들이 동질성을 증진시키는 데는 합리적인 이성을 통해 설득력 있게 접근하는 방안도 중요(박효종, 2001)하지만, 결국은 심리적 · 정서적 동질감을 갖게 하는 것이 무엇보다도 중요하다. 이런 방법으로는 청소년들의 문화활동을 통해 동질감을 찾는 것이 도움이 된다. 통일관련 각종 캠페인이나 통일관련 백일장, 표어 포스터 대회 혹은 자전거 대회 등을 통해 이해의 증진을 꾀할 수 있다.

그러나 이러한 일회성 활동보다는 조직화된 모습을 갖추는 것이 지속적인 동질성 증진방안으로 더욱 효율성이 높다. 다만, 다음의 방법들은 특히 남북 당국 간의 획기적인 인식전환과 노력이 있어야만 가능한 방안들이지만, 궁극적으로 통합을 위해 나아가야 한다는 점에서 제안한다.

① 남북한 문학 읽기 동호회

북한에도 시나 소설 등의 책 읽기를 좋아하는 독서광들이 있다. 특히 북한에서는 '하루에 2시간 이상, 1년에 1만 쪽 읽기 운동'을 벌이면서 독후감발표회나 독보회(讀報會) 등을 장려하고 있어 남북 상호 간에 좋은 책 읽기 운동은 쉽게 접근할 수 있는 공동의 청소년 문화활동이라고 할 수 있다. 북한에서는 아직도 혁명소설이 가장 많이 읽히기는 하지만, 남대현의 《청춘송가》는 남북한 공히 널리 읽혀진 애정소설이다. 추리소설이나 외국 번역소설도 제법 인기를 끌고 있는데, 《돈키호테》, 《테스》, 《셜록 홈즈 명탐정》 등 그 종류는 상당수에 이르고 있다(서현미, 2001b).

그러므로 이들 소설을 통해 공감대를 형성하고, 북한의 주민생활을 엿볼 수 있는 문학소설 등을 통해 북한생활을 이해할 수도 있다. 우리 청소년들이 북한을 이해하기 좋은 청소년 활동이다.

② 남북한 가요 부르기 동호회

우리 민족은 남북한 구별 없이 공통적으로 노래 부르는 것을 좋아한다. 차이라고 하면 남한이 상업성 짙은 음악과 노래가 주를 이룬다면, 북한은 노동력과 혁명성을 부추기는 노래가 주를 이루고 있는 점이다.[6)]

우리에게 널리 알려진 북한가요로는 '반갑습니다', '휘파람', '도시처녀

시집와요', '사랑의 미소', '친근한 이름', '녀성은 꽃이라네' 등이 있고, 남한노래가 북한에 알려진 것으로는 '사랑의 미로', '노란 셔츠 입은 사나이', '독도는 우리 땅', '돌아와요 부산항', '허공' 등 상당수에 이른다. 우리나라에서 유행했거나 유행하고 있는 노래를 북한주민들이 거의 알고 있다고 해도 아주 틀린 말은 아니라는 분석도 있다. 각종 CD알판 등을 통해서인 것으로 알려져 있다(황인표, 2011.3.12일자 통일신문). 청소년들이 가곡이나 동요를 부르는 것보다 가요를 더 많이 부르고 있는 점은 남북한이 다르지 않다고 한다. 따라서 남북한 청소년들이 함께 부를 수 있는 노래들을 늘림으로써 상호 정서적 동질성을 증진시킬 수 있을 것이다.

③ 남북한 영화 동호회

청소년들의 정서적 접근에 좋은 방법 중의 하나로 영화매체를 활용할 수 있다. 남북화해의 분위기 속에서는 남북 간 영화교류가 활발했다. 아직 북한 영화가 지나친 사상성으로 인해 우리의 관심을 끌지 못하고 있지만, 얼마 전 '아리랑'과 같은 내용을 남북공동으로 제작했던 경험은 영화교류의 새 장을 열게 될 것으로 기대를 모으고 있다. 이러한 영화 제작 교류는 제작과정이 진행되거나 또는 만들어진 작품 속에 스며져

---

6) 북한가요는 '무게 있는 가요'와 '생활가요'로 구분되는데, 생활가요는 일상생활 속의 감정을 다룬 노래로서 우리 노래와 연결성이 깊은 것으로 알려져 있다. 1985년 보천보 전자악단의 등장으로 북한가요도 많이 밝아졌는데(서현미, 2001b), 북한주민들도 노래를 좋아하고 많은 행사장에서 노래나 무용이 빠지지 않는다. 김정일은 이러한 성향을 십분 활용하고 있으며, 2000년대를 전후한 '선군음악정치'는 그러한 상황을 웅변적으로 대변해주고 있다. 실제로 북한은 음악이 대중교양의 훌륭한 수단이라고 여기고 있다. 그래서 북한에서는 예술영역에 종사하는 사람들을 '선전일꾼'의 중추로 보고, 그들을 독려하기 위한 여러 장치를 마련하고 있다(황인표, 2011.5.2일자 통일신문). ; 위의 책, pp.247-248. 재인용.

있는 내용으로 동질성 회복에 일조할 것으로 기대된다.

또한, 영화감상의 대상으로는 분열된 국가가 다시 하나되는 이데올로기가 내포된 것으로 평가되고 있는 '쉬리'와 같은 영화를 추천할 수 있다(최영훈, 2001). 최근, 통일부와 한국독립영화제작협회, 참교육영상집단에서 청소년을 대상으로 통일주제 단편영화를 제작하는 행사를 했다. 이러한 활동을 남북이 공유한다면, 청소년들의 참여와 의식을 공유할 수 있는 좋은 장이라고 사료된다. 참고로, 북한의 만화영화는 상당한 수준이라고 알려져 있다. '뽀로로' 애니메이션이 북한과의 합작으로 탄생했다는 것을 알고 있는 사람들은 많지 않은데, 2003년 11월 한국교육방송(EBS)에서 첫 방송을 한 '뽀로로'의 제작에는 북한의 삼천리총회사가 참여했다.

북한 만화영화가 우리나라에 얼굴을 알린 것은 생각보다 많다. 남북문화교류가 상당히 진전되고 있었던 1999년에는 춘천 국제 애니타운 페스티벌에서 '낙랑공주와 호동왕자', '영리한 너구리' 등을 방영한 적이 있었고, 2001년에는 하나로텔레콤과 합작으로 '게으른 고양이 딩가'가 제작되어 2001년 대한민국영상만화대상에서 캐릭터 디자인상을 수상하기도 했다(황인표, 2011.5.30일자 통일신문).

④ 통일캠프 개최

사람들이 상호 간의 이해를 증진시키는 데는 함께 생활하는 방법보다 좋은 것이 없다. 차이와 차별을 주제로 '통일캠프'를 개최한 결과에 의하면 캠프를 마친 후에 통일 관심도가 52%에서 75%로 높아졌고, 동시에 북한동포에 대한 편견이 11~14%나 감소하는 등 청소년들의 의식변화에 주목할 만한 가시적 효과가 나타났다(통일을 생각하는 교사들의 모임, 1999).

이러한 변화를 얼마나 지속시킬 것인가 하는 문제가 남아 있기는 하지만, 청소년들의 동질성 증진을 위한 좋은 방안 중의 하나라는 것은 의심의 여지가 없다. 특히, 남북연합 및 평화공존의 단계에서 '평화 · 통일캠프'는 남북이 프로그램을 상호 합의하여 작성하고 청소년들이 직접 참여한다면 그 효과는 배가될 것으로 판단된다.

(4) 청소년들의 인터넷과 매체를 활용한 관심 제고 방안

평화공존의 단계에서 청소년들의 통일에 대한 관심을 제고하는 방안은 청소년들의 특성을 고려하는 데서 찾아야 할 것이다. 정보화시대의 청소년들을 'N세대' 혹은 '영상세대'라고 하는데 북한에서도 신세대가 있다. 남한에 '오렌지족'이 있다면, 북한은 창광거리의 '놀새'가 있다. 그들은 혁명기의 고난을 모르는 신세대로 혁명성이 높지 않다[7]고 한다. 이러한 사실로 미루어 보아, 남북의 청소년들을 연결하는 것은 신세대 문화일 가능성이 가장 크다. 이들은 짙은 혁명성이나 이데올로기보다는 즉석에서 보고 듣는 것이 주요한 관심 대상이다. 매체나 인터넷이 청소년들의 눈과 귀를 붙잡을 것이고, 홈페이지나 인터넷을 이용한 상호 의식교환은 매우 의미가 있다.

최근의 북한 분석자료에 의하면 휴대 전화 가입자 수가 2010년 9월 말 현재, 301,199명에 이르는 것으로 나타났다. 북한은 2007년 이집트 오라스콤 회사와 합작형식으로 코드분할 다중접속(CDMA)방식의 이동통신 시스템을 도입했는데, 이는 2010년 3월 말의 가입자 125,000명의 2.5배에 달하는 증가를 6개월 만에 보게 된 계기가 되었다. 보급률로만 보면 1% 정도이지만, 30만 대 정도의 이동통신 인프라는 중요한 매개

---

7) 북한 신세대들은 제13차 세계청년학생축전을 계기로 자유주의 사상과 외제선호 사상을 확대하고 있다고 한다(서현미, 2001c). ; 위의 책, p.250. 재인용.

체라고 할 수 있다. 더구나 그들의 보도자료에 의하면, 수백 개의 이동통신 기지국이 건설되어 전국의 모든 시·군 소재지까지 서비스가 가능하고, 체콤기술합영회사에서 휴대 전화 단말기를 매일 수백 대씩 생산하고 있다고 한다. 특히, 중국과 접경지역에서는 주로 호환성이 있는 중국 스마트폰이 사용되고 있는데, 약 5,000대 정도로 추론된다는 것이 민간 대북사업자들의 전언이다(황인표, 2011.3.12. 일자 통일신문).

오늘날 우리는 정보화사회 속에서 살고 있다. 따라서 우리는 정보화의 이점을 이용하여 남북 청소년들 상호 간에 통일관련 의식을 제고하는 방안을 찾아야 한다. 북한에서도 현재 인터넷 사업에 상당한 관심을 가지고 있는 것으로 알려져 있다. 물론, 현재 북한의 4대 웹사이트[8)]가 주로 일본이나 중국에서 운영되고 있긴 하지만, 북한이 현재 추세대로 인프라를 구축해 나간다면 홈페이지를 통한 동호회 활동은 대단히 활발해질 것이다. 따라서 인터넷을 이용한 상호 의사소통 통로를 마련하는 것은 청소년들이 유대감을 갖게 하는 좋은 수단이 될 수 있다.

이와 더불어 청소년들의 통일관심을 제고하기 위해서는 대중매체를 활용해야 한다. 대중매체는 동일한 내용을 전파하는 데 있어 그 어느 것보다 탁월하다. 이들 매체를 통한 청소년들 관련 프로그램 편성 시에 주의할 점은 청소년들의 눈과 귀를 잡기 위한 의식적인 동원보다는 흥미를 유발할 수 있어야 한다는 것이다. '북한 리포트' 등을 통해 우리 청소년들이 북한을 이해해 가는 과정을 보면, 그 효과를 짐작할 수 있을 것이다.

또한 남북 청소년 상호 간의 동질성 증진방안으로 가장 중요한 것 중

---

8) 북한의 4대 웹사이트는 조선중앙통신(www.kcna.co.jp), 조선신보(www.koera-np.co.jp), 조선인포뱅크(www.dprkorea.com), 평양타임즈(www.times.dprkorea.com)으로 알려져 있다. ; 위의 책, p.250. 재인용.

의 하나는 체육활동을 통한 상호 이해의 증진이다. 청소년들은 두뇌보다는 가슴과 몸으로 느낀다. 그러므로 각종 체육행사를 학교단위나 지역단위로 연계해서 치루는 것은 청소년들의 동질성 증진에 매우 효과가 높을 것이다. 지난번 월드컵 개최에서는 남북 분산개최에 실패했지만, 올림픽이나 월드컵 대회를 분산개최하면서 응원단을 혼성편성하는 것 등은 상호 간에 이해의 폭을 한층 더 높일 수 있을 것으로 사료된다.

2) 통일 후 종국적 통합을 달성하기 위한 교육내용과 방법

통합의 시기가 언제일지에 대해서는 논의가 많다. 그동안의 여론조사 결과를 보면, 대체로 국민들은 20년 후를 상정하고 있는 것으로 보인다. 그런데 10년 전의 조사에서도 20년 후 쯤일 것이라는 의견이 많았고, 독일 통일 10주년을 즈음하여 어느 연구소에서 제시한 예측도 한반도 통일이 20년 후로 나왔다. 이러한 인식은 서독도 마찬가지였다. 서독국민들은 베를린 장벽이 붕괴되기 1년 전만 해도 통일이 바로 실현될 것이라고 예측하는 사람들이 거의 없었다고 한다(박영호, 2011).[9] 독일의 사례는 우리의 통일시점에 대해서도 예측 불허의 상황이 발생할 수 있음을 시사한다고 하겠다.

이러한 사실은 우리의 통일준비를 조속히 서두를 필요가 있음을 극명하게 보여주고 있다. 통일교육 차원에서도 북한에 대한 객관적 이해를 넘어 민족통합을 염두에 둔 교육을 서둘러야 할 시점이라고 하겠다. 그러나 그러한 변화는 일부에서 그 단초를 보이고 있을 뿐이고, 아직은 북한에 대한 이해교육의 단계에 머물러 있다고 할 수 있다. 특히, 기능

9) 1987년 조사에서 서독국민들은 3%만이 통일의 실현가능성이 있다고 믿었다고 한다. ; 위의 책, p.251. 재인용.

주의적 접근의 결과로 나타나는 종국적 단계의 통합-과거의미의 흡수통합을 극복한 질 높은 흡수통합-을 위한 준비가 교육적 차원에서 철저히 마련되고 시행될 필요가 있다. 그러한 교육내용으로 제도와 기구에 대한 통합교육, 공동체교육, 평화교육, 다문화교육 그리고 시민교육의 방안이 활용될 수 있는데, 그 개요를 소개하면 다음과 같다.

(1) 제도와 기구에 대한 통합교육

신기능주의 접근에서도 각종 제도와 규약을 통한 상호 간의 합의과정은 통합의 정도를 높일 수 있는 중요한 기제이며, 제도에 대한 중요성은 평화교육에서도 강조하고 있다. 평화를 담보하는 중요한 기제로서 국제기구 등이 역할을 해오고 있기 때문이다. 교류 및 통일의 과정에 있어서도 제도와 기구를 통해 안정적이고 체계적인 진행을 도모하기 위해서는 이러한 기구의 필요성과 역할 그리고 기능에 대한 준비가 충분히 이루어져야 하고, 동시에 그에 대한 교육이 병행되어야 할 것이다. 독일의 경우, 양독 간 교류협력의 활성화를 위한 서독정부의 노력에도 불구하고 상호 간의 제도적 합의가 뒤따르지 않아 적지 않은 어려움을 겪었다(손기웅, 2000). 이러한 문제점들을 해결하기 위한 제도적 정비로는 '베를린협정(1971)', '통행조약', '기본조약(1972)' 그리고 '문화협정(1986)' 등을 들 수 있다.

우리의 경우에는 상황이 다르다고 할 수도 있으나, 제도 및 기구의 중요성은 아무리 강조해도 지나치지 않다고 하겠다. 종국적 통합을 달성하기 위해 다양한 제도와 기구 및 체제의 통합이 필요하다면, 이에 대한 준비와 연구가 충분히 이루어져야 하고 그에 따른 교육도 필요하다. 결국에는 하나의 시스템을 구축하기 위해 다양한 제도의 비교 및 적절성 등에 대한 통합방안이 연구되어야 하고, 그에 대한 교육과 준비가 이루어져야 하기 때문이다.

교류활성화 못지 않게 중요한 것이 공식적 권위를 지닌 정치지도자와 정부 관료들의 의사결정 중요성에 대한 교육이다. 실제 통합과정은 비정치적인 전문가들이나 기술자들에 의해 이루어질 수 있으나, 최종 결단은 정치적 책임과 권력을 지닌 정치인들과 정부 관료들에 의해 주도되기 때문이다.

한편, 정치지도자와 정부 관료들의 의식변화에서는 결국 국민들의 합의가 중요한 요소로 작용한다는 점에서 보면, 이들은 상호 가역적으로 작용할 수 있다. 그러한 점에서 정치교육이 다시금 강조될 필요가 있는 것이다.

(2) 공동체교육

공동체주의는 어느 정도 정서에 바탕을 두고 있다. 통일에 대한 열망과 격정을 바탕으로 민족공동체 복원을 당연시하는 것이다. 공동체주의적 접근은 북한을 형제애와 동포애로 포용할 것을 강조하고, 통일에 대해 강력한 의지를 고취시킬 수 있는 장점이 있다(박효종, 2001). 남북한 동포가 함께 소속될 수 있는 민족공동체를 하나의 도덕적 선(善)으로 규정하고, 그러한 선에 대한 공유된 전망과 이해가 이루어질 때 비로소 통일교육은 성공적인 것이 될 수 있다(추병완, 2001).

우리나라의 공동체교육은 민족적 정서에 바탕을 두고 진행할 필요가 있으며, 정서적 공감을 십분 활용할 필요가 있다. 기능주의자들이 민족주의에 대해 부정적인 입장을 견지하게 된 것은 국가 간 통합과정에서의 논리이다. 남과 북이 국제관계에서 특수한 관계이기는 하지만, 하나의 민족임을 부정할 수는 없다. 그러한 점에서 민족공동체교육은 우리 통일교육의 하나의 중심개념으로서 독자적인 목표가 될 수 있다. 후술하는 민주시민교육이나 동화적 다문화교육은 결국 공동체교육이라고 할 수 있다.

(3) 민주시민교육

통일에 필요한 인간은 자율적이며 보편적 시각을 견지하는 건전한 시민이어야 한다. 학생들은 시민교육 내용을 배움으로써 이성적이고 합리적이며 평등지향적인 사고를 하게 된다. 우리의 청소년들이 북한주민을 동포로 보기보다는 불쌍한 사람들이라고 인식할 경우, 통합에 커다란 장애가 될 수 있다. 독일의 사례는 그러한 점에서 특히 시사하는 바가 크다. 남북 통일이 이루어진다고 해도, 실제적인 국민적 통합은 이루어질 수 없는 것이다.

지난 몇 년간의 북한이해 교육과정에서 나타난 결과 중 하나는 북에 대한 적대의식이 우월의식과 배타의식으로 대체되는 경향을 띤다는 점이다. 1998년 한국교육개발원의 설문조사에서 북한주민을 '우리와 같은 동포'로 생각하는 비율은 45.9%에 그친 반면, '불쌍한 사람'이라는 인식은 49.4%로 나타났다. 한국청소년상담원의 설문에서도 북한에 대한 이미지가 '촌스럽다'는 반응이 73.4%, '측은하고 불쌍하다'는 반응이 48.9%로 나타났다. 이는 청소년들의 대북 적대의식은 줄어들고 있는 반면, 대북 우월의식과 배타의식은 급속히 증대되고 있음을 시사한다. 이러한 사실은 우리의 통일교육에 매우 중요한 과제를 제시하고 있다. 따라서 건전한 시민양성교육에서 논의되고 있는 교육적 성과들을 통일교육에 원용할 수 있어야 한다. 그 이유는 통일환경의 조성이 궁극적인 통일의 주체인 시민의 몫이기 때문이다.

(4) 다문화교육

다문화교육(multiculture education)은 학생들의 성, 사회계급, 인종과 민족 및 문화적 특징의 차이와 관계없이 모든 학생들에게 평등한 교육적 기회를 제공해야 한다는 입장[10]이다. 그리고 체계와 통합원리를 달리하는 문화가 갖는 행동준칙에 대한 예측의 유효성과 수용범위에 대한 범위 및 수준을 심화 혹은 고양시키는 교육이라고 할 수 있다.

다문화교육은 몇 가지 상이하고도 중요한 차원을 지닌 광범위한 개념인데, 그 요소로는 내용통합(content integration), 지식구성 과정(knowledge construction process), 편견감소(prejudice reduction) 그리고 평등교육(an equality pedagogy) 등 여러 차원이 포함된다. 이러한 다문화교육의 교육적 논의 역시 남북통합의 방법으로 원용될 수 있다고 하겠다.

(5) 평화교육

평화교육론자들은 평화교육의 접근을 다음과 같이 구별하고 있다. 첫째는 '평화가 무엇인가'라는 것을 밝히고자 하는 '평화에 대한 교육', 둘째는 '평화적 방법'에 의해 교육이 이루어질 것을 염두에 둔 '평화에 의한 교육' 그리고 셋째는 평화의 가치 내면화를 내용으로 하는 '평화를 위한 교육'이 그것이다.

상당수 학자들은 평화교육이 통일과정에서 또는 종국적 통합상황에서 국민적 통합의 중요한 접근법 중의 하나라는 것에 동의하고 있다. 통일

10) 이 정의는 미국의 상황에서 나온 것인데, 우리의 경우에서는 다소 달라질 수 있다. 미국의 경우에는 인종과 민족이 다양하다는 점에서 이를 극복하기 위한 교육적 방안 중의 하나가 다문화교육인데 반해, 우리의 경우에는 오랜 역사적 단절과 상이한 이념과 체제로 인해 나타나고 있는 문화적 차이와 이질화를 극복하기 위한 교육적 방안 중의 하나로 다문화교육이 부각되고 있다는 점이다. ; 위의 책, p.254. 재인용.

의 과정에서는 '평화정착'을 위한 방안이라는 점에서, 종국적 통합상황에서는 '평화가치의 실현'이라는 목적달성이 가능하게 한다는 점에서 의미를 부여하고 있기 때문이다. 이러한 점에서 평화가치를 중심으로 하는 교육은 통일교육의 질적 도약의 한 방법이며, 통일한국의 미래상 설정에 중요한 내용 중의 하나인 것만은 분명하다고 할 수 있다. 물론, '평화'의 덕목 또는 가치가 분단상황에 있는 우리의 통일교육에 어떠한 시사점을 줄 수 있을 것인가 그리고 어떻게 적용할 것인가에 대해서는 좀 더 구체적인 논의가 필요하다고 하겠다.

▸ 한반도포럼 스케치

(2014.6.11. 중앙일보 12면)

"독일 통일은 도둑처럼 갑자기 오지 않았다"

박근혜 대통령이 신년기자회견에서 '통일은 대박'이라고 강조하면서 우리 사회에 통일 담론이 무성했다. 마치 통일이 언제라도 다가올 수 있을 것 같은 들뜬 분위기마저 있을 정도였다. 특히 박 대통령이 지난 3월 말 독일을 방문한 것을 계기로 독일처럼 우리도 평화적으로 갑작스럽게 통일 국면을 맞게 될 것이라는 기대도 고조됐다.

그러던 것이 지난 4월 16일 세월호 참사가 발생하면서 한순간에 반전했다. 어린 학생 160여 명을 포함한 300명이 넘는 승객들이 아무런 도움도 받지 못한 채 속절없이 수장되는 장면은 우리 사회의 자신감을 한순간에 꺾어 놓았다. '통일대박론'은 우리가 선진국 반열에 올라섰다는 바람 가득한 풍선과 같은 생각이었다. 세월호는 그 풍선을 터뜨려버렸다. 최근 우리 사회에서 통일논의는 구경조차 어렵다.

지난 9일 한반도포럼(회장 백영철)이 주최한 '독일 통일과 한반도' 학술회의는 통일논의를 처음부터 다시 시작하는 분위기였다. 독일에서 박사학위를 받은 4명의 독일 통일 전문가들은 일반의 상식과 다른 견해를 내놓았다. 한마디로 '독일 통일은 도둑처럼 오지 않았다'는 것이었다. 연초에 고조됐던 통일논의가 '통일이 도둑처럼 온다'는 분위기를 짙게 띠었던 것과는 정반대였다. 이명박 대통령이 3년 전 말했던 북한 급변사태론은 이날 회의에서 '터무니없는 발상'으로 치부되는 분위기였다.

구동독 지역의 명문 예나대학교에서 10년 공부 끝에 사학 박사가 된 강릉원주대학교 이동기 교수는 "1990년 독일이 통일되기 직전 동서독은 사실상 국가연합의 상태였다."면서 비록 통일 직전까지 서독의 모든 사람이 통일 가능성을 부정했지만 실제로는 언제든 통일될 수 있는 여건이었음을 강조했다.

독일 뮌헨대학교 정치학 박사 김학성 충남대학교 교수는 “1980년대 후반 서독에서 기민당 보수정부가 집권하면서 동독에 대한 지원이 확대됐지만 서독 국민들의 대동독 정책에 대한 만족도는 오히려 높아졌다.”는 자료를 제시하면서 서독 정부의 대동독 정책 일관성이 통일에 크게 기여했음을 지적했다.

백영철 회장도 개회사에서 “서독의 ‘접근을 통한 변화’정책이 일관성 있고 초당적으로 추진되면서 다방면에 걸친 교류 · 협력 정책은 민족동질성의 확보와 평화통일의 토대를 마련했다.”면서 “우리도 단절된 남북관계의 경색국면을 하루 빨리 벗어나 교류협력을 위한 활로를 모색해야 한다.”고 힘주어 말했다.

20여 명의 남북문제 전문가들이 참여한 2부 토론에서 사회자 김영희 중앙일보 대기자는 “흥분을 가라앉히고 통일논의를 다시 하게 돼 바람직하다.”면서 말문을 열었다. 1부의 발표 내용에 대해 토론자들은 대부분 “독일 통일에 대해 몰랐던 일들을 많이 알게 됐다.”며 만족해했다. 이에 덧붙여 ‘독일처럼 남북한이 평화 통일을 달성하려면 어떻게든 북한주민이 그런 선택을 하도록 해야 한다’(이영선 코피온 총재, 홍석현 중앙일보 · JTBC 회장)는 견해들이 제시됐다.

김영희 대기자는 서독 빌리 브란트 정부의 동방정책 설계자인 에곤 바르의 말로 토론을 마무리했다. “Small steps are better than big talks(작은 행동이 거대 담론보다 낫다).”

▸한반도포럼 ‘독일 통일과 한반도’ 발제 주요 내용

서독 ‘신동방정책’ 점진적 통일 기반 만들어

김학성 충남대학교 교수(독일의 분단환경과 통일의 배경요인) = 독일과 한반도의 분단에는 유사한 차이점이 존재한다. 서독의 성공적인 분단관리와 독일 통일의 배경에는 여러 요인들이 작용했다. 민주주의를 기반으로 갈등 해소문화가 정착되었고 경제 성장은 정치사회적 안정과 국제적 위상 강화를 가져왔다.

또한 중 · 장기적 통일 조건 창출에 중점을 둔 현실주의적 인식이 브란트의 ‘신동방정책’ 탄생에 기여했다. 신동방정책은 장기적 분단극복을 목표로 하면서 통일 기반을 점진적으로 구축했다.

한반도의 경우 ① 대북 · 통일정책에 대한 국민적 공감대 형성, ② 국제환경의 활용, ③ 국내외적 환경을 고려한 분단관리 등을 통해 통일 조건들이 성숙될 수 있다. 우리가 할 수 있는 것부터 최대한 노력하고, 국제환경적 균열이나 모순을 적극적으로 활용하는 것이 필요하다.

동독주민 통일 열망은 오랜 교류의 결과

이동기 강릉원주대학교 교수(독일 통일의 과정과 평가) = 서독은 유럽 평화를 앞당기는 데 집중함으로써 결국 통일의 결정적 동인을 확보했다. 이는 독일 통일을 이해하는 데 필요한 핵심 요소이자 한반도 분단극복의 복합성을 사고하는 데도 중요하다.

또 동서독 간의 교류 · 협력의 심화도 독일 통일 성공의 핵심 요인이었다. 베를린 장벽 붕괴와 동독 주민들의 통일 열망은 오랫동안 지속된 다층적인 동서독 간 교류와 접촉의 결과였다. 특히 1980년대 동서독 간 관계의 발전은 사실상 국가연합의 전 단계에 도달했다고 보아도 과장이 아니다. 독일 통일은 예기치 않게 '도둑처럼' 달려든 것이 아니라 동서독 관계가 무르익으면서 한순간에 익어 터진 것이었다.

휴전선은 대륙세력 vs 해양세력 대치선

황병덕 통일연구원 명예연구위원(독일 통일이 한반도 통일에 주는 시사점) = 독일 통일은 민족적인 측면보다 국제적인 측면이 강했다. 신동방정책은 유럽 분단구조 약화와 민족 자결권 행사를 통한 독일 통일 완성이 장기적인 목표였다. 과거 한국의 대북 포용정책은 신동방정책을 차용했지만 서독의 '접근을 통한 변화' 전략을 이해하지 못했다. 교류 · 협력은 긴장 완화의 결과인데 이를 수단으로 사용하는 근본적인 약점을 가졌다.

또한 대륙세력과 해양세력의 대치선인 휴전선을 단순히 남북 간 대결 경계선으로 인식했다. 한반도의 통일은 민족적 성격과 국제적 성격이 복합적으로 작용하고 있다. 동아시아 분단의 하부구조로 한반도의 분단을 인식하고 주변 강대국들의 이익 조정을 통한 갈등을 해소하고 적정 수준에서 북한 관리를 위한 관여정책을 추진하는 전략이 필요하다.

한반도포럼

한반도 안정과 평화, 통일 전략을 마련하기 위한 싱크탱크(think tank).

북한과 동북아 문제 전문가 30여 명이 회원으로 참여해 2011년 3월 출범했다. 보수 · 진보를 아우르는 다양한 대안을 모색해왔다. 중앙일보가 전적으로 후원하고 있다.

제3장

통일교육의 원칙

제3장 통일교육의 원칙

1 객관적 사실 전달교육으로의 지향

통일교육의 객관성을 확보하기 위해서는 우리 사회와 북한사회를 동일한 기준에 따라 평가하는 접근방식이 필요하다(통일부 통일정책실, 2000). 새 시대의 통일교육에서는 학습자들이 객관적 사실과 정보를 바탕으로 통일문제를 정확히 판단할 수 있도록 도와주는 활동이 더욱 강조되어야 한다. 즉, 분단의 현실, 북한의 실상 그리고 통일문제에 대한 신뢰성 있고 공정한 지식과 정보를 통해 학습자 나름의 합리적 판단력을 바탕으로 비판할 수 있는 능력을 키워주는 일에 보다 강조점을 두어야 한다.

1) 북한의 실상에 대한 객관적 이해

통일의 대상이자 파트너인 북한에 대한 기술은 그동안 늘 이념적인 설명으로 얼룩져 있었다. 그러다 보니 북한을 있는 그대로, 객관적으로 이해하는 데 커다란 걸림돌로 작용해 왔고, 그 때문에 우리의 통일교육 내용은 다소 객관적이지 못했다는 비판을 받아 왔다. 통일교육 내용의 객관적이지 못한 점은 특히 '북한의 실상' 부분에서 많이 나타났다. 예를 들어, 북한의 현실을 다룰 때 김일성과 김정일 및 김정은 개인숭배 중심의 부정적 측면만을 부각하다보니, 학습자들이 사회주의체제인 북한을 총체적이고 객관적으로 파악하는 데 상당한 장애를 받았다.

북한의 실상을 제시할 때는 마땅히 북한의 지도층과 주민들을 구별해야 하고, 통제된 국민들 사이에서도 상당한 사회적 일탈이 있음을 분명하게 제시할 필요가 있다. 우리가 혹시라도 1인 독재체제인 북한의 특성을 지나치게 부각해 북한주민 전체가 김일성과 김정일 및 김정은의 꼭두각시에 불과하다는 식으로 진술하게 되면, 이는 북한체제에 대한 민주화 열망을 초래하기보다 오히려 북한주민에 대한 거부감을 조장하는 역효과를 낼 수도 있다. 북한의 현실을 우리 입장에서 본 부정적 측면이나 단점만을 들추어내려는 시도에 치우치다 보면 통일교육의 객관성을 저해함은 물론, 상당한 이질감을 조장하는 결과를 낳을 수 있음을 명심해야 한다.

또 다른 측면에서 우리 사회의 문제를 비판할 경우, 그러한 기준으로 북한도 똑같이 비판할 수 있어야 한다. 한 예로, 우리 사회의 인권문제를 지적하면서 북한의 인권문제는 간과한다면 이는 북한의 실상에 대한 객관적인 이해라고 말할 수 없을 것이다. 따라서 북한의 사회제도나 생활방식을 제시할 때는 '북한의 신발을 신고 북한사회를 바라보는' 있는 그대로의 접근이 요청된다. 오늘날 통일교육의 목표는 종전의 반공교육의 한계를 극복하고, 북한을 민족공동체의 일원으로 포용하면서 통일을 준비하여, 나아가서는 통일 이후를 대비하는 적극적인 태도를 함양하는 데 있다.

따라서 새 시대의 통일교육에서는 학습자들이 객관적 사실과 정보를 바탕으로 통일현실을 정확히 판단할 수 있도록 도와주는 활동이 더욱 강조되어야 한다.

2) 남북한 상호 간의 긍정적 수용과 올바른 이해

통일은 우리만의 노력이 아닌 남북한의 상호 노력에 의해서 이룰 수 있는 중대한 역사적 과업이다. 그리고 이러한 상호 노력은 서로에 대한 긍정적인 수용과 올바른 이해에서 시작될 수 있다. 특히 통일은 수많은 문제들을 지속적으로 해결해가야 하는 하나의 큰 과정이기에, 그 과정에 있어 자신과 상대방에 대한 정확한 이해는 상호 간의 교류와 협력을 위한 초석이 된다고 볼 수 있다.

따라서 통일교육에서는 분단과정과 분단체제의 문제점, 남북한 주민들의 동질성 및 이질화 실상, 북한의 현실, 분단국가의 통일 사례 그리고 통일 이후에 예상되는 갈등에 대한 정보 등을 포함한 포괄적인 내용을 학습자들이 공정하면서도 객관적으로 이해할 수 있도록 도와야 한다.

3) 능동적이고 현실적인 학습자관

통일교육에서 객관적 사실이 중요한 또 다른 이유는 능동적이고 현실적인 학습자관(觀)과 밀접한 관계가 있다. 통일교육에서 우리는 학생들을 통일에 대한 지식과 신념을 수동적으로 받아들이는 '빈 그릇'으로 상정해 왔다. 하지만 학습자들이 주어진 사실과 정보를 바탕으로 그들 나름의 지식과 신념을 구성해 갈 수 있는 능력을 갖추고 있다는 사실을 명심할 필요가 있다.

그러므로 우리는 학습자들이 분단현실을 올바르게 이해하고, 통일의 파트너인 북한과 북한주민을 적대적으로 바라보기보다는 객관적 · 합리적으로 바라볼 수 있도록 가능한 한 객관적 사실의 제시와 전달에 충실해야 한다. 그래야만 학습자들이 북한체제의 장점과 단점을 객관적으로 파악할 수 있다. 그리고 객관적으로 파악된 정보들은 학습자들이 통일문제에 대해 공정하고도 합리적으로 판단하도록 도와준다. 이러한 이해와 판단의 경험은 통일문제에 적극적·능동적으로 참여할 수 있는 민주시민적 자질을 지닐 수 있게 한다.

2 과정으로서의 통일 지향

그동안의 통일교육은 반공교육과 통일안보교육의 영향으로 형성된 반공감정이나 통일에 대한 반발감정을 고려하지 못하고 있는 것(박찬석, 2001)이 사실이다. 그렇기 때문에 통일에 대한 설득력 있는 변화가 이루어져야 하며, 북한 및 통일에 관련된 입장 또한 보다 차분한 접근이 필요하다. 실제로 통일교육에서는 인식의 혼란을 줄 수 있는 주장이나 정보에 대한 다양한 해석을 인정 및 수렴하는 과정이 필요하다. 통일교육에서 보다 진보적 내용인 민족평화를 다루기 위해서는 북한의 인권에 대한 비판적 인식도 포함되어야 한다.

통일교육은 이러한 입장에서 과정으로의 통일이 강조되어야 한다. 남북정상회담 이후 많은 사람들이 통일교육의 방향에 대해 상당한 회의감을 갖고 있다. 한편에서는 통일교육에 전면적 변화가 필요하다는 입장이고, 다른 한편에서는 지나치게 대북 안보적 측면이 무시되고 있다고 말한다. 양쪽 입장 모두 결과적 통일에만 집착한 경향을 보이는데, 상반된 인식 속에서의 이러한 동일 집착은 객관적 상황과는 별도로 주관적으로 인식하며 결과주의의 정서를 반영한다. 따라서 학생들에게는 통일교육의 목적, 내용 및 방법을 아우를 수 있는 총체적인 통일문제를 가르쳐야 한다. 즉, 북한의 실상과 통일에 대한 우리의 이념적·실질적 접근에 대한 차분한 검토와 논의가 요구되는 것이다.

갑작스런 통일을 반대하는 다수의 사람이 그 논리적 이유로 '통일비용의 과대'를 들고 있다. 과다한 통일비용 때문에 남북한의 통일을 반대한다는 주장은 설득력을 얻기가 어렵다고 본다. 돌이켜 보면, 1960년대 남북한의 경제적 격차는 북한이 남한에 비해 최소한 2배 정도 잘사는 생활을 유지했다. 그러나 그 사실을 당시에는 알 수가 없었고 알려고 하지도 않았다. 왜냐하면 그 당시 우리 사회는 북한이 잘사는지 알려고 하는 자체만으로도 국가보안법이나 반공법에 위반되는 중죄 취급을 했기 때문이다. 당시 남한사회는 피폐했고, 북한처럼 강력하게 믿을 수 있는 통치 이데올로기도 없었으며, 미래도 보이지 않던 시기였다. 우리 사회가 오히려 북한에 비해 상대적 우위를 점하지 못하고 있을 때에 북한은 우리에게 경제교류 및 협력을 강조해 왔던 것이다(박명림, 1999).

그러나 당시 민주당 정권이나 공화당 정권은 북한의 교류와 협력에 대한 제의를 들으려 하지 않았고, 유엔에 의한 이상적인 통일이나 '선건설 후통일'이라는 통일준비론만을 강조했다. 가령 북한의 입장을 공개했더라도 국민정서 또한 이를 용납하지 않았을 것이다. 그러한 상황에서 북한이 남한을 통일하는 데 비용이 많이 들기 때문에 통일할 수 없다고 한다는 사실을 알았더라면, 우리 국민들이 얼마나 비웃었을지 다시 한번 생각해 보아야 한다.

이처럼 통일비용은 통일을 결과로만 인식하는 오류를 범한 것이기 때문에 문제가 있다. 많은 학자들은 남북한의 관계를 확고한 분단구조로 인식하고 있다(이종석, 1998). 이종석 또한 남북한을 분단구조로 보면서 분단해소가 단순하거나 간단한 문제가 아님을 강조했다. 세계체제가 사회주의에 대한 자본주의의 승리로 볼 수 있다고 해서 남북한의 냉전구조가 해체되는 것은 아니라는 것이다. 비대칭적인 남북한 경제교류는 상대적 자율성을 갖는 남북한 관계에 있어 점차 전면적인 대화를 이끌 것으로 전망되고 있다. 여기서 중요한 것은 비대칭적인 남북한 경제교류를 우리 사회가 얼마나 지속할 수 있는가 하는 점이다. 따라서 이종석의 논리는 분단으로 인해 분단에 기생하는 많은 인사나 기관이 자생력을 가지게 되었고, 남한사회든 북한사회든 분단으로 재생산된 상황으로 분단체제를 버티고 있다는 것이다.

앞서 밝힌 것처럼 1960년대 당시 우리 사회가 북한사회와 대결로써 자본주의를 이끌고 나간 것은 그 자체가 국민들에게 민주주의와 자본주의의 우월적 정통성에 대한 의미 있는 행위였기 때문에 가능했다. 이와 마찬가지로 오늘날의 북한은 분단구조 속에서 그들이 말하는 이른바 '김일성 민족'의 대의로 버티고 있다고 하겠다. 아직까지 북한의 자체분열 조짐은 보이지 않고 있는데, 그렇다고 해서 우리가 분단비용을 모아야 한다는 논리를 내세우는 것은 남북분단의 역사성과 갈등의 정도를 무시한 '오류'인 것이다.

결국, 통일비용은 그 비용에 대한 입장보다는 현실적으로 통일을 준비하는 과정으로 배울 수 있는 단편이다. 여기서 중요한 사실은 얼마나 걸릴지 모르는 통일에 대해 하나씩 준비하는 자세가 필요하다는 점이다. 그렇기 때문에 통일교육을 통일대비교육이나 통일 이후 교육으로 구분하는 것은 큰 의미가 없다. 이러한 구분이 기초적인 남북한 교류과정에 있는 현실을 지나치게 왜곡하는 경향을 갖게 할 수도 있다. 따라서 이러한 문제의식에서 과정을 생각하는 통일교육의 명실상부한 기초과정이 요구된다. 그 과정에서는 이제 겨우 북한과 의사소통을 하고 있는 상황이라는 인식이 중요하다. 그렇다고 해서 보수적 인식에 대한 염려를 그대로 내버려둘 수는 없다. 학생들에게는 보편적 입장의 민족주의를 성립시키는 과정으로의 통일이라는 이해와 설득의 방법을 찾도록 하는 것이 중요하다.

3 수요자 중심의 통일교육 지향

통일교육의 효과성을 제고하기 위해서는 수요자의 흥미와 관심, 발달수준, 인지양식 그리고 다양한 지능 등에 대한 고려가 필요하다(통일부 통일정책실, 2000). 즉, 학습자의 발달단계와 준비도 및 개인차를 고려한 눈높이 통일교육이어야 한다. 누구에게나 효과적인 단 하나의 수업방법은 있을 수 없다. 효과적이고 효율적인 학습, 즉 학습결과를 극대화하는 학습은 개별 학습자의 요구와 필요에 맞는 수업, 적응수업을 제공할 때 가능하다.

일반적으로 학습자는 자신이 배우고 싶어 하는 것을 더 잘 배우는 경향이 있다. 학습동기는 학습자가 공부할 것인지 말 것인지를 결정하는 가장 중요한 요인의 하나이다. 말을 연못으로 끌고 갈 수 있을지라도 물을 먹느냐 마느냐는 말의 의지와 욕구에 달려 있듯이, 아무리 훌륭한 학습환경을 마련하고 좋은 수업을 제공한다고 해도 열의를 가지고 공부에 임하느냐는 학습자가 충분히 동기 유발되었을 때만 가능하다. 이러한 관점에서 볼 때, 학습자의 동기변인을 고려하지 않는다면 아무리 좋은 수업방법일지라도 그 성공을 보장할 수 없다고 하겠다.

학습양식의 유형은 학습자의 지각양식 선호도에 따른 청각형, 시각형 그리고 촉각·운동형으로 분류할 수 있다. 청각형 학습자는 들으면서 학습하는 것을 선호하며 대체로 분석적, 논리적 및 계열적 사고가 뛰어나다. 반면에 시각형 학습자는 보면서 학습하는 것을 선호하며, 어떤 개념이나 현상에 대해 이해할 때 머릿속에 그림을 그려서 이해하고자 한다. 촉각·운동형 학습자는 만지고 움직이면서 학습하기를 좋아한다. 이러한 유형을 감안하여 교육할 때 학습자는 자신에게 알맞은 방식으로 학습할 수 있다.

학습능력에 따른 학습내용의 차별화는 학습자가 자신이 지닌 현재 수준을 출발점으로 하여 각자의 학습속도에 맞게 성장 · 발전해 나아갈 수 있도록 학습내용을 제시하는 수업전략이다. 학습자의 흥미에 따른 학습내용의 차별화 역시 모든 학습자가 동일한 시간에 동일한 사실과 정보를 배워야 한다는 원리가 적용될 때에는 이루어질 수 없다. 학습내용의 차별화는 동일한 내용을 배우되, 개념이나 원리 중심으로 학습하거나 다양한 학습내용 중에서 선택학습이 가능할 때 이루어질 수 있다. 즉, 학습자가 흥미나 관심 및 진로 등에 따라 배우고 싶은 내용을 선택할 수 있을 때 학습내용의 차별화가 이루어졌다고 말할 수 있는 것이다.

학습양식에 따른 학습내용의 차별화는 학습내용의 수준을 높이거나 낮추는 문제가 아니라, 학습내용의 제시방식(presentation modes)을 학생들의 학습양식에 부합되게 제공하는 것을 의미한다. 학생들의 발달수준에 맞는 표상형식(작동적, 영상적, 상징적 양식)을 사용하면 어떤 교과내용도 그 내용의 지적 성격에 충실하게 가르칠 수 있다고 한 브루너(J. S. Bruner)의 주장이나, 학습자는 자신의 뛰어난 지능을 사용하여 학습할 때 가장 효과적으로 학습할 수 있다는 가드너(H. Gardner)의 다지능 이론이 대표적이다. 시각형 학습자는 그림 등과 함께 제시된 내용을 효과적으로 학습하고, 청각형 학습자는 강의나 녹음테이프를 들으면서, 촉각형 학습자는 조작을 통해서 효과적으로 학습할 수 있다는 연구이다.

차별화 교육의 관점에서 비추어 볼 때, 가장 이상적인 수업은 학습자들의 다양한 개인차를 복합적으로 고려하여 그에 적절한 수업을 다차원적으로 차별화하여 제공하는 것이다. 예컨대 학습자의 능력과 흥미를 고려하여 학습내용의 제시방식을 결정하고, 학습양식과 학습능력을 고려하여 학습활동을 설계하며, 학습흥미를 고려하여 학습과제를 부여하는 것이 그에 해당한다고 하겠다.

4 남북한 이해교육으로의 지향

통일교육에서 북한이해교육이라는 측면도 중요하지만, 동시에 우리 사회의 통일 역량을 키울 수 있게 하는 논리도 전개되어야 한다. 즉, 남북한 이해교육이 통일교육에 수용되어야 하는 것이다(박찬석, 2001).

1990년대 초 '북한 바로알기 운동'으로 확산된 북한이해교육은 상호적인 객관적 인식을 제대로 할 수 없는 한계를 갖는다. 어느 국가사회든지 그 국가사회가 표방하는 입장에서 일상적인 국민생활을 조율하기 마련이다. 따라서 지나치게 미화된 북한이해나 편협한 북한이해는 그 실질적인 검토에 있어 반감을 갖게 될 것이다. 그동안의 북한이해교육은 통일에 관여하는 사람들이 북한을 객관적으로 이해할 수 없을 만큼의 교육 수준을 보이면서, 북한에 대해 피상적 입장을 말하는 것들이었다. 이제 남북한 사회를 가감 없이 볼 수 있는 '통일교육 표준 강의교재'의 활성화가 이루어져야 한다. 현재의 통일부와 교육부에서는 통일교육에 대한 일치된 입장에서 협의하며 통일교육에 접근하고 있다. 그러한 노력의 산물은 통일교육원의 《통일교육 기본교재》로 나타나는데, 이러한 작업들로 통일교육이 우리 사회에 대한 객관적 이해를 통해 북한을 이해하는 내용으로 심화될 필요가 있다. 북한의 실상을 우리와 단순 비교하는 차원을 넘어, 보다 심층적으로 어떻게 더불어 살아가게 되는지를 파악하는 장(場)으로서의 남북한 이해교육이 필요한 것이다.

정부나 민간부분에서 이전보다 활성화된 통일교육 접근의 하나는 북한이해교육이다. 이 교육은 통일교육의 지나친 시간적 확대해석을 막아주는 올바른 관점이라고 할 수 있다. 이른바 '우리식대로' 사는 북한을 어떻게 이해할지에 대한 물음은 남북한 교류와 협력시대에 실질적으로 우리국민들에게 중요하기 때문이다. 이 논리는 아무리 민족통합의 시간이 지체된다고 해도 북한의 상황과 심리를 정확하게 인식하는 사실 속에서 통일교육의 방향이 이루어져야 한다는 것이다.

그러나 그 자체는 비교우위적 입장에서 북한을 이해하게 될 위험성을 가지고 있다. 이러한 관점에서 잘못 설정된 통일교육의 방향성은 우리 사회에 비해 북한이 못산다는 것으로 우리 사회의 문제점에 대한 수정 없이 북한을 흡수하려고 서두를 수 있다. 예를 들면, 우리학생들은 북한언어에 대해 생소함을 느끼는데, 이러한 차이를 북한언어의 저급함으로 폄하시키게 된다. 그러나 이러한 태도는 북한사회를 있는 그대로 이해하는 데 문제가 된다. 따라서 우리는 북한과 우리가 무엇이 다르고 무엇이 같은지 흥미를 갖게 하는 것을 뛰어넘어, 북한사회와 남한사회의 진정한 통합을 위한 방법을 모색하는 노력을 보이는 것이 중요하다.

이러한 논리로 북한의 생활을 단답형으로 묻는 것보다는 북한과 남한의 언어가 다름을 다양한 인식으로 바라볼 수 있도록 해야 한다. 통일교육의 수많은 자료 역시 북한에 대한 우월감을 갖게 하는 것보다는 북한에 대한 호기심을 자극하여 통일과 북한에 대해 관심을 유발하고, 성장기 학생들이 올바른 민족통합의 문제를 제기할 수 있는 기회를 갖도록 해야 한다. 예컨대 보다 많은 북한자료가 공개되어 이를 통해 학생들이 남북한의 공유 동화나 소설, 고전이나 사회제도를 이해하고 비교할 수 있어야 한다.

학생들은 남북한 사회를 공히 객관적으로 볼 수 있거나 비교하면서 민족통합을 염두에 두는 내용의 교육을 받아야 한다. 남한과 북한의 제도를 객관적으로 비교 · 검토할 수 있는 통일교육이 이루어져야 한다는 것이다. 또한 남북한 분단현실의 반영과 궁극적인 민족통합을 위한 교육이 그 현실과 대안을 제대로 반영하고 실천하고 있는가를 검토하는 가칭 '남북한 이해교육 위원회'가 구성되어야 한다. 이 위원회는 우리 사회를 구성하는 보수와 진보를 망라한 인사로 이루어져야 한다. 그리고 이 위원회는 실질적으로 북한의 상황을 올바르게 전달하는 교재나 방송, 신문 등과 공조하여 민족통합적 취지를 실현 가능하게 하는 것이 필요하다.

전쟁을 경험한 세대와 전후의 중장년 세대는 통일에 대한 평화적 인식에서도 마치 다른 사회를 사는 듯한 차이를 보인다. 전후 중장년 세대는 통일에 대한 평화적 인식이 다소 위험스럽지만, 아직도 냉전적 사고에서 벗어나지 못한 한반도의 전반적인 상황에 변화를 줄 수 있는 단서로 본다. 그러나 전쟁을 경험한 세대는 전후 중장년 세대의 인식에 불만을 표하며 통일에 대한 평화적 인식 자체에 거부감을 갖고 있다. 남북한 분단상황은 아직도 탈냉전적 사고와 냉전적 사고가 공존하는 비동시적 경향을 보이고 있다. 그 속에서 남북한 이해교육은 우리의 상황을 명확하게 인식하고 북한을 바라보는 현실성을 보여주어야 한다.

통합을 희구하는 민족통합 시간에 대한 서두름을 이유로 북한을 제대로 이해하지 않는 것은 문제가 있다. 즉, 우리가 실시하는 통일교육을 우리 내부에서 거부하는 문제가 발생하는 것이다. 우리 사회는 남북통합을 강조하면서도 실질적인 남북화해의 노력은 부족함을 인식해야 한다. 따라서 통일문제 접근에 있어 근본적으로 이루어져야 할 점은 우리 사회에 대한 냉철한 이해를 기초로 북한을 이해하는 것이다. 우월적 인식 속에서 북한을 바라본다면 북한이해교육이 제대로 될 수 없다. 그렇다고 해서 북한사회를 객관적으로 보는 그 자체에 머물러서도 안 된다. 왜냐하면 북한사회를 우리 사회가 그저 단순히 들여다보는 수준을 넘어서 객관적으로 이해해야 함에도 불구하고, 그렇게 하지 못한다면 불충분한 이해에 기초하여 학습한 학생들은 북한에 대한 반감이나 낙후함을 확대할 수 있기 때문이다. 따라서 북한이해교육은 북한의 현실에 대한 이해와 우리 사회의 포용 정도 그리고 우리 사회가 개선할 점을 파악하는 남북한 통합교육의 성격을 갖추어야 할 것이다.

5 새로운 안보교육으로의 지향

안보교육의 새로운 인식은 통일교육에서 강화되어야 한다(박찬석, 2001). 통일교육 활성화에 대해 보수와 진보가 대립하고 있는 내용이 바로 안보문제다. 김영삼 정부에서는 안보문제를 철저한 대북경계로 지칭했다. 이러한 입장에서 진보적 인사들은 남북협력의 시기인 2000년과 2001년을 전후하여 새로운 안보교육 실시를 주장한 바 있다. 그러나 남북 화해의 상황에서도 우리나라의 국방예산은 실질적으로 예년에 비해 증가했는데, 그러한 내용이 통일교육에서는 설명되어야 한다. 우리나라의 국방예산 증가가 현 시점에서 북한과의 관계에 좋지 못한 영향을 미칠 수 있고, 정부의 통일의지가 진보 인사들에게 의심받을 수 있기 때문이다. 이러한 문제에 대해 동북아 상황과 국방예산 확대가 현실적으로 불가피한 것임을 학생들에게 인지시켜야 한다. 이는 그동안 통일교육의 안보적 내용에서 북한에만 고정되어 실시된 문제에서 벗어나는 길을 만들어 줄 것이다. 통일교육 관계자들은 남북한 관계가 호전되면 국방비 확충이 필요 없다는 주장을 해 왔다. 따라서 실질적으로 남북한의 국방비를 비교해 보면, 우리의 국방비는 미군의 비용을 제외하고 북한과 대등하거나 추월하고 있다고 볼 수도 있다(함택영, 1998; 리영희, 1999).

이러한 대북을 겨냥한 입장에서 안보교육을 실시하다 보면, 북한을 능가하는 국방예산은 통일지향적인 정부의 입장이라고 볼 수 없다. 이

중적인 안보인식은 안보의 위협적인 요소인 북한과의 관계 개선을 위한 노력을 병행함과 동시에 포괄적인 동북아의 안보정세를 인식시키는 안보교육에서 가르쳐야 한다. 이 두 과제는 우리 사회의 보수와 진보를 안정시키면서 안보교육을 실시하는 것임을 증명하는 일이 될 것이다.

즉, 학교나 사회에서 배우는 안보교육은 북한에 대한 일방적인 인식으로 상정되는 북한관과 크게 차이가 없다. 우리가 지키는 것은 휴전선일지라도 우리의 안보를 위협하는 것은 북한만이 아니다. 그 어느 때보다도 관계가 호전되고 있는 상황에서 국방비가 추가로 늘어나는 것에 대해 우리는 막연하게 튼튼한 안보가 남북화해를 만들 수 있다는 식으로 통일교육을 전개하고 있다. 그러나 북한 이외에도 우리 사회 내부의 지역갈등, 빈부문제 그리고 동북아 정세 등이 안보를 위협하고 있다. 따라서 우리는 보다 치밀하게 통일교육과 안보교육의 위상을 제대로 설정해야 할 것이다.

이제 통일교육에서 안보교육은 북한만 경계하는 소극적 안보관에서 벗어나야 한다. 그러나 우리의 현실은 어떠한가. 국외적으로는 사회주의의 몰락과 소련의 붕괴, 다민족국가의 분리운동 등 패러다임적 변화를 목격했고, 국내적으로는 민주화, 과격한 통일운동의 분출 그리고 금융 및 산업 전반의 경제적인 재조정 단계에 따른 국가위기 등 상당한 변화를 겪고 있다. 이 속에서 국내환경에 맞는 포괄적인 안보능력이 요구되는 것이다. 통일환경은 구호나 음모가 아닌, 구체적인 정부와 민간단체 그리고 국민적 관심을 통해 이루어지는 것이다.

우리의 국방예산 확대는 북한만을 겨냥한 조치가 아니다. 한반도를 둘러싼 중국, 일본 및 러시아의 군사력은 대단하다. 우리의 국방비는 북한은 물론이고 중국, 일본 및 러시아 등 주변국가의 군비 확산을 최소한이라도 따라가려는 차원이다. 따라서 안보교육은 새로운 국제질서를 반영하는 입장에서 북한만을 겨냥한 훈련이나 교육이 아님을 주지할 필요가 있다. 그러한 과정으로 군대나 민간 그리고 학교 통일교육은 대북교육의 차원을 넘어 국가의 안녕과 번영을 유지하는 평화교육으로 강화되어야 하는 것이다(서울시교육과학연구원, 2000).

이상과 같이 통일교육은 과정으로의 통일, 전체적인 구도로서 남북한 이해교육과 안보교육의 인식확대를 강화하는 방향으로 설정되어야 한다. 이러한 방향설정은 기존의 중앙 중심적 통일교육의 형태에서 변화되어야만 가능하다. 아직도 통일의 열기로 전면적 사회변화를 요구하는 세력과 그에 반감을 가진 세력이 팽팽히 맞서는 상황에서 통일교육의 방향을 지역단위로 그 지역에 맞게 효율적으로 추진하는 것은 의미가 있을 것으로 판단된다.

▸ 스테판 샤이블레 독일 롤랜드버거 사장이 말하는 '통일 대박 조건'

(2014.10.20. 매일경제 37면 - 사람들)

"통일 '장밋빛 약속' 대신 점진적 접근을"

"독일 통일 이전에 누군가 제게 통일 가능성을 물어보면 저는 '제 생전에는 통일이 없을 것'이라고 말해왔죠. 실제로 통일이 되고 나서는 많은 사람이 놀라서 허둥지둥했고 컨틴전시 플랜(contingency plan)도 없었죠. 그게 있었다면 동독은 지금보다 더 빨리 발전했을 겁니다."

스테판 샤이블레 롤랜드버거 사장은 매일경제와 인터뷰하면서 이같이 말하며 '한국은 제대로 된 통일 로드맵'이 있는지를 화두로 던졌다. 세계지식포럼에서 '통일 대박의 조건' 세션에 연사를 맡은 그는 독일 통일 과정에서 옛 동독 경제체제 전환을 위해 세워진 신탁관리청(THA)에 컨설팅을 제공하기도 했다. 신탁관리청이 존속한 1994년까지 동독 기업 900여 개를 대상으로 경영실태 분석과 구조조정 컨설팅을 담당했던 경험을 토대로 샤이블레 사장은 인터뷰 내내 한국에 대한 조언을 아끼지 않았다.

먼저 "동독 기업을 민영화하는 과정에서 가장 어려웠던 점은 동서독 마르크화를 1대 1로 교환했던 조치."라고 운을 뗀 그는 "1대 1 교환은 사회안정을 위해 어쩔 수 없었지만 그로 인해 동독 회사들의 경쟁력이 크게 떨어졌다."고 지적했다. 특히 "일부 정치인들이 통일 직전 여러 공약을 남발해 환율뿐만 아니라 사회보장 체계도 통일 즉시 서독과 동일하게 제공해야만 했다."며 "한반도 통일 시에는 현실적인 기대관리를 위해 처음부터 많은 것들을 약속하지 않고 5~10년 정도에 걸쳐 북한을 남한사회 보장에 점진적으로 포함시켜야 한다."고 조언했다.

인터뷰 내내 가장 많이 나온 단어는 '현실'과 '점진적 접근'이었다. 그는 "당시 독일 정치인들이 시민들에게 통일에 대한 장밋빛 전망만 얘기해 왔다."며 "6,000억 마르크가 당장 동독 국부 민영화로 들어올 것으로 봤지만 현실은 동독 지원액으로만 즉시 1조 6,000억 마르크가 들었다."고 말했다. 또한 "통일된 독일이지만 동서독 격차는 아직도 있다."며 "25년 동안 동독 인구는 계속 감소했고 실업률도 줄곧 1.6배 이상이었다."고 덧붙였다.

민영화 과정에 대해서는 "동독 근로자들 저항이 매우 심했지만 원칙대로 밀고 나갔다."며 "2~3년 기한을 주고 목표치에 미달하면 인력조정 등 구조조정을 추진력 있게 진행했다."고 소회를 밝혔다.

다만 그는 "동독에는 콤비나트 등 대규모 기업집단이 존재했고 통일 과정에서는 이들을 민영화하는 게 주 업무였지만 북한은 다르다."며 "북한엔 사실상 기업이라고 할 만한 것이 거의 없기 때문에 그린필드 투자밖에는 방법이 없다."고 분석했다. 그린필드 투자는 용지를 직접 매입해 공장이나 사업장을 새로 짓는 투자방식을 말한다.

마지막으로 샤이블레 사장은 "통일은 분명 긍정적인 측면이 더 크다."면서도 "이런 모든 걸 고려해 비용을 타당하게 계산하고 통일에 대한 그랜드 로드맵을 마련하는 게 가장 중요하다."고 조언했다.

제4장

통일교육의 내용

제4장 통일교육의 내용

1 통일교육의 목표

우리가 어떤 교육을 실행하고자 할 때, 우선 관심을 두어야 할 것은 해당 교육의 목표 혹은 기대 성과를 분명하게 설정하는 일이다. 이는 통일교육에서도 결코 예외일 수 없다. 다른 교육활동과 마찬가지로 통일교육 역시 목표가 명료하게 설정되어야 소기의 성과를 거양할 수 있다는 것은 자명한 일이다. 그래서 지금까지 이러한 통일교육의 목표를 설정하는 역할은 주로 정부에서 담당해 왔다.

통일교육의 목표에 대한 정부의 공식적인 자료로는 1993년에 발행된 교육부의 《통일교육 지도자료》가 자주 인용되고 있다. 이는 제6차 교육과정의 개편 시기에 관련 교과용 도서의 편찬 보급이 이루어지기 전까지, 제5차 교육과정의 '통일 · 안보생활 영역'의 내용을 보완하여 지도할 수 있도록 관련 자료를 종합 정리한 것이다. 한시적 역할을 위해서 발행된 자료임에도 불구하고 이 자료가 가지는 중요성은 적지 않다. 그 이유는 교육과정상의 통일교육이 반공교육기와 통일 · 안보교육기를 거쳐 통일교육기로 이행하는 역사적인 시점에서 통일교육의 개념 및 목표, 내용체계 그리고 지도방법 및 유의점에 대해 체계적 논의와 안내를 하고 있기 때문이다.

이 《통일교육 지도자료》에서는 통일교육 방향 재정립의 필요성을 국내외적인 통일환경의 변화와 관련지어 논의하면서, 앞으로의 통일교육에서는 북한을 민족공동체 일원으로서 화해와 협력의 대상으로 새롭게 인식해야 할 필요성이 있음을 강조하고 있다. 그리고 통일 전후의 사회적 혼란과 인식의 혼동 등에 대비할 수 있는 교육이 되어야 한다고 밝히고 있다. 이 자료에 제시된 방향은 제6차 교육과정에서 학교 통일교육의 근간이 되었다(김재복 외, 1998).

《통일교육 지도자료》에서는 통일교육을 '통일에 관련된 제반 사항에 대한 지식을 습득하고, 합리적인 선택과 비판을 위한 분석능력과 의사결정능력을 숙달시키며, 통일국가를 성취하려는 당위성과 통일과정에 대한 민주적인 가치 그리고 통일문제와 관련된 일에 자발적으로 참여하려는 적극적인 의식을 함양하고자 하는 교육'으로 정의하고 있다. 이와 같은 개념에서 제6차 교육과정의 통일교육 목적은 '우선 초·중·고등학교에서 미성년자인 학생들에게 장기간의 종합적인 교육계획에서 통일에 대한 기초적인 지식과 이해력을 원리적이고 이론적인 수준에서 배양하여 통일을 성취하는 삶의 방식을 터득하고, 장차 통일에 대한 논의와 의사결정에 책임 있는 성원으로서 역할을 수행할 수 있도록 준비시키는 것'으로 제시되어 있다(교육부, 1993).

정부의 공식적 입장이라고 볼 수는 없지만, 제6차 교육과정 시기에 정부 수탁과제 형식으로 수행된 한국교육개발원의《학교 통일교육 자료 개발연구》에서는 학교 통일교육의 일반 목표를 '학교 통일교육은 학생들로 하여금 남북한의 현실, 통일과정, 통일상황에 관해 올바른 지식과 합리적 판단력을 습득하도록 하여, 통일을 준비하는 동시에 통일 이후를 대비하는 바람직한 태도를 형성함으로써 보다 발전적인 민족공동체를 형성하는 데 기여하도록 지도하는 데 목적이 있다.'라고 설정하고 있다. 이 통일교육의 목표에는 내용 차원과 성향 차원의 두 가지 지도

방향이 내포되어 있다. 통일교육의 내용 차원으로는 북한의 현실과 남북한의 비교, 통일과정의 이해, 통일상황의 전망 그리고 통일상황에서의 적응을 예시하고 있고, 통일교육을 통해 길러져야 할 성향으로는 지식이나 가치판단력 등의 인지적 능력과 통일의지를 비롯한 태도 요소를 포함하고 있다(이돈회 외 3인, 1996).

당시 정부의 통일교육 방향에 대해 알 수 있는 자료로는 1998년 통일부에서 발간한 《통일교육 기본방향》이 있다. 이 자료에서는 통일교육을 "민족의 염원인 평화통일을 실현하고 나아가 통일된 조국에서 살아가는데 필요한 바람직한 가치관과 태도를 국민에게 확산시키고 공감대를 형성하기 위한 교육."으로 개념 정의하고, 다음과 같이 다섯 가지 과제를 제시하고 있다. 이 다섯 가지 과제는 정부가 공식적으로 추구하고 있는 통일교육의 목표라고 할 수 있다.

① 통일의지의 고취

통일을 이루기 위해서는 민족성원 모두의 능동적인 노력과 결집된 힘이 결정적 관건임을 강조해야 한다.

② 통일문제에 대한 판단능력의 배양

통일교육은 특정 이념이나 정책을 주입하려는 것이 아니라 통일문제 전반에 걸쳐 합리적이고 올바른 판단을 내릴 수 있도록 국민의 인식능력 배양에 주안점을 두어, 국민 스스로 통일문제와 관계된 다양한 주장과 논의를 비교 · 평가할 수 있는 안목을 갖게 해야 한다.

③ 통일의 위협요소에 대한 경계심 진작

통일정책은 굳건한 태세 확립을 전제로 하며, 따라서 통일교육에 있어서도 국민으로 하여금 우리의 주권과 국체, 생존과 번영을 위협하는 제반 요소에 대한 경계심을 갖추도록 하는 일이 중요하다. 특히 북한의 대남혁명 전략에 뚜렷한 변화가 없는 현실을 정확히 알리고, 국가안보의 중요성을 인식시켜야 한다.

④ 민족공동체 속에서의 삶 준비

통일교육은 남과 북 사이의 적대의식을 해소할 수 있는 태도를 길러, 앞으로 이룩해 나갈 민족공동체 속에서의 행복한 삶을 준비할 수 있도록 추진되어야 한다.

⑤ 민주시민으로서의 자질 함양

사회구성원들의 다양한 입장과 견해를 효과적으로 결집하고 이해 당사자들의 갈등을 원만히 해결해 나갈 수 있는지 여부는 그 사회구성원들의 민주시민적 자질에 달려 있다. 따라서 민주시민으로서의 자질 함양은 통일문제에 있어 우리 사회의 내부적 화합과 단결을 기하기 위해 반드시 필요한 것이며, 통일 이후의 바람직한 삶을 준비하는 데에도 필수적이다.

한편, 《통일교육 기본방향》에서는 통일교육을 효과적으로 시행하기 위해서는 교육대상의 특성과 수준에 맞춰야 한다는 전제 아래, 각 교육단계별로 추진해야 할 통일교육의 목표를 다음과 같이 제시하고 있다.

① 유아 및 초등학교

통일문제를 이해하는 데 필요한 기초적 소양을 가질 수 있도록 한다.

- 민주시민의 행위규범을 이해하고 이를 연마하도록 한다.
- 민족의 기초적인 개념을 이해하고, 북한주민이 같은 민족임을 이해한다.
- 분단의 폐해와 고통을 탈북주민, 이산가족, 전쟁 유가족 등 주위에서 접할 수 있는 사람의 경우를 통해 이해하도록 한다.

- 전쟁의 고통과 폐해를 구체적으로 이해하고, 평화의 소중함을 깨닫도록 한다.
- 북한주민들의 일상생활을 소개하고, 남북한주민이 살아가는 모습의 유사점과 차이점을 알린다.

② 중학교

통일문제를 객관적으로 인식하는 데 필요한 북한 및 통일문제에 대한 기초지식을 습득한다.

- 민주주의의 기본이념과 민주주의체제의 긍정적인 면을 이해하게 한다.
- 분단의 원인과 과정을 알아보고, 분단이 갖는 역사적 맥락을 이해한다.
- 우리 민족의 특성을 이해하고, 민족이 살아온 과정을 알아본다.
- 남북한이 추구해 왔던 통일정책의 특성과 원칙이 무엇인가를 알아본다.
- 남북한체제의 기본적인 특성을 비교 이해한다.

③ 고등학교

북한에 대한 이해를 심화시키고, 통일과정에 능동적으로 참여할 수 있는 소양을 쌓게 한다.

- 사회주의체제의 생성과 몰락과정을 이해하고, 민주주의체제가 갖는 장점과 단점이 무엇인가를 알아본다.
- 분단이 남북한에 미친 부정적인 영향들을 구체적으로 검토하여, 통일이 가져다 줄 수 있는 실질적인 이득을 따져본다.
- 바람직한 통일정책을 알아보고, 올바른 통일운동의 방향을 토론한다.
- 통일 이후 발생할 수 있는 각종 문제들을 예상해보고, 이에 대한 대처 방안을 모색해본다.
- 북한체제의 특성을 분야별로 구체적으로 이해한다.

한편, 통일교육의 목표에 대한 전문가들의 대표적인 논의는 주로 정세구와 추병완에 의해 이루어졌다. 먼저 정세구(1996)는 통일교육의 구성요소를 민족공동체교육, 민주시민교육 그리고 국가안보교육으로 설정한 바 있다.

민족공동체교육은 분단 이후 서로 다른 이념과 체제 속에서 살아오면서 이질화된 남북한이 민족적 동질성을 회복하고, 공동체 의식을 형성하는 데 필요한 의식구조이다. 따라서 민족공동체교육은 북한의 실상에 대한 정확하고 객관적인 교육을 통해 북한에 대한 올바른 이해를 증진시키고, 우리 민족이 공유해 온 문화 · 역사 · 관습 · 언어 등 단일민족으로서의 동질성이 잔존하고 있음을 이해시켜, 민족의 정체성과 동질성을 확립하는 것이다.

민주시민교육은 통일에 대비하여 우리 국민의 정체성과 결속력을 신장시키기 위한 교육으로, 민주적 시민문화의 미성숙으로 결여되기 쉬운 민주시민으로서의 자질을 함양하려는 것이다. 따라서 자유민주주의체제가 인간에게 이상사회를 제시하는 가장 설득력 있는 청사진이며, 현재로선 최선의 이념적 선택이라는 확신을 갖게 하는 것이다. 동시에 민주시민의 필수 자질에 해당되는 제반능력, 즉 반성적 사고기능과 지적기능, 개인 또는 집단의 구성원으로서 합리적 의사결정을 내릴 수 있는 능력 그리고 집단 상호 작용 및 사회참여능력 등을 지니게 하려는 것이다.

국가안보교육은 우리나라의 자유민주주의체제와 생활방식을 위협하는 북한에 대해 경계심을 갖고 그에 대응하는 의지를 진작시키기 위한 교육이다. 원래 국가안보는 더욱 넓은 의미를 지니는데, 대내외의 위협으로부터 이미 획득된 여러 가치들을 확실히 보호하기 위한 국가의 능력으로서 정책적 의미를 지닌다. 그러나 정세구가 지적하는 안보교육은

6·25전쟁 이후 북측이 자행한 무수한 무력도발과 테러행위, 대남비방과 선전·선동 등의 복합적 요인과 현재 북한이 우리의 주된 적으로 존재하기 때문에 비롯된 것으로, 제한된 의미의 안보교육에 해당된다.

한편, 정세구는 통일교육의 목표를 다음 〈표 4-1〉과 같이 제시했다.

〈표 4-1〉 통일교육의 목표

목표영역		통일교육의 준거
지식	• 사실 • 개념 • 일반화	• 통일의 당위성 인식 • 북한 실상에 대한 정확한 지식 • 우리 민족의 문화·역사·관습·언어 등에 대한 폭넓은 이해
기능	• 기초기능 • 탐구기능 • 민주사회적기능	• 통일문제에 대한 판단능력 • 민주시민으로서의 자질 • 합리적인 의사결정능력 • 집단 상호 작용 및 사회참여능력 • 반성적 사고기능과 지적기능
가치·태도	• 바람직한 가치·태도 • 합리적인 가치·태도	• 통일의지의 고취 • 통일 위험요소에 대한 경계심 진작 • 민족공동체 의식 확립 • 민주주의 이념의 우월성에 대한 확신 • 자유민주주의체제 수호 자세 • 민족정체성과 민족동질성 확립 • 북한 공산주의체제에 대한 경계심

이와 유사한 맥락에서 추병완(1999a; 1999b)은 통일교육의 목표를 "통일을 실현하기 위한 과정과 통일 이후의 국가생활에서 국민에게 요청되는 바람직한 통일 가치관을 함양시키기 위한 것."이라고 보고 있는데, 이를 위해서는 통일문제에 대한 지식, 기능, 가치·태도 그리고 행동적 요소를 고르게 갖추어야 한다고 주장하고 있다.

첫째, 통일문제에 대해 올바른 가치관을 지니고 있는 사람은 다음과 같은 인지적 요소를 지니고 있다. ① 조국분단의 원인과 배경에 대해 정확한 지식을 지니고 있다, ② 북한의 실상에 대해 정확한 지식을 지니고 있다, ③ 우리 민족의 문화 · 역사 · 관습 · 언어 등에 폭넓은 지식을 지니고 있다, ④ 조국통일의 당위성에 대한 정확한 지식을 지니고 있다, ⑤ 한반도 통일문제는 우리 민족 내부의 문제일 뿐만 아니라 국제적 문제임을 분명하게 알고 있다.

둘째, 통일문제에 대해 관심을 갖고 있는 사람은 다음과 같은 기능적 요소를 지니고 있다. ① 남북한 체제의 장단점을 객관적으로 상호 비교할 수 있으며, 양 체제의 상호 보완과 수렴방안을 모색할 수 있다, ② 통일문제에 대한 합리적 사고를 바탕으로 통일의 절차 및 방법에 대해 자기 나름의 의견을 개진하고 이를 정당화할 수 있다, ③ 한반도 통일을 둘러싼 남북한 및 국제적 이해관계의 대립과 갈등을 종합적으로 분석할 수 있다, ④ 통일국가의 형성과정 및 통일 이후에 직면하게 될 많은 대내외적 과제들을 추론할 수 있다, ⑤ 통일문제 해결에 필요한 민주시민의 자질, 즉 합리적 의사결정능력, 사회참여기능, 집단 상호 작용능력 그리고 반성적 사고기능을 지니고 있다.

셋째, 통일문제에 대해 올바른 가치관을 지니고 있는 사람은 다음과 같은 가치 · 태도를 지니고 있다. ① 인간의 존엄성 및 민족의 동질성에 대한 깊은 신뢰를 바탕으로 편견과 적대감에서 벗어나 이해와 수용의 포용적 자세를 지니고 있다, ② 통일 위협요소에 대한 경계심을 갖고 있으며, 통일과 안보문제에 대해 균형감각을 지니고 있다, ③ 감상주의적 통일관이나 통일 지상주의를 경계하면서 민족공동체의 공동번영과 통일국가 실현에 대한 확고한 신념과 의지를 지니고 있다, ④ 편협한 자민족(自民族) 중심주의에서 벗어나 민족주의와 세계주의의 조화를 추구하려는 자세를 지니고 있다, ⑤ 공산체제의 위험을 경계하면서 자유민주체제의 우월성에 대한 확고한 신념을 지니고 있다.

넷째, 통일문제에 대해 올바른 가치관을 지니고 있는 사람은 다음과 같은 행동요소를 지니고 있다. ① 민족동질성 회복이 통일 촉진의 원동력임을 깨달아 일상생활에서 우리 민족이 지니고 있는 고유한 문화의 정신과 가치를 회복하기 위해 노력한다, ② 일상생활 속에서 민주적 규범과 절차를 존중하여 지속적으로 실천한다, ③ 통일국가의 실현과 발전을 위해 필요한 현실적 과제들의 중요성을 알고 생활 속에서 그것을 적극적으로 실천한다, ④ 우리의 주권과 국체를 지키기 위한 국가안보의 중요성을 인식하고 이를 생활 속에서 실천한다, ⑤ 북한주민을 적이 아닌 하나의 민족으로서 수용하려는 자세를 갖고 이를 생활 속에서 적극적으로 실천한다.

현재 우리 정부의 통일교육 목표설정이 주로 과제 차원에서 이루어지고 있지만, 정세구와 추병완의 통일교육 목표설정은 주로 교육목표 분류학을 이용하여 전개되고 있다. 우리 정부에서 의도하고 있는 통일교육의 목표도 통일을 이룩하는 데 필요한 가치관과 태도의 함양을 목적으로 하고 있으므로, 앞으로는 교육목표 분류학에 입각하여 학급별로 좀더 세분화된 통일교육 목표를 설정하는 작업이 이루어져야 할 것이다. 그리고 통일교육 목표를 설정할 때에는 지식, 기능, 가치 · 태도 그리고 행동적 요소를 더욱 강조하고, 고학년에서는 그러한 가치 · 태도와 행동을 이론적으로 뒷받침해줄 수 있는 지식과 기능을 강조해야 할 것이다.

2 통일교육의 기본원칙

우리는 그동안 원칙 없이 실행된 통일교육의 위험성을 직시하고, 통일교육의 기본원칙에 대해 합의를 이루어야 하는데, 통일교육의 기본원칙은 다음과 같다.

첫째, 통일교육은 기본교육(basic education)이다.

우리는 통일교육을 도덕과나 사회과에서 다루어야 할 교육과정의 부수적인 한 분야로 간주하는 경향이 있다. 물론 도덕과나 사회과가 통일교육을 위한 핵심교과임에는 틀림없으나, 그렇다고 해서 다른 교과나 교과 외 활동이 통일교육과 전혀 무관한 것은 아니기 때문이다. 즉 통일교육은 학교 교육과정의 모든 측면에서 다루어져야 할 기본교육이다.

통일교육은 자라나는 학생들에게 통일에 대비하고, 장차 통일국가의 일원으로서 생활해 나가는 데 필요한 지식과 기능, 가치 · 태도, 생활방식을 총체적으로 교수 · 학습활동을 하는 것을 목표로 한다. 통일교육이 학교생활의 모든 측면을 통해 이루어지는 교육임을 고려하여 교과활동, 창의적 체험활동, 학교행사 그리고 잠재적 교육과정 등 모든 측면에서 통일교육이 실행될 수 있도록 힘써야 한다.

둘째, 통일교육은 균형교육(balanced education)이다.

통일교육은 균형성의 원칙에 입각하여 실행되어야 한다. 즉 통일교육은 통일에 관한(about), 통일을 위한(for), 통일 내(in) 교육이 균형을 이룸으로써 학생들로 하여금 통일문제에 대해 아는 것, 느끼는 것 그리고 행동하는 것을 균형 있게 학습하도록 해야 한다.

여기서 통일에 '관한' 교육이란 통일문제에 관련된 제반 사실이나 가치를 다루는 교육을 의미한다. 한반도의 분단현실에 대한 객관적 이해를 바탕으로 한반도 통일의 연결고리인 민족동질성 회복의 필요성, 북한의 실상, 한반도의 통일여건과 현실적 장애요인 그리고 남북한의 통일정책에 대한 객관적 정보를 제공해주는 교육을 의미한다.

통일을 '위한' 교육이란 한반도 통일을 위해 학생으로서 그리고 민족공동체의 일원으로서 어떤 자세로 무엇을 할 것인가에 대한 결단을 촉구하는 교육을 의미한다. 따라서 여기서는 통일문제를 삶의 중요한 문제로 삼아 심사숙고하는 태도와 경향성, 실천의지를 함양하는 일이 관건이 된다.

통일 '내(內)' 교육이란 통일이라는 당위적이고 규범적인 의미에 내재된 복잡하고 어려운 문제들에 대한 사고기능과 판단력을 증진시켜주는 교육을 의미한다. 즉, 통일과 관련된 문제들, 이를테면 안보문제, 통일국가의 지향 이념, 통일국가가 당면하게 될 제반 문제점들에 대한 합리적 판단과 추론을 통해 통일에 대한 현실적이고 가능성 있는 대안을 모색할 수 있는 능력과 태도를 길러주는 교육을 의미한다. 따라서 통일교육에서는 아는 것, 믿는 것 그리고 행동하는 것이 통합 형태로 학습되어야 하며, 모든 학생들이 한반도 통일문제의 의사결정자라는 자긍심과 확신을 심어줄 수 있어야 한다.

셋째, 통일교육은 공동체교육(education for community)이다.

통일은 분단의 아픔을 겪고 있는 남북한 동포들이 다시 '하나'를 추구하는 가치지향적 활동이다. 그러므로 통일교육에 있어서 공동체는 가장 중심적인 이슈가 된다고 볼 수 있다. 특히 분단의 장기화에 따른 민족의 이질화로 우리 공동체 기반이 많이 파괴된 것이 사실이다. 따라서 통일교육을 통해 우리는 학생들로 하여금 훼손된 민족의 동질성을 회복하고, 더불어 살아가는 데 필요한 능력을 기를 수 있도록 도와주어야 한다.

통일교육이 이루어지는 교실과 학교는 마땅히 공동체문화를 고양시켜

줄 수 있는 장소가 되어야 한다. 성적을 중요시하는 경쟁 위주의 교육 풍토는 통일교육에 바람직하지 못하다. 사회심리학자들의 연구에 의하면, 학생들이 행복하고 유쾌하다고 느낄 때 그리고 일이나 과제에서 성취감을 맛볼 때 기꺼이 다른 사람을 돕거나 가진 것을 나누어 준다고 한다. 따라서 입시 위주의 경쟁체제에서 실패한 학생들 다수가 좌절감이나 패배감을 갖게 되고, 그 결과 협동하지 않거나 배려하지 않는 부정적 특성을 갖게 된다.

넷째, 통일교육은 다문화교육(multicultural education)이다.

통일교육은 이질적인 사회체제 속에서 살아온 남북한 동포들이 함께 어우러져 살기 위한 방법을 모색하는 교육이다. 개방화 · 다원화에 익숙해진 남한동포들과 권위에 대한 복종과 공동체적 삶에 익숙해진 북한동포들이 공존해 나가기 위해서는 문화적 인식이 바탕이 되어야 한다. 우리는 공동체교육을 통해서는 일치와 통일성을 강조하고, 다문화교육을 통해서는 차이와 다양성의 존중을 강조해야 한다. 아무리 단일민족국가라고 할지라도 완전한 동질성을 누리기란 어려우며, 그러한 발상 자체가 비민주적이기 때문이다. 그러므로 우리는 사고와 행동의 다양성을 수용할 수 있는 열린 마음을 지닌 학생들을 길러내야 하며, 이렇게 볼 때 통일교육은 다문화교육의 형태를 띠어야 하는 것이다.

다섯째, 통일교육은 도덕교육(moral education)이다.

통일교육은 남북한 동포의 공동복리뿐만 아니라 세계사회 속의 책임 있는 구성원으로서 인류의 공동복리를 위한 노력에 적극적으로 참여할 수 있는 사람을 길러내기 위한 교육이다. 통일과정과 통일국가의 실현에 있어서 모든 결정들은 윤리적 가치체계에 바탕을 두고 실행되어야만 한다. 그러므로 통일교육에서는 도덕적 민감성, 도덕적 판단력, 도덕적 의지 그리고 도덕적 습관 등을 총체적으로 경험해 볼 수 있는 기회를 제공해주어야 한다. 특히 북한동포들을 편견 없이 있는 그대로 수용할 수 있는 관용과 포용력 및 인간존중의 자세는 성숙한 도덕적 인격에서만 나올 수 있다는 것을 깨달아, 학생들의 도덕적 인격을 함양하는 통일교육을 지향해야 한다.

여섯째, 통일교육은 사회적 행동(social action)을 위한 교육이다.

통일교육은 분단과정이나 통일정책에 대해 무기력한 관념을 지닌 학생들이 아니라, 통일교육에 능동적으로 참여할 수 있는 살아 있는 관념을 지닌 학생들을 길러내기 위한 것이다. 따라서 통일교육은 사회적 행동을 위한 교육 혹은 행동지향적 교육이 되어야 한다. 통일교육은 갈등의 합리적 해결능력, 비판적·창조적 사고능력 그리고 협동능력 등과 같은 민주사회적 기능들을 실천할 수 있는 다양한 기회들을 제공함으로써 학생들에게 통일과정에 능동적으로 참여할 수 있는 자신감을 불어넣어주어야 한다.

일곱째, 통일교육은 적극적 평화교육(positive peace education)이다.

통일교육은 학생들에게 적극적인 평화의식을 심어주는 교육이 되어야 한다. 이때의 평화란 단순히 전쟁이 없는 상태라는 소극적인 의미가 아니다. 평화학자들에 의하면, 평화란 전쟁이 없는 상태만을 의미하는 것이 아니라 인간이 자신의 능력을 계발할 수 있고, 나아가 다른 사람과 조화를 이루면서 모든 갈등과 분쟁을 힘이 아니라 토론과 타협을 통해서 해결할 수 있는 인간공동체를 창조하는 과정을 의미한다. 따라서 적극적인 의미에서의 평화가 이루어지기 위해서는 기근과 빈곤으로부터의 해방, 전쟁으로부터의 해방, 질병으로부터의 해방, 무지로부터의 해방, 비참한 주거생활로부터의 해방, 자연환경의 보호 그리고 국가와 사회의 민주화 같은 사람다운 삶의 조건들이 형성되어야만 하는 것이다.

통일교육은 적극적인 평화를 위한 삶의 조건들에 대한 소양을 높이면서 동시에 그러한 삶의 조건들을 만들어내기 위해 실제적인 노력을 경주할 수 있는 사람을 만들어내야 한다. 따라서 통일교육은 기성세대의 적색공포증이나 통일에 대한 막연한 향수를 아무런 여과장치 없이 후세대에게 전수하는 것이 아니라, 학생들의 마음속에 적극적인 평화의식을 개발하여 그들 스스로 통일과 안보의 중요성을 체감할 수 있는 능력을 길러주어야 한다.

여덟째, 통일교육은 테크놀로지에 바탕을 둔 교육(technology-based education)이다.

앞으로의 학생들은 글자 그대로 하이퍼미디어 세대이다. 문자세대인 우리와는 다른 가치관과 사고방식을 지니고 있다. 따라서 우리는 전통적인 교수·학습방법의 타당성에 대해 깊이 생각해 보아야 한다. 교과서에 제시된 문자정보나 낡은 사진정보를 통해 통일교육을 하는 시대는 이미 지나갔다. 멀티미디어를 이용한 교수기법이 학습과정과 기억측면에서 상당한 효과가 있음은 이를 단적으로 보여준다. 따라서 통일교육에서도 학생들의 북한이해를 돕기 위해, 다양한 테크놀로지에 대한 무지와 두려움에서 탈피하여 첨단기술을 활용한 학습을 과감하게 도입해야 한다. 컴퓨터시뮬레이션을 통해 북한생활을 체험해본 학생과 교과서의 문자정보만으로 북한을 이해한 학생 사이에는 엄청난 학습효과의 차이가 있다.

통일교육에서 테크놀로지의 활용은 학생들의 흥미와 호기심을 유발시킨다는 점에서도 매우 유용하다. 학생들을 학습과정에 끌어들이는 유인체계 없이 어떤 성과를 기대하기 어렵다는 점을 인식하여, 통일교육에서도 학습자의 자발적인 참여와 능동적 학습활동의 전개에 도움을 줄 수 있는 다양한 테크놀로지를 활용해야 한다.

아홉째, 통일교육은 생애교육(lifelong education)이다.

학생들이 학교에 입학할 때 통일에 관해 백지상태에 있다고 가정하는 것은 그릇된 생각이다. 가정과 매스미디어를 통해 학생들은 통일문제에 어느 정도 사회화되어 있는 상태이다. 그럼에도 불구하고 우리의 통일교육은 학령기 교육에만 배타적으로 치중하고 있다. 통일교육이 성과를 거두기 위해서는 유아를 대상으로 한 통일교육, 학생을 대상으로 한 통일교육, 성인을 대상으로 한 통일교육이 계속성의 차원에서 실행되어야 한다.

최근에 시민단체들이 실시하고 있는 일반 시민을 대상으로 한 통일교육이 활성화되고 있으나, 유아교육기관과 가정은 통일교육의 사각지대라고 해도 과언이 아니다. 따라서 앞으로의 통일교육은 가정, 유아교육기관, 학교, 군대 그리고 사회에서 일관되고 체계적인 계획에 의해 지속적으로 이루어져야만 한다.

끝으로, 통일교육은 역량 있는 교사의 질(quality of empowered teacher)에 그 성과가 달려 있다.

우리는 일반적으로 교육의 질은 교사의 질을 넘지 못한다고 말한다. 이 말은 통일교육에서도 결코 예외가 아니다. 통일교육을 제대로 실시하고 있는 학교나 기관에는 언제나 통일교육에 역량 있는 교원들이 근무하고 있다. 통일교육을 담당할 모든 교원은 무엇보다 통일문제에 대한 확고한 신념과 열의가 있어야 한다. 즉, 통일교육이 남북한 동포가 실질적인 마음의 통일 그리고 정신의 통일을 이룰 수 있는 가장 확실하면서도 경제적인 '교육투자'라는 생각을 지닌 교원이 되어야 한다.

3 통일교육의 내용

학교에서 실행할 통일교육의 구체적인 내용체계는 주로 정부에 의해 제시되고 있다. 통일부에서 발간한 《통일교육의 기본방향》에서는 통일교육에서 다루어야 할 25개의 주제 항목을 선정하여 제시하고 있다. 이를 구체적으로 살펴보면 다음과 같다.

- **통일의 의미와 당위** : 통일은 한반도에 하나의 민족국가, 하나의 민족공동체를 새롭게 건설하는 일로, 민족의 역량을 하나로 결집하는 계기이자, 동북아와 세계의 평화에도 크게 이바지하는 길이다.
- **통일문제의 성격** : 통일문제는 민족문제인 동시에 국제문제이다. 통일문제 해결에 있어 배타적 민족주의나 맹목적 세계주의는 배격되어야 한다.
- **통일논의의 범위** : 개방적 통일논의는 바람직하고 필요하나, 자유민주주의체제의 기본가치와 행동규범이 존중되는 범위 내에서 이루어져야 한다.
- **분단의 원인과 심화** : 분단은 우리 민족의 의사와 관계없이 이루어졌지만, 우리 민족 내부의 분열에 의해 심화되어 왔다. 그러나 이제 분단은 남북 간의 화해와 협력을 통해 우리 스스로 극복해야 할 과제이다.
- **분단의 폐해** : 분단은 민족구성원에게 개인적 고통과 희생을 강요함은 물론, 민족 이질화를 심화시키고, 민족역량을 낭비케 함으로써 민족번영을 가로막는 요인이 되고 있다.
- **분단체제의 특성** : 북한은 수령에 이은 유훈통치로 유일적 영도 아래 있는 독재체제이자, 집단주의를 바탕으로 한 폐쇄적이면서 통제적 사회이다.
- **북한 위기의 본질** : 북한체제가 처해 있는 위기의 본질은 구조적 한계

에 봉착한 경제체제, 폐쇄적 · 호전적 정치체제 등 체제 내부에서 찾아 볼 수 있다. 체제 전반에 걸친 근본적 개혁이 없는 한 북한의 미래는 밝을 수 없다.

- **북한의 인권문제** : 북한에서는 불행히도 기본적 인권들이 지켜지지 않고 있는데, 이는 북한체제의 비민주성 때문이다. 북한의 인권개선을 위해서는 정확한 실태파악과 함께 국제사회와의 연계를 통한 해결 노력이 필요하다.
- **북한의 대남공세** : 국가보안법 철폐, 주한미군 철수 등 북한이 내걸고 있는 각종 주장들은 공산화 통일전략에 기초한 것으로, 내부문제를 간섭하지 않기로 한 남북 기본합의서의 정신에도 위배되는 것이다.
- **국제질서의 변화** : 이데올로기에 기반을 둔 진영 대결이 와해된 오늘날의 세계질서는 우리 민족에게 분단 이후 그 어느 때보다 통일에 유리한 기회를 마련해주고 있다.
- **주변국의 대 한반도정책** : 한반도의 긴장완화와 평화유지에 초점이 맞춰진 주변국의 대 한반도정책과 우리의 통일정책을 조화시킬 수 있는 능동적 노력이 필요하다.
- **남북관계의 변화** : 냉전 이후 북한경제의 위기와 남북한 체제의 역량 격차 심화로 남한 주도의 통일 가능성은 한층 높아졌다. 남한 당국을 기피하려는 북한의 태도에도 불구하고, 남한은 포용적 입장에서 통일 논의를 주도해 가고 있다.
- **통일의 촉진 · 장애요인** : 남북한 간의 교류협력, 남한의 민주화 등은 통일의 촉진요인인 반면, 북한의 지속적 대남 혁명전략과 상호 불신, 이질화 현상 등은 통일의 장애요인이라 할 수 있다.
- **분단국 통일의 교훈** : 분단국의 통일경험은 통일 이전에는 분단의 안정적 관리가, 통일과정에서는 주변국의 지지와 협조가, 통일 이후에

는 민족의 내면적 통합이 무엇보다 중요하다는 교훈을 주고 있다.

- **대북정책 추진원칙** : 대북정책의 3대 추진원칙은 무력도발 불용, 흡수통일 배제, 화해·협력의 적극 추진이다.
- **대북정책의 추진기조** : 대북정책의 추진기조는 안보와 협력의 병행 추진, 평화공존 및 평화교류의 실현, 화해·협력을 통한 북한의 변화유도, 남북 상호 이익도모, 국민적 합의에 기초한다.
- **통일방법** : 우리의 통일정책은 평화적 방법과 민주적 절차에 따라 점진적으로 통일을 이루려는 것이다.
- **남북대화** : 남북대화는 남북관계의 개선과 평화통일의 기반을 조성하는 첫걸음이다.
- **한반도 평화문제** : 한반도 평화체제 구축에 대해 우리는 남북 간 당사자 문제로 보고 있는데 반해, 북한은 미국과의 문제로 보고 있다는 점에서 대립되고 있다.
- **남북 기본합의서** : 남북 기본합의서는 남북관계 개선과 평화통일을 위한 기본틀을 제시하고 있다는 점에서 큰 의의가 있으며, 남과 북은 이를 성실히 지켜야 할 책무를 지고 있다.
- **남북 교류협력** : 남북 간의 대화와 교류는 남북 간의 불신관계를 신뢰관계로, 대결구조를 평화구조로 그리고 이질화된 민족사회를 동질적 민족사회로 만드는 데 큰 의의를 지닌다.
- **대북지원** : 북한에 대한 지원은 일방적인 시혜의 차원을 벗어나 북한 주민들에게 실질적인 도움을 주고, 남북관계 개선에 기여하는 방향으로 추진되는 것이 바람직하다.
- **대북 경수로지원** : 대북 경수로지원 사업은 우선 북한의 핵 개발을 저지함으로써 안보위협을 제거하고, 중·장기적으로는 한반도 평화유지와 통일에 기여하고자 하는 것이다.

• **통일사회의 미래상** : 통일조국은 민족구성원 모두에게 자유·복지·인간존엄성을 보장하는 선진 민주국가여야 한다.

• **통일을 위한 준비** : 민주주의와 시장경제의 병행 발전을 통해 우리 사회를 번영하는 민주공동체로 키워나가는 일이야말로 통일을 앞당기고 준비하는 지름길이다.

그러나 이러한 통일교육 내용체계는 너무 포괄적이라서 학교에서 모두 다루기에 현실적으로 많은 어려움이 있다. 이러한 문제의식을 바탕으로 한국교육개발원에서는 학교 통일교육의 내용영역과 지도요소를 다음과 같이 제시한 바 있다(이돈희 외 3인, 1996).

① 북한의 현실인식 및 남북한 비교

• **분단배경의 과정** : 분단의 배경, 남북대립의 심화과정.

• **북한의 현실과 남북한 비교** : 북한사회의 특징과 현실(자연, 정치, 경제, 사회, 문화), 북한주민의 생활상(가정, 직장, 경제생활), 남북한주민생활의 비교.

• **북한 청소년과 남북한 비교** : 북한 청소년의 생활(가정, 학교, 단체생활), 남북한 청소년 생활 비교.

• **민족의 동질성 인식** : 민족의 역사와 전통, 남북한의 문화적 차이와 동질성.

② 통일을 위한 과정

• **통일의 필요성 인식** : 민족분단의 문제점 인식, 통일의 필요성 인식.

• **통일을 위한 노력** : 남북한의 통일노력과 문제점, 남북교류의 과정과 전망.

• **통일의 여건 인식** : 한반도 주변상황의 변화, 남북관계의 변화, 통일논의에 대한 태도.

• **국가안보 상황의 인식** : 남북관계의 안보상황, 한반도 주변상황과 평화정착의 필요성 인식.

③ 통일사회에의 적응

• **통일 후의 사회상황 전망** : 통일과정의 사회혼란과 갈등양상, 남북한 사회의 상호 이해와 협력추구 필요성.
• **남북한 사회통합과 적응** : 정치 · 경제 · 사회통합과 적응, 사회적 다양성의 존중과 공존.
• **통일국가의 미래상** : 통일국가의 모습과 조건, 통일국가의 미래상.
• **통일사회의 준비** : 사회적 갈등해소와 통합의 과제, 남북주민 상호 간의 인식 차이, 해외동포의 민족정체성 확립.

이러한 내용체계가 사회적 합의를 바탕으로 한 것은 아니지만, 적어도 기존의 통일교육 내용체계가 가지고 있던 문제점을 적극적으로 보완하고 있다는 점에서 시사하는 바가 크다. 따라서 앞으로는 이러한 기본틀에 입각하여 초등학교, 중학교 그리고 고등학교의 통일교육 내용체계를 구체화하는 후속 연구가 이루어져야 할 것이다.

▸ **한만길 엮음(1999). 《북한에서는 어떻게 교육할까 - 북녘에서 살다 온 16인의 생생한 교육 체험기》**

(서울 : 우리교육. pp.215-216)

초·중등 교육과정의 정치사상 교육[1)]

유치원 교육과정을 비교해 보면, 남한은 생활영역별로 교과목을 제시하고 있고, 북한은 교과목별로 세분하고 있다. 즉 남한에서는 건강생활, 사회생활, 언어생활, 탐구생활, 표현생활 등 생활영역별로 학습내용을 제시하고, 북한에서는 김일성·김정일 관련 교과, 우리말, 셈세기, 노래와 춤, 그리기와 만들기, 체육, 유희, 관찰 등 교과목별로 제시하고 있다. 또 북한은 유치원 높은반에서 우리말과 셈세기 과목을 통해 기초적인 문자와 숫자교육을 실시하고 있다.

북한은 초등교육에 김일성·김정일 교과가 있는 반면, 정치경제와 같은 사회 교과는 없다. 교과목 구성에서 국어와 수학의 비중이 크며 자연은 매우 낮다. 초등 단계에서 특히 국어와 수학의 비중이 높은 것은 이 과목이 기초과목의 성격을 가지고 있기 때문이다.

남한에서는 1~2학년의 경우 '슬기로운 생활'과 '즐거운 생활'로 통합교과를 구성하고 있지만 북한에서는 모든 학년이 분과형 교과편제로 되어 있다.

중등교육에서도 김일성 부자 중심의 정치사상 과목은 중요한 비중을 차지하고 있다. 김일성·김정일 관련 과목이 네 개로 구성되어 있으며 '현행 당정책' 교과가 있는 반면, 남한의 정치경제 교과는 없다. 다만, 사회 관련 과목으로 역사와 지리가 있다. 과목별 비중에서 남한이 국어와 외국어에 큰 비중을 두는 반면, 북한은 수학과 과학에 매우 큰 비중을 두고 있다.

북한의 교육내용은 김일성 주체사상을 중심으로 한 공산주의 사상교양을 강조하는 내용이 주류를 이루고 있다. 여기에는 자기희생을 기꺼이 감수하는 집단주의정신, 생산과 건설에 자발적으로 참여하는 노동애호정신과 근검절약정신 그리고 공산주의 승리에의 신념 등을 주입시키는 내용이 강조되고 있다. 또한 교육내용에서 실천적인 지식을 강조하는 경향이다.

---

1) 한만길 엮음(1999)의 《북한에서는 어떻게 교육할까 - 북녘에서 살다 온 16인의 생생한 교육 체험기》에 "북한이 자랑하는 교육제도(pp.204-217)."라는 제하에 주제별로 8가지 내용 중 일곱 번째 내용으로, 작성자의 이름은 밝히지 않았음.

제5장

통일교육의 방법

제5장 통일교육의 방법

1 통일교육 방법 적용의 전제

통일교육을 평화교육적 관점에서 접근할 때 우리는 평화를 직접적인 교육내용으로 가르치는 것 못지않게, 통일교육이 이루어지는 장(場)의 평화적 분위기도 중시해야 한다(추병완, 2003). 따라서 통일교육 실시에 앞서 그리고 실시 중에 필요한 사항들을 안내하면 다음과 같다.

1) 평화를 지향하는 교사

통일교육을 평화교육적 관점에서 접근하고자 할 때, 우선 교사가 평화를 지향하는 모델이 되어야 한다. 즉, 학생들에게 평화를 사랑하고 실천하는 인간적 태도를 보여주어야 한다는 것이다. 휘태커(T. Whitaker)는 인간적 태도를 보여주기 위한 교사의 기능과 자질을 네 가지로 제시했다. 첫째, 공감해주고, 이야기를 잘 들어주며, 학생의 입장에 서서 학생의 경험을 바라볼 수 있어야 한다. 둘째, 각 학생을 개별적이고 독특한 인간으로서 다정하고 사려 깊게 존중해주어야 한다. 셋째, 학생들과 개인적으로 개방적이고 솔직할 수 있도록 충분히 안정적이어야 한다. 넷째, 학생들은 긍정적이고 건설적이며 효과적으로 학습하기를 원한다는 믿음이 있어야 한다.

2) 평화로운 학급 분위기

평화교육이 제대로 이루어지기 위해서는 학급 분위기 또한 평화로워야 한다. 이를 위해 교사는 우선 학급을 하나의 응집력 있는 평화공동체로 만들 필요가 있다. 드브리스(R. DeVries)와 잰(B. Zan)에 의하면, 교사는 교실에서 협동과 상호존중이 지속적으로 실천될 수 있도록 사회·도덕적 분위기를 조성할 필요가 있다고 했다. 학급공동체 형성 조건에는 서로 알게 하기, 서로 존중·확언·배려해주기 그리고 학급에 대한 소속감·책임감 갖게 하기 등을 들 수 있다(박장호·추병완, 1998).

특히, 경쟁지향적 학급풍토에서 탈피하여 서로 보살피고 배려해주는 학급문화를 형성하기 위해서는 나딩스(N. Noddings)가 말하는 배려문화의 형성 방안을 활용할 수 있다. 나딩스는 배려할 수 있는 도덕적 감정을 가진 아이로 교육하고 싶다면, 그 아이를 따뜻하게 배려함으로써 아이가 배려받는다는 것이 어떤 것인지 실제로 느끼고, 자신도 남을 배려하고 싶은 마음이 들게 할 수 있다고 했다. 그리고 대화는 서로 간의 이해를 통해 배려관계를 유지하도록 돕는다고 했다. 따라서 학급문화를 배려공동체로 만들기 위해서는 교사가 배려문화를 도입함으로써 학생들이 서로 차이와 다름을 인정하고 존중하는 가운데 평화적으로 공존할 수 있도록 도와주어야 한다.

3) 평화적 상상력 함양

교사는 교과수업활동을 통해 학생들에게 평화적 상상력을 길러주어야 한다. 이 상상력은 비평화와 갈등 상황을 극복하기 위한 방법들을 창의적으로 구상하기 위해 요구되는 능력이다. 상상력이 결핍되었을 때는 폭력을 폭력으로 맞서게 되는데, 평화적 상상력을 통해 이를 해결할 수 있다. 즉, 평화적 상상력은 비평화적이고 억압적 상황에 대해 순환적으로 폭력을 행사하지 않고, 평화적으로 해당 상황을 전환시키도록 도와준다. 그러므로 교사는 교과수업을 통해 학생들이 상황을 평화적인 방식으로 바라볼 수 있는 상상력을 함양시켜주어야 한다. 유비질문 활용, 저널기록, 브레인스토밍(brainstorming), 역(reverse)브레인스토밍 그리고 순서정하기 등은 학생들의 평화적 상상력 함양에 도움을 주는 기법들이다.

4) 평화적 능력의 체험

교사는 학생들에게 평화적 능력을 개발할 수 있는 구체적인 기회를 제공해주어야 한다.

먼저, 평화적 갈등해결의 기회를 제공해야 한다. 교사는 갈등을 억압 또는 회피하려고 해서는 안 된다. 갈등이 인간 삶의 한 모습인 동시에 건설적인 방식으로 얼마든지 해결될 수 있음을 학생들에게 보여주어야 한다. 따라서 교사는 섣부르게 갈등을 없애기 위한 조처를 취할 것이 아니라, 학생들 스스로 갈등을 해결해보는 경험과 기회를 제공해주어야 한다.

다음으로, 교사는 협동학습이나 구조화된 논쟁학습 등의 수업활동을 통해 학생들이 의견대립이나 갈등의 평화적 해결경험을 하도록 해야 한다. 협동학습은 평화적으로 통일교육에 접근할 때 유용한 교수·학습 방법이다. 교사는 이 협동학습을 활용해 긍정적 상호 의존성, 개별 또는 집단적 책임감, 대면적·촉진적 상호 작용, 집단분석 그리고 개인 간 또는 소집단 기능을 활성화시켜주어야 한다(추병완, 2001).

구조화된 논쟁학습의 기회를 제공하는 것도 평화적 갈등해결의 경험에 도움이 되는데(추병완 · 김영은, 2000), 이 논쟁학습의 과정은 5단계로 이루어진다.

첫 번째 단계에서 학생들은 정보를 조직하고 결론을 도출한다. 문제나 결정을 제시받았을 때 지식을 정리하고, 개념구조 내에서 경험하며, 연역적 · 귀납적 논리를 사용하여 결론에 도달한다. 입장을 명확하게 옹호할 준비를 한다는 것은 다른 사람들이 그 입장과 사고에 사용된 추론 수준을 얼마나 잘 이해하는가에 영향을 준다. 그러나 학생들의 결론은 불완전한 정보, 제한된 경험 그리고 특정 관점을 범주화하고 조직하는 것에 근거하고 있을지도 모른다.

두 번째 단계에서 학생들은 반대입장을 제시하고 변론한다. 다른 사람들이 입장을 채택하고 수정하거나 포기하도록 설득하는 데 목표를 둔 주장과 반론의 과정을 따른다. 대립토의, 의견일치 추구 및 개별학습에 참여하는 학생들과 비교해서 논쟁에 참여하는 학생들은 더 많은 정보로 토론에 기여하고, 정보를 더 자주 반복하며, 새로운 정보를 공유하고, 논의된 문제를 확장시키며, 많은 개념과 논리를 제안한다. 또한 더 높은 수준의 과정진술을 하며, 높은 수준의 결정을 위한 노력에 대해 논평하고, 중간 수준의 인지과정에 대한 진술을 줄이며, 집단의 작업을 다루는 데 더 많은 진술을 한다. 이들을 좀 더 자세히 비교해 보면, 집단 간 불일치가 알려진 정보의 골자를 바꾸는 것뿐만 아니라 더 많은 양의 정보와 다양한 사실을 제공한다는 것을 알 수 있다.

세 번째 단계는 불확실성, 불균형 및 개념갈등을 만들어내는 것이다. 집단 구성원들은 다른 대안들을 옹호하고, 입장을 비판 및 비난하며, 다른 사람들의 결론과 양립하지 않은 정보로 각자의 결론에 도달한다. 집단 구성원들 사이에 불일치가 증가하면 더 잦은 불일치가 생기고, 한 사람의 입장에 반대하는 사람들이 더 많이 생기게 되며, 논쟁에 경쟁력 맥락이 형성된다. 어떤 한 사람이 모욕적으로 느낄수록 그 사람이 겪는 개념갈등과 불확실성은 더 커지게 된다. 개인은 다른 사람들의 입장을 알고, 그러한 입장을 이해 및 평가하는 동기를 지닌다. 또, 참가자들은 다른 입장에 대해 더욱 정확한 이해를 하게 된다.

네 번째 단계에서 학생들은 추가정보를 추구하고, 양쪽 관점에서 동시에 문제를 바라본다. 협동적 환경에서 지적, 반대에 부딪혔을 때 학생들은 더 많은 정보, 새로운 경험 그리고 불확실성을 해결하려는 노력에서 더 적절한 인지적 관점과 추론과정을 추구한다. 의견일치 추구, 대립토의 그리고 개인적 노력과 비교할 때, 논쟁은 다음의 몇 가지 영역에서 학생활동을 고무시켜준다는 사실을 연구결과들이 보여주고 있다.

• 추가정보 찾기.
• 반대입장과 논리를 이해하려고 하기.
• 반대관점에서 상황을 바라보려고 노력하기.

끝으로, 학생들은 두 관점을 통합하는 종합을 이루어낸다. 다른 사람들의 관점과 추론을 이해하고 적용시킴으로써 그리고 그들의 인지적 관점과 추론을 수정함으로써 학생들은 새롭고 재개념화 · 재조직화된 결론을 도출하게 된다. 논쟁의 여지가 없는 대립토의, 의견일치 추구 그리고 개인적 노력에 참여하는 것과 비교할 때, 논쟁에 참여하는 것은 더 양질의 그리고 더 창의적인 해결과 결정을 가능하게 하고, 반대자의 논쟁과 정보를 더 잘 통합하며, 더 큰 태도변화를 가능하게 한다.

2 통일교육의 방법

현행 학교 통일교육은 우리 사회가 변화시키고 대비해야 할 미래에 대해 학생들이 생각하고 관심을 가질 수 있도록 추진되어야 한다. 이에, 민족통합적 관점에서 북한사회에 대해 학생들이 올바로 인식할 수 있도록 도와줄 통일교육의 방법에 대해 간략하게 소개하면 다음(박찬석 외 8인, 2003)과 같다.

1) 협동학습활동

협동학습은 학습능력이 각기 다른 학생들이 동일한 학습목표를 향해 소집단 내에서 함께 활동하는 수업방법이다. 즉, 이질적 능력과 배경을 지닌 학생들로 소집단을 구성하여, 상호협력을 통해 공동의 과제를 해결해가도록 돕는 공동체 지향의 수업모형이다. 소집단 협동학습으로도 불리며, 그 자체가 상호 이해와 존중을 바탕으로 이루어지기 때문에 학습자들의 경쟁보다는 협력을 강조한다.

기존의 학습은 학습과정에서 경쟁적이며 타 학생의 실수나 결점을 통해 자신의 능력을 돋보이게 하는 경향이 있었다. 그러나 협동학습은 학생 스스로 같은 조원끼리 협동하지 않으면 안 되며, 친구의 향상이 나의 향상으로, 친구의 실수가 나의 실수로 귀결됨을 느끼게 하는 수업전략이다. 이런 측면에서 협동학습은 통일교육이 평화의 실천과정이 될 수 있도록 하는 장점을 지닌다.

협동학습은 통일교육을 통해 학생들이 남북 동질감을 찾도록 하는 데 그 목적이 있다. 궁극적으로는 남북한 동포들 간의 이해의 폭을 넓히는 기초를 마련하는 데 있다고 하겠다. 특히, 학교 통일교육의 교수기법은 아직도 교사가 주도하는 설명식 수업이 주류를 이루고 있는 실정이다. 그러나 앞으로는 통일의 과정, 통일 이후의 사회에 대한 적절한 능동적 학습활동을 고무할 수 있는 내용이 시도되어야 할 것이다. 이는 북한에 살고 있는 우리 동포에 대한 이해이며, 그 이해 정도를 통해 학생들은 통일의식을 강화할 수 있게 된다.

2) MAI 응용수업

현 시점을 규정하는 개념 중 하나는 '영상시대'이다. 오늘날 대부분의 학생들은 여가시간의 상당 부분을 TV나 VCR을 시청하면서 보낸다. 영상을 통해 휴식을 취하고 감정을 순화시키며 많은 지식을 쌓기도 하고 판단근거를 찾기도 하는 것이다. 방송이나 영화, 비디오, 뮤직비디오, 인터넷 등의 매체에 익숙한 아이들에게 문자가 가득한 교과서와 칠판의 판서는 낯설거나 의욕을 상실하게 하는 매체일 수도 있다. 교과서에 제시된 문자나 낡은 사진 정보로 통일교육을 실시하는 시대는 지나갔다.

앞서, '통일교육 기본원칙'에서도 제시되었듯이 학생들의 북한이해를 돕기 위해 첨단기술을 활용한 학습을 과감하게 도입해야 한다. 이런 테크놀로지에 바탕을 둔 교육의 한 방법으로 MAI(Movie Assisted Instruction: 영상보조학습)을 들 수 있다. 이 방법은 학습과정과 기억 측면에서 상당한 효과가 있는데, 통일교육에서도 학생들의 북한이해를 돕기 위해 다양한 MAI를 활용할 필요가 있다.

통일교육에서 MAI의 활용은 학생들의 흥미와 호기심 유발에 매우 유용하다. 학생들을 학습과정에 끌어들일 수 있는 유인체계가 없는 상태에서는 교육을 통해 어떤 성과를 기대한다는 것 자체가 어렵다는 점을 인식하고, 통일교육에서 학습자의 자발적 참여와 능동적 학습활동 전개에 도움을 줄 수 있는 다양한 MAI를 활용해야만 한다.

특히, 영상작품 만들기는 재미있고 신나는 수업 중 하나로, 학생들이 적극적으로 참여하는 수업이다. 통일교육과 영상수업이 무슨 상관이 있냐고 반문할 수도 있다. 하지만 학생 자신이 주체가 되어 영상작품을 만드는 동안 많은 도덕적 문제들을 토론하게 되고, 자신의 생각과 눈높이에 맞게 우리 사회의 도덕적 문제들을 표현하게 된다. 또한 이 수업에 참여하는 동안 학생들은 스스로 협동의 필요성을 느끼게 되고, 맡은 역할에 최선을 다하려고 노력하게 된다. 굳이 통일이라는 단어를 제시하지 않더라도 서로의 다양함을 인정하고 배려하는 마음을 키울 수 있다. 뿐만 아니라, 창의력과 상상력을 마음껏 발휘할 수 있고 자유롭게 표현하며 이야기할 수도 있다.

3) 내러티브 응용수업

내러티브(narrative) 또는 서사(敍事)는 가장 오래된 도덕교육 접근법 중 하나다. 일반적으로 내러티브 접근법은 이야기하기(story telling) 접근법으로 불리기도 하는데, 그 이유는 내러티브가 이야기와 상호 교환적으로 사용되는 경우가 많기 때문이다.

내러티브 접근법은 최근 미국에서 강조하고 있는 인격교육에서 가장 널리 활용되고 있기도 하다(추병완, 1999). 비츠(P. Vitz)는 내러티브가 인간의 도덕발달에서 차지하고 있는 중요성과 의의에 대해 연구한 바 있다. 그러나 도덕교육에 있어 내러티브를 이용한 접근의 실제적 활용은 길리건(C. Gilligan)에 의해 빛을 보게 되었다.

길리건에 의하면, 정의와 배려는 도덕성에 공동으로 존재하며, 만약 우리가 서로 다른 사회·문화적 상황에서 도덕성의 본질과 과정을 이해하려면 다수의 도덕적 목소리에 귀를 기울일 필요가 있다고 했다. 따라서 이런 관점에서 보면, 내러티브 혹은 이야기하기는 도덕적 지식을 견지하고 전달하는 데 가장 적합한 형태인 것이다. 그 이유는 내러티브가 모든 연령, 모든 장소 그리고 모든 사회에 존재하기 때문이다. 길리건은 도덕적 지식의 사회문화적 근거짓기, 즉 도덕적 지식이 배려와 연관성이라는 특정한 관계 속에서 발견되고 구성된다고 믿었다. 그래서 내러티브를 이용한 담론이야말로 인간 삶의 도덕적 이해를 위한 가장 자연스러운 형태가 될 수 있다고 보았다.

도덕교육의 방법으로서 내러티브 접근법은 학생들로 하여금 자신의 도덕적 이야기를 하게 함으로써 자신이 그 이야기의 저자(author)가 되고, 그런 과정을 통해 자신의 권위와 책임감이 표현 및 고양될 수 있는 기회를 부여받는 것을 특징으로 하고 있다. 이야기를 하는 기회를 통해 학생들은 도덕경험의 인지 · 감정 · 행위적 측면을 대표함으로써 자신의 도덕적 관점에서 자신의 경험을 숙고하게 된다. 이는 그런 관점을 대표하여 도덕적 권위와 권위의식뿐만 아니라 행위에 대한 책임감을 증가시킨다. 이 방법은 기존의 위대한 문학작품이나 도덕적 이야기를 학생들에게 제시하는 것과는 다르다. 여기서의 초점은 학생들이 자신의 도덕적 이야기의 저자가 된다는 점이다.

이러한 도덕적 권위의 기능과 역할은 첫째, 자신의 도덕적 관점을 분명히 표현하고 인지할 수 있게 하고, 둘째, 자신의 문제나 갈등에 직면하여 개인이 생각하고 느끼며 행위하는 것에 대한 존중과 권한을 부여해주며, 셋째, 자신의 도덕적 행위에 대한 책임감을 갖게 하는 데 있다. 이러한 목적을 위해서는 다양한 방식과 통로를 열어줌으로써 학생들이 자신의 경험과 이야기를 표현할 수 있도록 기회를 마련해주어야 한다. 이는 면담이나 토론 형식을 통해, 일기나 수필 같은 문자화된 양식을 통해, 또는 촌극이나 연극 및 비디오 제작 등의 극화방법을 통해서 가능하다.

통일교육에서 내러티브 기법이 예전부터 시행되어온 것은 사실이나, 제대로 이루어지기 위해서는 좀 더 다양한 방식과 통로를 통해 학생들이 자신의 경험을 표현할 수 있는 기회를 마련해주어야 한다. 그러므로 내러티브 기법과 통일교육의 만남은 당연하다. 예컨대, 통일에 대한 이야기를 듣고 말하는 것을 통해 학생 자신의 관점을 분명히 하고, 그것이 행동으로 연결될 수 있기 때문이다.

4) NIE 활용수업

NIE(Newspaper in Education)는 신문을 활용한 교육활동으로 논설읽기, 만화보기, 사진모으기 그리고 사례찾기 등 다양한 방법이 동원된다. 신문은 쉽게 수업자료로 활용할 수 있는 가장 현실적인 소재다. 우리나라에서는 1994년 한국신문편집인협회가 교육부에 신문을 교육교재로 활용하는 NIE운동을 효과적으로 전개하기 위한 구체적 실천방안을 요구하면서 시작되었다. 신문에는 국내외 크고 작은 사건이나 정치 · 경제 · 문화 · 예술 등 전 영역의 다양한 내용이 담겨 있기 때문에, 신문을 활용한 교육은 수업의 질을 높일 수 있다.

NIE를 통해 정치 · 경제 · 문화 · 예술 등 사회현상 전반에 관한 총체적 안목과 지적 능력을 함양시킬 수 있고, 사고력과 창의력 및 탐구력을 기를 수 있을 뿐만 아니라, 현실감각과 신속한 정보전달이 가능하기에 학습자가 흥미를 가지고 학습에 임하게 된다. 또한 현실에 대한 관심과 지식을 증대시킬 수 있는 매우 유익한 교육방법으로 활용될 수 있다.

학교에서의 통일교육은 교과서 내용에 의존하고 있는 것이 현실이다.

앞으로 통일교육의 방향은 학생들의 무관심과 부정적 통일의식에서 벗어나, 북한에 대한 객관적 이해와 관심을 이끌어내야 하기에 통일교육에 신문을 활용하는 것은 효과적인 교수 · 학습방법이 될 수 있다.

통일교육의 효과적인 교수 · 학습방법을 위해서는 교사의 일방적 내용 전달이 아니라, 있는 그대로의 북한이해와 통일문제에 대한 관심이 현실적 상황에 토대를 두고 증대될 수 있도록 교과서의 이론적 내용을 현실과 접목시켜 생각해보고, 다양한 의견접근을 통해 교수방법으로 활용될 수 있도록 해야 한다. 특히, 통일교육에 NIE를 활용한다면 학습과정에서 교사 중심의 강의나 설명보다 동기유발 측면에서 훨씬 효과적이다. 또한 학습자 스스로 정보를 선택하고 정리한다면 인지적 측면뿐만 아니라 정의적 측면에서도 활용도가 훨씬 높을 것이다. 학습방법에 있어서도 NIE는 교사가 어떻게 교과와 관련시켜 활용하느냐에 따라 활용범위가 넓고 효과적이다. 따라서 교사는 다양한 방법으로 교수 · 학습과정에 신문을 활용할 필요가 있다.

NIE를 활용한 통일교육은 통일문제와 북한이해에 필요한 많은 사실과 의견에 대해 자신의 입장을 정립할 수 있고, 판단력과 사고력을 기를 수 있다. 더불어 통일문제를 자신의 문제로 생각하고 적응하려는 마음가짐을 갖게 해주며, 나아가서는 상상력을 확대하고 개인의 능력을 신장시킬 수 있게 해준다. 통일문제는 감상적 차원이 아닌, 현실에 바탕을 두고 생각해야 할 문제다. 그러므로 남북의 현실과 상황을 객관적으로 이해하기 위해서라도 NIE를 활용한 교육은 효과적이라고 하겠다.

5) 체험학습 활용수업

체험학습(action learning)은 지금까지 수동적, 주입식 교육형태에서 벗어나 능동적, 자율적 그리고 활동적 학습을 통해 교육목적을 달성하기 위한, 교실 밖 현장에서 직접 보고 느끼는 '행함으로써 배우는 학습(learning by doing)'이라고 할 수 있다(이원구, 1993). 이는 획일적 방법에서 벗어나 현실성을 감안하고 다양화 효과를 기대하는 적극적 방법으로, 기존의 수동적이고 주입식 위주의 교육내용과 방법에서 탈피하고자 한다. 또한 획일화되지 않은 학습과정을 통해 학생들이 직접 계획하고 실행 및 평가하여 다양한 느낌과 지식 및 의지를 기를 수 있는 교수방법이다.

학교 통일교육의 활성화를 위해서는 무엇보다 학생들의 자율적인 교육활동에 기초하여 다양한 학습방법으로 통일문제에 대한 이해와 의지를 심어줄 수 있어야 한다. 현재의 통일교육은 전반적으로 통일문제나 북한이해에 중점을 두고 있다. 그러나 지금까지의 교과서 기술내용과 교수방법만으로는 학생들의 관심과 흥미를 이끌어낼 수 없고, 통일에 대한 당위성과 통일의지를 기르는 데 부족함이 많다. 따라서 이를 극복하기 위해서는 다양한 방법이 요구되는데, 이런 방법 중 체험학습을 적극 활용할 필요가 있다. 예컨대 임진각, 판문점, 전쟁기념관, 땅굴, 통일전망대, 현충관 그리고 북한관(館) 등을 견학함으로써 통일교육의 활성화와 내실화를 기할 수 있다.

통일교육은 정의적 내용과 함께 통일의 당위성과 시너지 효과에 대한 체계적 교육이 절실하며, 그에 따른 수업방법으로 직접 느끼고 생각해 보는 현장 중심의 교육이 필요하다. 즉, 학습자가 직접 참여하고 관찰하며 활동하는 체험학습을 통일교육에 적용시켜야 하는데, 그런 맥락에서 통일교육을 교실 밖으로 이끌어내는 일은 의미가 있다.

특히, 학생들은 체험학습을 통해 객관적 자료를 접할 수 있고, 학습한 이론과 실제 현상을 비교 및 확인할 수도 있으므로 올바른 북한관(觀)을 가질 수 있게 된다. 또한 스스로 계획하고 실천하며 평가하는 자기주도적 학습으로 학습능력을 신장할 수 있고, 이를 통해 통일에 대한 관심과 의지를 기를 수 있다. 이러한 교수·학습방법은 학생들이 통일문제에 대한 냉소적 태도를 버리고 북한과 통일문제에 대해 적극적으로 관심을 갖도록 하는 데 도움이 된다.

6) 마인드맵 활용수업

마인드맵(Mind-Map)은 어떤 중요한 주제나 개념 혹은 이미지를 연상작용에 의해 나뭇가지가 뻗어나가듯이 생각해보도록 하는 기법이다. 이 방법은 주어진 주제, 개념 혹은 이미지에 대한 자신의 마인드(mind : 심적인 의욕이나 경향)를 그림, 기호, 낱말, 색깔, 부호 그리고 도표 등을 사용하여 지도처럼 그리는 것이다(차유규 외 4인, 2000). 마인드맵의 실제 적용을 위해서는 우선 다음과 같은 용어에 대한 사전이해가 필요하다.

- **중심 이미지**(주제에 해당) : 주제를 이미지화한 것으로 가운데 그린 그림.
- **주 가지**(큰 가지) : 중심 이미지의 하위개념으로 책의 큰 제목과 유사.
- **부 가지**(작은 가지) : 주 가지의 하위개념으로 작은 제목과 유사.
- **세부 가지**(더 작은 가지) : 부 가지의 하위개념으로 부 가지의 내용에 속하거나 관련된 내용.

마인드맵의 활용상 의의는 다음과 같다. 첫째, 마인드맵은 브레인스토밍의 과정을 거치게 되므로 내용을 풍부하게 해준다. 둘째, 가지를 치는 과정에서 내용의 분류활동이 수반되므로 분석 및 종합능력이 생기게 된다. 셋째, 마인드맵은 핵심요소인 핵심낱말, 기호, 그림, 색깔, 그리고 부호 등을 사용하여 작성하므로 기록이 쉽고 시간이 절약되며 관련된 경험이나 느낌의 표현이 쉽다.

통일교육과 관련해서는 '통일은 왜 이루어져야 하는가?', '민족이란 무엇인가?', '통일에 장애가 되는 것은 무엇이며 긍정적으로 작용할 수 있는 것은 무엇인가?', 그리고 '통일을 위해 우리가 노력해야 할 방향은 무엇인가?' 등의 주제를 마인드맵으로 나타낼 수 있다. 또한 마인드맵은 통일교육과 관련해서 수집된 자료의 분석 · 종합, 통일에 대한 자신의 의견개진, 토의내용의 종합 · 정리 그리고 교과서 내용의 체계적 정리 등의 단계에서 활용할 수 있다.

이와 같이 마인드맵을 통일교육 관련 수업시간에 적용한다면, 다음과 같은 효과를 기대할 수 있다. 우선, 북한이해 및 통일대비교육 차원에서 마인드맵을 작성하게 하는 것은 북한 관련 지식 및 정보의 체계적 이해 도모, 통일의 걸림돌 및 디딤돌에 대한 분석적 · 비판적 사고 고양 그리고 통일의 방향성 및 접근방법에 대한 탐색능력의 계발 등에 긍정적으로 기여할 수 있다. 또한 통일 관련 내용을 숙고함으로써 이를 자기문제화하고, 발표기회를 가짐으로써 자신이 선택한 가치를 존중하게 하는 계기를 마련할 수 있다.

7) 포트폴리오 활용수업

포트폴리오(portfolio)라는 용어가 교육평가에 사용되기 시작한 것은 1980년대 들어서면서부터다. 이때는 독서와 쓰기 분야에서 주로 활용되다가 1990년대 들어서면서 수학, 과학, 미술 그리고 사회 분야로 확대되기 시작했다. 따라서 용어의 개념 또한 처음에는 명확하게 정의되지 않았고, 오히려 용어의 의미가 평가의 목적에 의해 발전되는 상황이었다.

어의상 포트폴리오가 '관청의 서류 나르는 가방'을 의미하듯이, 처음에는 집게나 보관함에 들어 있는 서류 또는 수집한 작품을 일컫거나

타인에 의해 관찰되는 특정인의 모습이라는 개념으로 활용되었다. 포트폴리오 평가와 가장 유사한 것은 예술가들의 포트폴리오였다. 그 후 경제계에서는 특정인의 주식, 채권 및 기타 투자의 분포를 알 수 있는 자료모음의 개념으로 사용되어 왔다. 예술가들에게 포트폴리오는 최고 대표 작품을 선정한 것으로, 경제계에서는 진행 중인 모든 자산거래 기록의 총합으로 그리고 지원자들(Applicants)에게는 업무를 수행할 수 있는 능력의 근거를 제시한 목록으로 인식된다. 이와 같이 포트폴리오의 개념은 여러 가지 이미지를 동시에 줄 수 있는 것으로서 어떤 분야에서, 어떤 상황의 그리고 어떤 목적으로 활용하느냐에 따라 그 의미가 달라질 수 있다.

그러나 교육평가 분야에서 통용되는 포트폴리오는 의도된 계획과 목적하에 한 개인의 학습, 성취 및 발달 등을 나타낼 수 있는 그 사람의 작품이나 수행결과 또는 기록물들의 모음집을 의미한다. 이런 의미에서 포트폴리오와 자료의 집합인 자료철(profile)은 구별해서 이해할 필요가 있는데, 중요한 차이점을 비교 · 정리하면 다음과 같다.

〈표 5-1〉 포트폴리오와 자료철의 비교

포트폴리오	자료철
• 중요하고 대표적이며 개선적인 최선의 표본을 수집한다. • 표본들은 선정된 과제들로 구성한다. • 표본들은 교육과정을 통한 선정과제를 보여준다. • 각 학년에 따라 선택된 표본을 수집한다. • 표본에는 교사와 학생의 의견과 학생의 목표가 포함되어야 한다.	• 표본들은 정확한 기준에 의해 선택된 것이 아니다. • 표본들은 선택된 과제를 반영할 수도 있고, 그렇지 않을 수도 있다. • 표본들은 산발적으로 수집된 것이다. • 표본에는 보통 학생들의 의견과 목표가 포함되지 못한다.

그러나 실제 사용에 있어서는 혼용되는 경우도 있으며, 일반적으로 자료철은 재해석이 필요한 정보자료라고 할 수 있다.

일반적으로 교육평가 분야에서 사용하는 포트폴리오는 포트폴리오 평가를 의미하는 것으로 통용되고 있다. 포트폴리오 평가란 '포트폴리오를 활용해 의도된 특정 평가목적을 달성하는 것'을 말한다. 특히 최근 교육평가에 있어서 기존 평가에 대한 반성으로 대두된 수행평가의 가장 전형적인 형태가 포트폴리오다. 기존의 일회적이고 선다형식, 지식 암기 위주의 평가로부터 지속적이고 상대적이며 개인의 변화를 확인하고 대안을 제시할 수 있는 평가목적에 부합하는 평가로의 전환에 가장 전형적인 형태가 포트폴리오인 것이다. 이러한 포트폴리오와 그 평가는 다음과 같은 특성을 가지고 있다.

첫째, 포트폴리오는 개별화 및 개인화 수업목표에 용이하게 적용될 수 있다. 둘째, 학생들로 하여금 자신의 강점과 약점을 정확하게 파악할 수 있게 하는 기재다. 셋째, 포트폴리오는 장시간에 걸친 학생의 성장과 학습과정을 나타내며, 이는 하루아침에 만들어지거나 이용될 수 없으며, 하나 또는 그 이상의 항목을 가지고 있다. 넷째, 학생이 자신의 학습활동 및 평가과정에 적극적으로 참여하게 하고, 자신의 학습활동에 대해 책임을 질 수 있도록 격려하는 방법이다. 다섯째, 포트폴리오는 수업과 연계시켜 학생의 성취수행을 평가할 수 있다. 여섯째, 포트폴리오는 교사, 학부모 그리고 교육행정가에게 수업에 필요한 정보를 제공한다. 일곱째, 포트폴리오는 학생에게 자기반성의 기회를 준다. 포트폴리오는 교사와 학생의 의도된 목적에 따라 만들어지며, 장기간 동안 자료를 수집 및 정리하면서 그 목적에 비춰 점검하고, 학생들에게 그들의 학습에 대한 반성의 기회를 제공해준다. 여덟째, 포트폴리오 평가는 학생들이 배운 이론과 지식을 실제에 적용하도록 요구한다. 아홉째, 포트폴리오는 의도된 목적하에 수집된 결과물을 평가대상으로 하므로, 해당 학생의 총체적 의식이 반영되어 인지적, 정의적 그리고 사회과정적 측면을 포괄하는 다면적 속성을 지니고 있다. 열째, 포트폴리오 평가는 교수의 일관성을 갖게 한다. 포트폴리오가 사용될 때는 평가로 인한 목표 왜곡이 없어지므로, 목표 및 과정과 평가가 모두 일치하게 된다.

일반적으로 학교에서 요구하는 포트폴리오의 구성물로는 학생의 견본 작품, 역할놀이, 가상연습 또는 시나리오, 작품(구성, 설계, 색칠 및 구성 등의 작품), 구두면접, 기타(차트, 점검표, 목록표, 활동기록표, 일기, 행동일지, 설문지 그리고 표준화검사 외) 등이 포함되어 있다. 특히, 윤리과의 경우 포트폴리오 평가에서 가장 기본적인 구성물인 학생 작품일 경우, 한 학년 동안 작성한 선행일기, 1년 동안 수집·조사한 국제관계 신문철, 3년간의 봉사활동일지, 학생이 학습에서 토론하는 장면을 녹화한 테이프, 조사대상 및 과정을 정리한 녹화테이프 등이 있다. 학교 통일교육의 포트폴리오로는 위에서 열거한 사례를 예로 삼아 통일신문 제작하기, 귀순자들의 생활을 비디오로 촬영 및 취재한 자료, 현장답사자료 종합하기, 통일방안에 관한 가상 시나리오 작성하기, 북한문화를 이해한 후 생활상을 역할놀이로 하여 영상자료 만들기, 각종 통일문제에 대한 인터뷰 기록 등이 포함된다.

8) 놀이학습

놀이는 인간에게 중요한 의미가 있다. 특히 자라나는 학생들에게 있어 놀이는 가치를 내면화하고, 인격을 도야시키는 데 중요한 역할을 한다. 플라톤(Platon) 이래 많은 교육학자들은 학생들에게 놀이라는 교육

기회를 제공해주어야 한다고 주장해왔다. 프뢰벨(F. W. A. Fröebel)은 놀이를 인간의 가장 순수한 정신적 활동으로 정의했고, 펠리그리니(A. Pelligrini)는 놀이란 묘사할 수 있고 재생할 수 있는 맥락 속에서 일어나는 심리적 성향으로 보았다. 학자마다 놀이에 대한 개념 정의는 다르지만 놀이를 통해 얻을 수 있다고 본 효과는 대체로 비슷한데, 정리하면 다음과 같다.

- 놀이는 즐거움과 유쾌한 감정을 준다.
- 놀이는 의사소통능력과 사회성을 발달시켜준다.
- 놀이는 창의성과 상상력을 발달시켜준다.
- 놀이는 공감능력과 이해력을 발달시켜준다.

놀이를 통한 학습은 즐거움과 호기심 그리고 적극적 자세를 갖도록 하며, 상상력과 창의성을 발달시켜주기 때문에, 놀이와 학습이 별개라고 해도 이를 접목시키는 것은 매우 중요하다.

통일교육의 한 접근법으로서 놀이가 지니고 있는 가치는 크게 두 가지 측면에서 살펴볼 수 있다. 하나는 놀이가 협동심, 공감, 갈등해결, 정서순화 그리고 상상력 등과 같은 특성들을 제공해줌으로써 북한에 대한 호기심과 친화적 감정을 불러일으키게 해준다는 것이다. 다른 하나는 놀이가 가지고 있는 자발적 · 적극적인 요소가 언어적 경향성을 탈피하여 활동적인 교육경험의 기회를 제공해줌으로써 실천력과 문제해결력을 키워준다는 점이다. 특히 학생들로 하여금 창의력과 상상력을 키울 수 있고, 자발적으로 활동할 수 있는 프로그램들을 놀이학습에 접목시킴으로써 학생들이 자발적이고 능동적으로 학습할 수 있는 기회를 갖게 될 것이다.

▸장달중 교수의 중앙시평 기고문

(2014. 4. 19일자 중앙일보 27면 - 중앙시평)

통일시대 준비와 독일통일의 교훈

'오늘같이 좋은 날, 오늘처럼 아름다운 날 …… 그것이 영원히 지나가지 않았으면 해. …… 그렇게 기쁘게 기대했던 오늘 같은 날…….' 독일 사람들이 즐거울 때 누구나 함께 부르는 노래 가사의 일부다. 전후 이 노래가 정치적 사건으로 독일에 울려 퍼진 것은 단 두 번. 모두 통일과 관련된 사건을 통해서였다.

1972년 4월 28일, 이 노래가 대학의 학생식당을 중심으로 처음 울려 퍼졌다. 브란트 정권에 대한 불신임안이 부결된 직후였다. 통일로 가는 첫 관문인 동방정책(Ostpolitik)이 탄력을 얻는 순간이기도 했다.

노동자계급 출신, 사생아, 나치를 피해 노르웨이에 망명한 경력의 브란트 총리. 그는 '더욱 민주주의를'이라는 슬로건 아래 내정개혁에 박차를 가하는 한편, 동방정책을 통해 동독에 민주적 변화를 불러일으키려고 했다. 하지만 보수야당인 기민당의 반대가 극심했다. 동방정책이 독일의 분열을 영구화할 뿐만 아니라, 재통일의 기회마저 막을 수 있다며 불신임안을 제출했던 것이다. 야당이 한 표 많은 상황, 하지만 투표결과는 부결. '오늘같이 좋은 날, 오늘처럼 아름다운 날 ……'의 노래가 흘러나왔다.

이로부터 17년이 지난 1989년 11월 9일, 이 노래가 독일 전국에서 다시 울려 퍼졌다. 베를린장벽이 무너지던 날 밤이었다. 이번에는 진보적인 지식인과 학생들까지 보수적인 콜 정권을 위해 이 노래를 불렀다. 국회에서는 녹색당 의원 몇 명을 제외하고 모두 애국가를 합창했다. 상상하기 어려운 현상이었다. 결코 단 하룻밤의 해프닝이 아니었다. 녹색당 여성의원이 중얼거렸다. "정말 장난이 아니네. 이렇게까지 해야 하나?"라고. 이를 들은 슈피겔지(誌)의 기자는 자신의 귀를 의심했다.

우리에게도 이런 현상이 나타날 수 있을까. 천안함 사건에서 무인기 사건에 이르기까지 남남갈등에서 벗어나지 못하고 있는 우리다. 한국에 유학했던 독일 교수에게 물어보았다. 체감적으로 느끼는 독일과 한국의 차이가 무엇 같으냐고. 의외의 대답이 돌아왔다. 한마디로 정치의 차이 같다고 했다. 승자독식의 한국정치와 합의제적 독일정치. 그는 통일시대 준비가 이전처럼 양극화로 치닫지 않을지 걱정스럽다고 했다.

독일 정치제도는 특이한 발명품 중의 하나다. 전문가의 말을 빌리면 '권력을 공유하고, 합의를 강제하며, 자의적인 행정결정을 억제하도록 권력을 분산시키면서도, 정권교체를 어렵게 하는' 정치제도인 것이다. 이런 제도 덕분에 독일에서는 우리와 같은 제왕적 권력행사의 폐해를 극복할 수 있다고 한다. 분권적 권력구조로의 개헌을 먼저 준비해야 하지 않겠느냐는 권고처럼 들린다.

정치적 리더십의 역할 또한 빼놓을 수 없다고 했다. 동방정책을 들고 나온 브란트, 권력상실을 감수하면서까지 나토의 '이중결정(소련이 동구에 중거리 핵미사일을 배치한 데 대항하여 미국의 중거리 미사일을 독일에 배치하면서 소련과 전략 미사일 제한 교섭을 시도한 전략방침)'을 결단한 슈미트, 그리고 '서두르지 않고 신뢰감을 주는 자세'로 일관한 콜 총리. 이들은 서로 이념은 달랐지만 신념윤리보다는 책임윤리에 충실한 리더십을 보여주었다는 것이다.

우리와 같은 분단 상황. 하지만 이들은 될 수 있는 한 통일이라는 말을 입에 올리지 않았다. 통일을 둘러싼 이념논쟁과 이웃국가들의 반대를 불러일으킬 위험이 있었기 때문이었다. 그래서 안으로는 합의의 정치를, 밖으로는 유럽과의 일체화에 올인하면서 '접근을 통한 변화'를 모색했던 것이다. 통일준비가 이념논쟁은 물론 주변국들의 불신을 불러일으켰던 우리에게 주는 시사가 적지 않다.

17년간 최장수 정권을 이끌며 통일을 실현시킨 보수정치가 헬무트 콜, 그는 거대한 비전에 매달리기보다는 이용 가능한 수단을 십분 활용하여 점진적인 변화를 추구한 것으로 유명하다. 새로운 문제가 생겼을 때 안으로는 신뢰를 그리고 밖으로는 공세적 정책의 자제에 철저했다.

물론 우리와 독일의 정치풍토는 다르다. 역사와의 관계는 물론 지정학적 위상도 다르다. 하지만 독일의 통일이 전쟁 없이 실현 될 수 있었던 것은 이러한 정치제도와 정치의 산물이라는 데 의문을 표시하는 사람은 없다.

통일시대준비위원회가 곧 윤곽을 드러낼 모양이다. 독일처럼 진보세력이 보수정권을 위해 찬가를 불러줄 수 있는 날을 만들어낼 수 있어야 한다. 진보세력의 여성의원이 "정말 장난이 아니네……." 하고 중얼거릴 수 있도록 말이다.

제6장

대한민국의 통일교육(Ⅰ)

제6장 대한민국의 통일교육(Ⅰ)

1 교육이념의 정립과 변천

대한민국의 교육이념은 홍익인간의 가치에 기초하고 있다(안기성 외 4인, 1998). "널리 사람이 사는 세상을 이롭게 한다."라는 뜻의 홍익인간은 인간 각자가 지니는 발전 가능성을 개발하고, 스스로 만족스러운 생활을 영위할 수 있도록 할 뿐만 아니라, 각자 고유한 능력과 방법에 따라 국가와 사회, 나아가서는 세계의 평화와 번영에 공헌할 수 있는 인간 육성을 교육이념으로 삼고 있음을 뜻한다. 즉, 우리의 교육이념은 개인적 측면에서는 인격이 완성되고 자주적 생활능력과 공민으로서의 자질을 구유한 인간, 국가적 측면에서는 민주국가의 발전에 봉사하는 인간 그리고 세계적 측면에서는 인류공영의 이상 실현에 기여하는 인간을 육성하는 데 있다.

1) 교육이념의 정립

대한민국의 교육이념은 환인과 환웅의 치세(治世)와 교화(敎化)의 인간사랑 정신을 이어받고 있는데, 일반적으로 홍익인간의 교육이념은 미군정하에서 설정된 것으로 알려져 있다. 일제 식민지 상태를 벗어난 우리 민족은 남한에 주둔한 미군의 통제하에 식민지교육에서 탈피하고, 새로운 교육 재건을 위한 방향을 모색하게 된다. 조선교육위원회와 조선교육심의회가 이 과정에서 주도적 역할을 했는데, 1945년 11월 23일 교육계와 학계 권위자 100여 명으로 구성된 조선교육심의회에서 교육이념과 교육제도 등 한국교육의 재건을 위한 기본방향을 심의 · 결정했다.

조선교육심의회의 제1분과위원회는 한국교육의 재건을 위한 기본이념으로 민주주의와 민족주의를 내세웠다. 즉, 그 기초를 민주주의에 두어야 하고, 일제 지배하에 희박해진 국가이념을 강력하게 앙양시키는 민족적 성격을 띠어야 한다는 것이었다(김종철, 1989). 그리하여 조선교육심의회 제4차 전체회의에서 '홍익인간'이 교육이념으로 채택되었다. 조선교육심의회의 제1분과(교육이념)에서 백낙준에 의해 제기된 홍익인간은 위원장이었던 안재홍에 의해 "홍익인간의 건국이념에 터하여, 인격이 원만하고 애국정신이 투철한 민주국가의 공민을 양성함을 교육의 근본이념으로 함."이라는 문장으로 제4차 전체회의에서 보고되었다(중앙대학교 한국교육문제연구소, 1974). 그러나 이미 상해 임시정부의 〈건국강령〉(1935; 1941)에서 '홍익인간'은 민족의 최고 공리(公理)로 쓰이고 있었다.

이처럼 홍익인간의 교육이념과 교육방침의 천명은 이미 1930년대에 나타나 미군정기를 거쳐 대한민국 정부가 수립된 후에 제정된 〈교육법〉에 그대로 이어져왔다.

1948년 대한민국 정부수립 이후, 1949년 12월 31일 법률 제86호로 공포된 〈교육법〉 제1조에서는 교육이념을 "홍익인간의 이념 아래 모든 국민으로 하여금 인격을 완성하고 자주적 생활능력과 공민으로서의 자질을 구유하게 하여 민주국가 발전에 봉사하며 인류공영의 이상 실현에 기여하게 함을 목적으로 한다."라고 규정했다(김호일, 1986; 정태수, 1986). 이 〈교육법〉 제1조는 우리나라 교육이념을 공식적으로 표명함으로써 오늘날까지 각급 학교교육이 나아가는 데 있어 지표가 되고 있다. 이어 제2조에는 7가지 교육방침이 제시되어 제1조와 함께 한국교육의 이념이

성문화되어 있는데, 제2조 내용은 다음과 같다.

제2조 전조의 목적을 달성하기 위하여 다음과 같은 교육방침을 세운다.

① 신체의 발육과 유지에 필요한 습성을 기르며, 아울러 견인불발의 기백을 가지게 한다.

② 애국애족의 정신을 길러 국가의 자주독립을 유지 발전하게 하고, 나아가 인류평화 건설에 기여하게 한다.

③ 민족의 고유문화를 계승 앙양하며, 세계문화의 창조 발전에 공헌하게 한다.

④ 진리탐구의 정신과 과학적 사고력을 배양하여 창의적 활동과 합리적 생활을 하게 한다.

⑤ 자유를 사랑하고 책임을 존중하며 신의와 협동과 경애의 정신으로 조화 있는 사회생활을 하게 한다.

⑥ 심미적 정서를 함양하여 숭고한 예술을 감상 창작하고, 자연의 미를 즐기며 여유의 시간을 유효히 사용하여, 화해(和諧) 명랑한 생활을 하게 한다.

⑦ 근검노작하고 무실역행하며, 유능한 생산자요, 현명한 소비자가 되어 건실한 경제생활을 하게 한다.

위에서 보는 바와 같이, 대한민국의 교육이념은 홍익인간의 이념 아래 개인적 차원에서 인격완성과 자주적 생활능력을 기르고 시민으로서의 자질을 갖게 해 민주국가 발전과 인류공영의 이상 실현에 이바지하도록 교육한다는 정신이 깃들어 있다.

홍익인간의 이념은 우리 민족의 건국 이상에 기초를 둔 것이었으며, 역사적 민족사상의 성격을 띤 것이다. 이는 동시에 전인교육을 지향하고 민주적 인간형성을 강조하는 것이며, 민족주의와 민주주의를 함께 포괄하는 개념으로 받아들여졌다(김종철, 1989). 따라서 홍익인간의 이념은 상해 임시정부의 〈건국강령〉에서 밝힌 것을 미군정하에 조직된 조선교육심의회에서 처음 채택하여 천명된 이후, 1948년 대한민국 정부수립에 이어 1949년 12월 31일부로 남한의 교육이념으로 성문화되어 확립된 것이다.

2) 교육이념의 변천

1968년 12월 5일에 공포된 국민교육헌장은 1970년대를 통해 교육지표로서 그 중요성이 강조되었으며, 나름대로 우리나라 교육이념을 재정립하는 계기를 조성했다. 1964년에 발족한 제3공화국 정부는 '조국의 근대화'와 '민족의 중흥'이라는 구호를 내걸고, 민족주의 · 국가주의의 교육이념을 보다 전면에 부각시켰다. 이와 더불어 국민교육헌장이 공포된 이후, 당시 문교부는 국민교육헌장의 이념 구현이 곧 대한민국 교육운영의 기본목표임을 공언하고, 계속적으로 강조하면서 추진해나갔다. 이에 따라 1970년대 대한민국의 이념이 국민교육헌장 이념의 구현으로 요약될 정도로 그 의미가 강조되고 보급되었던 것도 사실이다(김종철, 1989). 또한 제3차 교육과정에서도 국민교육헌장에 나타난 교육지표가 반영되어 교육방향을 자아실천, 국가발전 그리고 민주적 가치의 창조로 정했다.

그러나 이러한 국민교육헌장에서 '민족의 중흥'이라는 목표를 내세우고, 국가발전에의 기여를 강조하고 있는 점은 〈교육법〉에서 '홍익인간'의 정신 아래 전인적 발달을 이루게 하려 했던 점과는 대치된다고 할 수 있다. 따라서 1970년대 대한민국의 교육이념으로 강조되어왔던 국민교육헌장의 이념과 이러한 국민교육헌장에 나타난 교육지표가 그대로 반영된 제3차 교육과정에서 '국가발전에 이바지하는 사람'이라는 항목은 1980년대 들어와서 제4차 교육과정과 제5차 교육과정에서는 언급되지 않았다. 뿐만 아니라, 21세기를 주도할 인간상을 정립하는 데 있어 '홍익인간'이 우리나라의 교육이념으로 재확인되었다.

1981년 12월 31일에 문교부 고시 제442호로 공포한 제4차 교육과정의 구성방침에서는 우리 교육의 목적을 자주적이고 창의적인 국민을 길러내는 것으로 설정하고, 우리 교육이 추구하는 인간상을 건강한 사람, 심리적인 사람, 능력 있는 사람, 도덕적인 사람 그리고 자주적인 사람으로 규정했다.

또한, 1987년에 교육개혁심의회에서는 21세기를 주도할 인간상 정립에 있어 홍익인간을 우리나라의 교육이념으로 재확인하고, 자주적 인간, 창조적 인간 그리고 도덕적 인간을 2000년대를 바라보는 우리나라 교육이 추구해야 할 인간상으로 설정했다. 이어 제5차 교육과정에서는 교육개혁심의회가 정한 인간상을 거의 그대로 받아들였는데, 한 가지 덧붙인 것은 '건강한 사람'이었다. 이는 1980년대 들어서 전인교육이 새롭게 강조되는 추세를 반영한 것이라고 하겠다(홍웅선, 1989).

그리고 이 시기에는 우리나라 교육이념으로서 홍익인간의 재확인과 아울러 평생교육의 이념이 강조되기 시작했다. 1980년 10월 25일 제8차 개헌을 통해 제29조 교육관계 조항에 평생교육의 이념을 첨가하게 되었던 것이다. 즉, 제29조 제5항에 "국가는 평생교육을 진흥하여야 한다."라고 규정했고, 제6항에서도 "학교교육 및 평생교육을 포함한 교육제도와 그 운영, 교육재정 및 교원의 지위에 관한 기본적인 사항은 법률로 정한다."라고 규정했다. 이와 같이 헌법에 평생교육의 이념이 규정된 것은 매우 획기적인 사실이다. 1982년 말에 제정된 〈사회교육법〉에서도 제1조에 "이 법은 모든 국민에게 평생을 통한 사회교육의 기회를 부여하여 국민의 자질을 향상하게 함으로써 국가·사회의 발전에 기여함을 목적으로 한다."라고 규정함으로써 평생교육의 의의를 재차 명시했다.

제6차 교육과정 역시 〈교육법〉 제1조에 근거를 두고 편성되었다. 즉, 홍익인간의 이념하에 개인적 차원에서 인격의 완성과 자주적 생활능력을 기르고 시민으로서의 자질을 갖게 하여 민주국가의 발전과 인류공영의 이상 실현에 이바지하도록 교육한다는 것이다. 이를 그림으로 표시하면 다음과 같다. 그리고 이러한 교육이념에 바탕을 두고 건강한 사람, 자주적인 사람, 창의적인 사람 그리고 도덕적인 사람을 추구하는 인간상으로 설정했다.

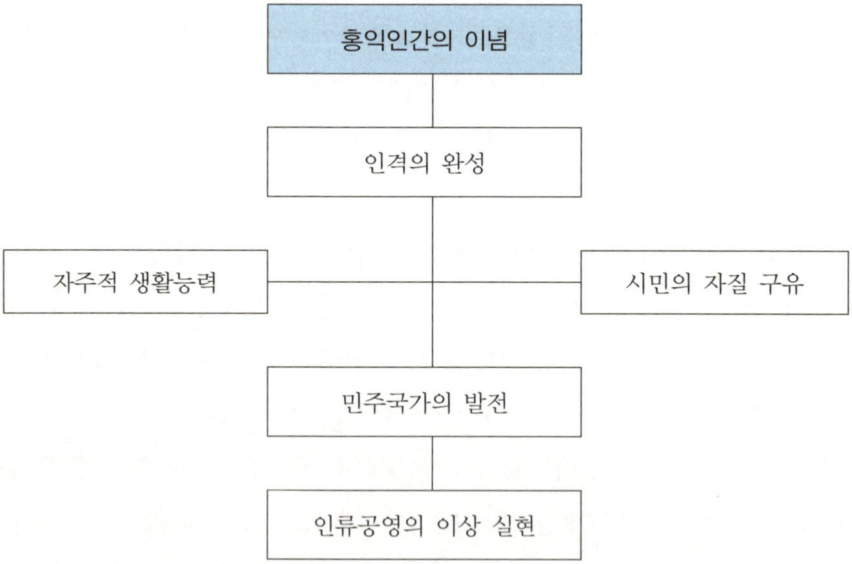

[그림 6-1] 대한민국 교육이념

한편, 1995년 5월 31일 대통령 자문 교육개혁위원회에서 보고한 〈세계화 · 정보화시대를 주도하는 신교육체제의 수립을 위한 교육개혁 방안〉에서는 신교육이 지향하는 인간상을 더불어 사는 인간, 슬기로운 인간, 열린 인간 그리고 일하는 인간으로 정의했는데, 이들 인간상에 대해 구체적으로 살펴보면 다음과 같다.

① **더불어 사는 인간** : 고도의 합리성을 요구하는 미래사회에서 풍부한 감수성과 뜨거운 가슴을 지니고, 인간과 인간 그리고 인간과 자연환경에 대한 올바른 관계 속에서 참된 삶의 의미를 찾을 수 있다고 믿고 행동하는 공동체의식이 강한 도덕적 인간이다.

② **슬기로운 인간** : 미래 정보화사회의 핵심인 지식 · 정보와 기술을 창조하고, 나아가 이들을 자연환경과의 조화 속에서 보다 편리하고 안락한 인간생활을 위해 지혜롭게 활용할 줄 아는 창조적 인간이다.

③ **열린 인간** : 삶의 공간이 자기 고장과 나라를 넘어 전세계로 확장되고 있음을 직시하고, 세계 여러 나라 사람들과 조화를 이루며 살 수 있는 세계시민이며, 동시에 국제화 · 세계화 · 개방화시대를 주도적으로 이끌어나갈 진취적이고 당당한 한국인이다.

④ **일하는 인간** : 일 자체를 매우 고귀한 것으로 여기고, 일을 통해 자아실현을 도모할 뿐만 아니라, 사회발전에도 이바지한다는 믿음 속에서 건강한 직업윤리를 가지고 자기가 맡은 일에 최선을 다하는 자율적이고 생산적인 인간이다.

〈세계화 · 정보화시대를 주도하는 신교육체제의 수립을 위한 교육개혁 방안〉에 제시된 신교육이 지향하는 인간상 역시 〈교육법〉 제1조에 근거를 둔 것으로, "홍익인간의 이념 아래 개인적 차원에서 인격완성과 자주적 생활능력을 기르고, 시민으로서의 자질을 갖게 하여 민주국가 발전과 인류공영의 이상 실현에 이바지하도록 교육한다."라는 맥락에서 설정되었다.

2 민족해방과 미군정하의 교육

1) 민족해방과 일제교육의 잔재

38선 이남에서의 미군 통치를 교육의 이념설정과 관련해서 돌이켜볼 때, 우리 민족에게 뼈저린 한으로 남겨진 것이 있다면 일제의 잔재를 청산하지 못했다는 점이다. 모든 일본인의 재산을 빼앗아 우리에게 귀속시켰고, 모든 일본인들을 우리 땅에서 내쫓았으니 더 이상의 청산은 없다고 생각할 수도 있을 것이다. 그러나 우리 동족 중 일제의 앞잡이들을 최소한 미군정하의 공직에 등용시키지 않았더라면, 오늘날 역사가 이렇게까지 되지는 않았을 것이라는 견해를 가진 학자도 있다. 일제의 식민통치도 고작 36년간으로 끝났는데, 식민지가 아닌 채로 36년 이상을 보내면서도 국토와 민족의 분단은 극복되지 못하고 있다.

이러한 부끄러운 역사가 단지 일제 잔재의 청산이 미흡했던 때문만은 아닐 것이다. 그러나 일제에 빌붙어 동족을 반역하면서 영화를 누렸던 이들이 미군정하에서도 공직에 재등용된 것을 보고는, 민족의 분단을 눈앞에 두고서도 분단세력에 빌붙어 영화나 누려보자는 식의 사회풍조가 일어날 수밖에 없었을 것이다. 민족의 정기가 사라졌던 것이다. 당시 미군의 남한 진주에 따라왔던 외국인도 다음과 같이 서술하고 있다.

> 1945년 당시 국무성 극동국(極東國) 한국관계 책임자였던 조지 매컨 씨의 말에 의하면, 하지(J. R. Hodge) 중장은 오키나와에서 한국으로 출발하기 전에 "행정기구는 현 상태로 잔치(殘置)하되 일본인 관리들은 전부 파면할 것."이라는 명백한 지시를 받았다. 당시의 한국 국내 정치정세와 민심동향 등으로 보아 적어도 일본인 고관 중의 약간 명을 즉시 추방하는 것은 당연한 순서였을 것이다. 그러나 하지 중장의 근시안적 측근자들은 이와 같은 점을 통찰하지 못했다. 한국인들은 하지 중장의 이러한 실책을 간과하지 않았다.
>
> 일본인 관리 추방 후 하지 중장과 그 막료들은 일본인보다 미국인을 더 이해하는 한국인을 구하기 시작했다. …… 재한 미국인 선교사의 아들이며 해군 소령인 조지 Z. 윌스 씨가 한국인 관리 선택의 임무를 맡게 되었다. 이 소령은 이들 관리를 주로 한국 기독교 신자 중에서 뽑았는데, 그 대부분은 한국민주당에 속한 사람이었다. 이 중산지주이며 교육도 있고 친일파로 된 소수당인 완고 보수진영은, 또 하지 고문 회의에도 중요 인물을 보내게 되었다.

군정관리들을 기독교 신자 중에서 택한 것 자체는 한편으로는 잘된 일이었다. 왜냐하면 일제하의 기독교 신자들은 일제 말기 황민화(皇民化) 운동에 철저하게 저항해서 일제로부터 이단시 당하고 감시를 받았기 때문이다. 특히 일제 말기 신사참배 거부운동은 한국 기독교 역사상에 특기할 만한 것으로, 이로 인해 많은 기독교계 학교들과 성직자들이 수난을 당한 일은 우리의 민족사에도 기록될 만한 일이었다. 그러나 기독교계 신자들 중에는 예외도 적지 않았는데, 그들 중 중산지주나 군인·경찰·관료들은 친일로 민족을 반역한 경향이 뚜렷했다. 그런데 그들이 미군정하에 관리로 뽑혔고, 당시 통치자인 하지 중장의 고문들 속에도 끼어 있었던 것이다.

온 민족이 일제 식민통치에서 해방된 것은 사실이지만, 미 · 소 양군에 의해 남북으로 분단된 것 또한 현실이었다. 그런데 남한통치를 담당했던 미군 당국은 친일파로 된 소수당인 완고 보수진영을 등용까지 했으니, 이는 그 통치를 받는 우리에게는 크나큰 충격이 아닐 수 없었다. 일제는 가고 없지만, 그 앞잡이 민족 반역자들이 활개를 치는 세상 앞에 민족해방 자체가 모호해졌던 것이다. 우리가 살펴보려는 교육이 '민족의 삶' 안에서의 일인데, 교육의 모체가 온통 타락의 길을 강요당하고 있었다. 마치 일제시대에 온 민족이 식민체제에의 순응을 강요당했듯이, 이제는 분단체제에의 순응을 강요당하게 된 것이었다. 일제시대에 탄압받았던 독립운동이 이제는 통일운동으로 바뀌고 있었다. 일제하에서 애국자들을 탄압했던 친일파 경찰관과 판 · 검사들이 미군정하에서 같은 자리에 등용되면서, 우리 민족에게 서리기 시작했던 정기는 급속히 걷히고 사기(邪氣)만이 자욱이 끼고 있었다.

민족의 삶에 정기가 아닌 사기가 자욱했기에, 그 속의 교육인들 역시 별수 없었다. 일제하에 시학(視學)이라면 애국하던 교사와 학생들을 학원에서 추방하고 투옥시키기를 일삼던 자들이었는데, 이들이 미군정하에서 교육계의 요직에 등용되자 모든 학부모들이 가슴속에 품고 있던 자녀교육의 이념은 그야말로 공염불이 되고 말았다. 자기의 자녀가 애국자까지는 아니라도 민족 반역자만은 되지 않게 해보려던 교육이념이, 그 자녀가 일제시대에서처럼 밑바닥 인생을 살게 될 것을 알고부터 구관이 명관이었음을 확인이라도 하듯이 일제하에서처럼 교육을 입신출세의 수단쯤으로 삼게 된 것이다. 동족을 짓밟고라도 권력을 잡고 부자가 되는 것이 제일이라는 식의 사회풍조가 모든 학부모들의 자녀교육에 대한 이념까지도 뒤흔들어 놓고야 말았다. 자녀들의 교육에서 겨레

사랑이 사라지게 된 것이었다. 한마디로 일제하의 자녀교육 이념이 청산되지 못하고, 오히려 계승 · 보존된 것이었다.

2) 미군정하의 교육정책

미군 극동사령부가 남한에 군정을 선포한 다음 날인 9월 8일, 하지 중장이 이끄는 미24단은 서울에 진주했고, 11일에는 군정의 시정 방침을 발표함과 아울러 아놀드(A. V. Arnold) 소장을 군정장관에 임명했다. 미군정하에서 펼쳐진 교육시책 중에 가장 중요한 것은 모든 학원으로부터 일본인 교육자들을 추방한 것과 일본어로 된 모든 교재를 폐기한 것이라고 하겠다. 그러나 이것은 미군정 당국에서 비롯된 시책이었다기보다는 한국인들 총의(總意)에 의해서 이미 결행되었던 것을 추인(追認)한 셈이다.

미군정 당국에 앞서 우리가 자발적으로 수행한 일은 이것만이 아니었다. 일본인이 아닌 동족이라고 해도 지나치게 친일했던 교육자들은 그 고장의 여론이 용납하지 않아 스스로 물러났고, 우리말로 된 교재를 제작하는 일도 주민들의 자치로 급속히 진행되고 있었다. 특히, 국어와 국사 교재는 해당 분야의 학회에서 재빨리 편찬 · 제공해줌에 따라 학교교육의 공백이 최소한으로 줄어들게 되었다. 뿐만 아니라 부족한 교사를 보충하는 일이며, 그들의 처우를 정하는 일 그리고 교육환경을 갖추는 일에까지 교육당국의 시책이 있기 전에 주민자치로 수행했다.

생각하면 이 모두는 결코 예사로운 일이 아니다. 일본인 교육자들의 추방과 일본어로 된 교재의 폐기는 일본의 항복에서 온 당연한 귀결로 치더라도, 동족인 친일교육자들까지 내몰고, 그밖에도 교육활동에 필요한 모든 조치를 주민들이 자치적으로 강구했음은 자녀의 교육에 대한

주민들의 이념이 있어서 가능했던 것이다. 무엇보다도 학생교육을 식민통치 연장의 수단으로 삼아 진실 아닌 거짓을 가르쳐왔던 일제의 교육적 잔재를 청산하고, 교육의 자주성과 정치적 중립성을 확보하는 가운데 학교가 진실을 가르치는 곳이 되게 하자는 뜻이 있었기 때문이라고 판단된다.

한마디로 선량하고도 유능한 민주시민으로 길러보자는 교육이념이 주민들 마음속에 있어서였다. 그러나 이러한 주민들에 의한 교육의 자치는 남한에 대한 미군정의 선포로 사라지고 말았다. 앞서 말한 바와 같이, 친일파 교육자들이 군정 당국의 비호를 받아 교육계에 남아서 요직에까지 등용되었다. 그리하여 일제하에서는 일제의 정치적 도구였던 학교들이, 이제는 미군정의 도구로 전락하게 되었던 것이다.

그 단적인 예가 교육행정의 중앙집권을 통한 친미 반공교육의 강화였다. 일제하에서 친일교육의 명수였던 친일파 교육자들이 미군정하에서는 친미파로 둔갑하면서 일제하에서처럼 반공교육에 앞장섰던 것이다. 친미교육의 대표적인 예로는 '사회생활과'라는 교과를 들 수 있다. 이 교과는 일제하에서의 수신(修身)지리 및 역사를 합친 것인데, 말하자면 미국식 사회생활을 종합적으로 가르치는 교과라고 할 수 있다. 물론, 해방 전 친일파가 우리 민족을 반역했던 것과는 달리 미군정하의 친미파는 다소간 사회의 민주화에 기여했지만, 그렇다고 해서 분단된 민족의 통일에까지 기여하지는 못했다. 도리어 미·소의 세계적인 냉전체제가 한반도에 구축되면서, 미군정하의 교육시책도 민족의 통일보다는 분단을 심화시키고 있었다.

물론, 그 교육시책의 모체라고 볼 수 있는 교육이념의 제시가 아주 없었던 것은 아니었다. 한국인만으로 이루어진 조선교육심의회도 조직되었고, 우리 고전에 실려 있는 건국신화에서 '홍익인간'이라는 말을 선택해서 교육이념으로 삼기도 했다. 그러나 이 모두는 미군정이 실제로 편 교육시책과는 상관없었기 때문에, 학교현장과는 동떨어진 것일 수밖에 없었다. 그 심의회 구성원들을 중심으로 교육이념에 관한 논의가 거듭되었고 교육학자들이나 일반 지식인들도 의견을 제시했으나, 학교 · 가정 · 사회를 막론하고 그곳에서의 교육에는 아무런 작용도 하지 못했던 것이 사실이었다. '홍익인간'이라는 말의 뜻을 놓고, 그 출처인 단군신화와의 관련성까지야 따질 것 없이 글자의 풀이만을 가지고 보더라도, 그것이 진정한 교육이념이었다면 미군정하 3년간의 교육이 앞서 말한 바와 같이 인간 대신에 권력을 그토록 섬기는, 다시 말해서 '홍익권력'을 지향하는 것이 될 수는 없는 노릇이었다.

3 정부수립과 1950년대의 교육

1) 정부수립과 교육의 이념

1948년 8월 15일, 주한미군 사령관 하지 중장은 미군정의 폐지를 발표했고, 이승만 대통령은 대한민국의 수립을 선포했다. 이로부터 보름 후인 9월 1일, 38선 이북에서도 총선거를 실시했다. 이로써 미 · 소의 외세에 의한 민족분단은 끝나고, 동족에 의한 분단이 시작되었다. 9월 19일 소련은 북한에서 철군하겠다고 성명했는데 비해, 그다음 날 미국은 당분간 철군을 하지 않겠다고 성명하여 어수선한 상황에서 10월을 맞았고, 20일에는 여수 · 순천에서 국군반란 사건이 터졌다. 다음은 11월 2일자 서울신문에 보도된 김구의 담화문 요지인데, 여기에는 당시의 분단 상황과 이를 극복하기 위한 그의 주장이 잘 나타나 있다.

과거 3년 동안 미국은 남한을 군사적으로 점령한 것 외에 정치적으로 그들이 예기한 바와는 달리 성공하지 못하였다. 다시 말하면, 한국민중들이 미국의 정책을 적극 지지하고 환영할 만큼 적절한 정책을 채용하지 못했다. 이 점에 있어서 소련의 정치적 제스추어는 한국민중의 갈망하는 요소를 파악함으로써 한국민중에 대한 정책에 있어서 이니시아티브(initiative)를 장악한 감이 있다고 본다. 소련은 민중이 증오하는 친일파에 대하여 적극적으로 정책을 행했으나 미국은 그렇지 않았다. 미국은 어느 때는 공산주의자와의 타협을 종용하다가, 또 어느 때는 이러한 미국정책에 의하여 행동한 자유주의자까지도 좌익의 동조자처럼 비난하여 입장을 곤란하게 하였다. 한국의 애국자들은 한국민중의 지지를 받을 수 있는 한국사람의 입장에서 미국과의 합작과 원조를 갈망하는 것이다. 소련군 철병에 대해서도 미국은 미군도 철병한다는 확고한 정책을 한인에게 명백히 알리고, 그다음에 치안확보에 대한 기술문제를 연구하는 것이 좋을 것이다. 유엔에서 미·소의 협조로서 양군이 철수하면 외력에 의하여 분할되었던 한국의 국토와 민족은 단일민족의 자연상태가 회복될 것이며, 조국의 통일을 위하여 반대파와 타협할 만한 열의를 가진 애국적 민주주의적 지도자들은 통일정부 수립의 역사적 과업을 실천할 수 있을 것이다.

이번 군대의 폭동은 민족적으로 일대 통한사(通恨事)이다. 건군(建軍)의 정신을 명확히 하지 못하고 무장을 먼저 한 것은 양책(良策)이 아니라, 무엇을 위해 어떤 대상과 싸워야 한다는 사상훈련이 선결조건일 것이다. 이번 사건에 우익이 관련되었다는 유언이 있는 모양이나, 이것이 무슨 뜻인지 잘 알지 못하겠다. 지금 남한에서는 좌익이니 우익이니 하는 문자는 정세변화에 따라 자의로 정하는 폐단이 없지 않다.

나는 유엔이 좀 더 강력한 중립적 기구로 발전되어 세계평화의 확보를 위하여 실력을 발휘할 수 있을 만큼 공정한 제재기관이 되기를 기대한다. 미국의 인민과 소련의 인민들이 전쟁을 반대하고 평화를 위하여 분투 노력한다면 전 세계 인류는 제3차 대전의 참화를 면할 수 있을 것이다.

같은 해 12월 26일, 소련은 북한에서 철병을 완료했다는 성명을 발표했고, 미국은 미군을 남한에 둔 채 이듬해 새 아침에 한국정부를 승인하고 초대 대사로 무초(J. J. Muccio)를 임명했다. 1월 19일 정부는 남북협상을 반대하는 성명을 냈으나, 북한에서는 6월 하순에 '조국통일 민주주의 전선'을 결정했다. 한편, 같은 해 남한에서는 2월 21일에 친일파 민족 반역자들의 처단을 위한 반민특위(反民特委)가 활동을 개시했지만, 6월 6일 국립경찰의 습격을 받아 그 특경대는 해산되고, 그로부터 20여 일이 지난 29일에는 일제하에서는 항일독립운동의, 분단 후에는 민족통일운동의 영도자 김구가 안두희의 총탄에 맞아 운명했다. 당시의 실정을 송건호(1978)는 다음과 같이 헤아리고 있다.

> 새 나라를 세우는 데는 정신적 전통이 있어야 하고 또 확립해야 한다. 더욱이 일본민족의 통치 밑에서 철저한 식민체제, 민족정신 말살정책 아래 살아온 신생국의 경우에는 새로운 건국이념의 확립이 더욱 필요하고 새로운 기풍을 진작해야 한다. 일제에서 해방된 우리가 바로 그러한 역사적 상황에 놓여 있다. 따라서 건국 초 우리나라는 '민족정기의 앙양'이라는 윤리적 차원으로 보아 새 나라의 새 정신기풍을 세우기 위한 일제 잔재의 숙청이 불가피했다. 한데도 이 필수불가결한 숙청작업이 이승만의 반대로 말미암아 좌절되고 말았다. 해방 독립된 이 땅에 일제 잔재를 온존한 책임자는 다름 아닌 이승만이었고, 그러한 점에서 그가 객관적으로 새로운 의미의 친일파라는 비난을 일부에서 듣게 된 것이다.
>
> 패전 일본에서는 연합국 사령부가 일제 잔재를 숙청하기 위한 하나의 작업으로 1946년 1월 4일 지난날의 각계 군국주의 지도자 총 21만2백87명을 추방키로 지령하였다. 이 추방작업은 52년 4월까지 근 7년간 계속되어 전후 일본의 민주화 과정의 길을 넓게 열어 놓았다.

> …… 그러면 우리 땅에서 일제 잔재, 민족 반역자, 부일 협력자의 숙청작업이 좌절됨으로써 어떠한 문제점이 남게 되었는가. 첫째, 일신의 부귀영화를 위해 제 민족을 배반하고 일제에 적극 협력, 갖은 해족(害族) 행위를 한 자들이 민족정기에 의한 심판은 고사하고 오히려 더욱 영화를 누림으로써 사회에 국민적 정의감이 상실되었다는 점, 둘째, 정신적·체제적인 일제 잔재를 그대로 방치함으로써 새 나라의 민주화에 결정적 저해 구실을 했다는 점, 셋째, 일신의 영화를 위해 이민족에게까지 충성을 바치는 기풍이 그대로 남아 정치적 부정·부패·아부 풍조를 조장하여 이 나라 정치를 만성적인 불안정 속으로 몰아넣게 되었다는 점, 넷째, 민족의 긍지·주체의식·자부심이 특히 강조되어야 할 신생국이면서도 사대주의 풍조가 사회에 만연하여 민족의 존엄성이 땅에 떨어지고 도피성 이민 풍조 등 우려할 경향이 늘어나고 있다는 점이다. 결국 이 모든 개탄할 현상에 대한 원천적 책임을 건국의 국부(國父)로 자처한 이승만에게 돌릴 수밖에 없다는 논지도 나올 만한 것이다.

이제는 이 시기의 교육이념을 살펴보자. 부정 불의를 무릅쓰고라도 권력에 추종해서 축재하는 것이 최상책이라는 풍조가 사회 구석구석에까지 가득 차 있었는데, 그 속에서 산 사람들이 인간의 존엄성이나 겨레 사랑 등을 실천하면서 스스로의 인간다운 자질을 갖추어나가기란 불가능에 가까운 일이었을 것이다. 조국이 일제의 침략으로 식민지로 전락한 시기에도 권력에 빌붙어야 호의호식했는데, 이제는 우리가 우리나라를 세웠음에도 그 권력을 더욱 받들어야 호의호식하게 된 것이다. 민족의 분단은 일본을 항복시킨 강대국들의 놀음이고 통일운동은 일제하 독립운동처럼 굶주림의 자초(自招)일 것인데, 강대국들의 분단정책에 도리어 순응해야만 영화롭게 생존할 수 있다는 생각이 만연된 사회 속에서 산 사람들이 통일조국을 자주적으로 건설하는 일꾼으로 스스로의 자질을 높여나가기란 불가능에 가까운 일이었을 것이다.

사회라고 하는 이 시기의 '거대한 학교'의 교육이념은 한마디로 윤락(淪落)이었다. 그것은 반교육적이고, 반이념적인 것이었다. 인간에서 도덕을 빼면 짐승의 자질만 남는다. 그것은 이 시기의 사회에 유행했던 말을 보아도 알 수 있다. 정부수립 한 해 전인 1947년의 유행어는 '사바사바'였고, 1948년의 그것은 '빨갱이'였으며, 1949년은 '빽', '국물' 등이었다. 이것만으로도 이 시기에 정치적으로는 미군정이 폐지되고 우리의 정부가 세워졌지만, 사회적으로는 미군정하에서 타락했던 사회 그대로를 물려받아 도리어 더욱 타락돼버린 것을 짐작할 수 있다.

다음은 이 시기의 학교교육을 살펴보자. 표면상으로는 미군정하에서 조선교육심의회가 내세운 '홍익인간'을 대한민국의 〈교육법〉 제1조에 옮겨서 교육이념으로 채택했지만, 교육시책을 통해서 실제로 이루려던 교육이념은 그것이 아니었다. 대통령책임제하의 정부시책이니 이에 대한 이승만 대통령의 생각부터 논해야 할 것이나, 여기서는 그가 임명한 국무총리와 문교부장관의 문교시책을 살펴보기로 한다. 이범석 국무총리가 민족지상 · 국가지상을 내걸고 '조선민족청년단'을 결성한 것은 정부수립 2년 전인 1946년 10월이었는데, 그가 말하는 민족이나 국가란 그것의 분단을 평화적으로 극복할 것을 지상의 과업으로 삼은 것이 아니었다. 이 점에 있어서 안호상 문교부장관이 내세운 민주 · 민족교육도 마찬가지였다. 민족의 평화적 분단극복을 위한 교육만큼 민주적인 또는 민족적인 교육도 없으련만, 그의 민주 · 민족교육은 분단순응을 전제로 한 것이었다. 즉, 공산주의에 반대하는 뜻에서의 민주 · 민족교육이었고, 그 실체는 전체주의적 또는 획일주의적 경향마저 짙게 띠고 있었다.

아니나 다를까. 안호상 문교부장관은 민주 · 민족교육을 일민주의(一民主義)로 고쳐 부르기까지 하고는, 1949년 3월에 이르러 '학도호국단'을 결성하고 스스로 단장으로 취임했다. 이름으로 본다면 학생이 제 나라를 지키자는 단체였지만, 이 단체가 그 당시에 벌였던 활동을 보면 그것은 적지 않게 일제하 학원의 재판(再版)이었다. '우리의 맹세' 세 가지를 소리 높여 부르게 한 것에서부터 군대식 복장과 편제 그리고 반공시위를 위해 학생들을 거리에 나서게 한 것까지, 나라는 대한제국이 아닌 대한민국이라는 새 나라이고 그 나라를 지키자는 '학도호국단'이었지만, 정작 그 이름으로 전개시킨 학생활동은 민주학원의 활동과는 상당한 거리가 있었다. 그런 뜻에서 '학도호국단'은 이승만 정권을 지키기 위한 호권단(護權團)이었다고 할 수 있겠다. 일제하만큼 교육의 정치적 도구화가 유심했던 적도 없겠지만, 이 '학도호국단'이 결성된 무렵에는 공교롭게도 거의 모든 친일파 교육관료들이 새 나라 교육계의 상층부를 차지하고 난 이후라서 학도호국단의 호권단화(化)는 그야말로 일사천리일 수밖에 없었다. 그리하여 교육이념에서의 일제 잔재는 이 시기에 와서 거의 되살려지게 되었다.

2) 1950년대 교육의 이념과 정책

1950년 6 · 25 전쟁은 동족 간 상잔에 그치지 않고 더욱 많은 외국군의 참전을 불러온 결과가 되었다. 제2차 세계대전에서 승리한 나라들이 미국과 소련의 두 패로 나뉘어서, 한반도에서 싸우게 된 것이었다. 처음에는 38선이 무너지고 공산통일이 되는가 했더니, 미군의 개입으로 전세가 역전되어 민주통일이 되는가 싶었다. 그러나 중공군의 개입으로 또 다른 38선인 휴전선이 그어지고 말았다. 우리 민족은 본의 아니게 또다시 분단시대를 살게 되었고, 38선이 그어졌을 당시보다 오히려 남북의 반목은 더욱 심화되었다. 남북 간 물리적인 전쟁은 멈췄지만, 정신적으로는 동족상잔이 멈추지 않고 있었다. 사상이 다르면 동족이어도

한 하늘 아래 함께 살 수 없다는 생각이 온 사회에 충만하게 되었다. 민족분단의 극복은커녕 겨레 사랑은 거의 없어지고 만 것이었다. 이웃사촌은 말할 것도 없고, 친사촌도 용공(容共)이면 적대시하는 사회가 되고 말았다.

생각해보면, 공산군의 침략을 받은 사회로서는 그렇게 될 수밖에 없었다. 반공이 스스로 살아남는 유일한 수단이었기 때문이다. 그러나 휴전이 되고도 오랫동안 골육 간의 애정이나 이웃 사랑 또는 동포의식이나 민족정기를 되살리지 못한 데는 자유당 정부의 책임이 적지 않다는 견해도 있다. 특히 미국의 경제원조를 둘러싸고 자행된 정부의 부정부패라든가, 정권연장을 위해서 펼쳐진 개헌파동이나 부정선거 등은 정부의 으뜸가는 시책이었던 '반공'의 명분까지도 잃게 하고 말았다. 국민들로서는 정의로운 민족사회를 이룩하고 인간답게 살고 싶어서 목숨 걸고 하는 반공이었는데, 그것이 공산독재 못지않은 독재에 부패까지 곁들인 정권의 연장 수단으로 악용되고 있음을 알고부터는 민주 · 민족의식을 되찾겠다는 의욕을 점차 품게 되었다. 이것이야말로 '참반공'인 동시에 민족분단을 극복하는 길임을 깨닫게 된 것이다.

이 점에 있어서 정부의 반공 못지않은 중요한 시책이었던 '방일'에도 국민들은 한 가지 생각을 품게 되었다. 말로만 방일을 외칠 뿐, 실제로는 일제 잔재를 거의 완벽할 만큼 온존해서 독재의 체제만 구축하는 자유당 정권임을 알게 되었다. 여기에서도 민주 · 민족의식의 회복이 '참방일'의 길임을 점차 깨닫게 된 것이다. 처음에는 일제하에서와 다름없이 마음도 살림도 고달팠던 국민 대중에게, 나중에는 그 아들딸 학생들에게까지 의식이 충만하더니 마침내 4 · 19 혁명으로 폭발하여 이승만 정권은 무너지고 말았다.

그보다 한 달 전인 1960년 3 · 15 총선거 당일, 마산에서는 부정선거

규탄시위가 있었다. 시 군중은 경찰서를 습격했고, 80여 명의 사상자가 나왔다. 경찰서를 부정선거의 원흉으로 여겼음인지, 하필이면 반공의 보루를 습격했던 것이다. 그리고 이틀 후인 17일에는 이 사건의 부당한 처리에 대해 항의하는 시위가 반공시위로 이름 높았던 서울의 성남고교 400여 명의 학생들에 의해 벌어졌다. 그 뒤에도 부산 등 여러 곳에서 학생들의 계속된 시위가 있었지만, 4월 11일에 이르러 최루탄에 맞아 피살된 김주열 학생의 시체인양을 계기로 마산에서 두 번째 시위가 있었다. 그 이틀 후인 13일에 반공의 최고 영도자 이승만은 마산사건 배후에 공산당이 개재한 혐의가 있으니 난동자들을 엄벌하겠다는 언명을 했지만, 학생들의 시위는 번져만 갔다. 공부하러 학교에 온 학생들에게 반공·방일시위를 하라고 학교 밖 거리로 수없이 내몰았던 이승만 대통령은 바로 그 학생들의 시위로 하야하게 되었다.

민족을 반역했던 친일파들을 등용해서 반공전선에 내세워 독재체제를 구축해왔던 자유당 정권은 무너지고 허정 수반의 과도정부가 세워졌으나, 5월 3일 혁명적 정치개혁을 비혁명적 방법으로 단행할 것을 성명했다. 이는 분단시대를 열며 미군정이 표방했던 시정방침 그대로였다. 결국 정의로운 민족사회를 이루기는커녕 분단 독재정치의 산파 노릇에 그쳤던 것이다. 허정 수반의 과도정부도 4·19 혁명정신의 계승·발전은커녕 일제시대 이래 특권층에 떠받쳐진 보수정당에게 정권을 이양하고야 말았다.

5월 29일에는 이승만 전 대통령을 미국 하와이로 망명시키더니, 6월 1일에는 20일간 부정축재 자수기간을 설정했고, 6월 5일에는 부정선거의 원흉으로 22명을 구속했다. 7월에 들어서면서 5일에는 부정선거 주모자의 첫 공판이 열리는가 싶더니, 29일에 실시된 총선거에서는 13개 선거구에서 투표함의 파괴·소각 등 난동이 벌어지게 되었다. 허정 수반의 과도정부는 8월 12일에 부정축재자 처단의 실패를 자인하면서, 8월 23일 장면 내각의 출범과 함께 퇴진하고 말았다.

제1공화국이 일제 잔재를 청산치 못했던 것과 똑같이, 제2공화국은 자유당 독재의 잔재를 청산치 못했다. 반민족적 일제 잔재세력은 제1공화국에서 분단 독재세력으로 둔갑했다가, 다시 제2공화국의 지지세력으로 위장한 셈이었다. 그 단적인 예가 10월 11일에 4·19 혁명 때 부상당한 학생들이 민의원 단상을 점거한 사건이었다. 이는 4·19 혁명끝에 생긴 민의원이 혁명 이전의 민주 반역자들을 미온적으로 처단했기 때문에 생긴 일이다. 물론, 그다음 날에 '민주 반역자 처리법안'이 민의원에서 통과되었지만, 일찍이 제1공화국이 미군정에서 넘겨받은 친일파 민족 반역자들의 처단을 놓고 흐지부지했던 것과 똑같이, 제2공화국도 허정 수반의 과도정부로부터 넘겨받은 4·19 혁명 이전의 민주 반역자 처단을 흐지부지하고 말았다.

뿐만 아니라 제1공화국의 으뜸가는 시책이었던 반공에 있어서도 마찬가지였다. 그것은 장면 정부가 출범한 지 반년이 되는 1961년 3월 말, 61개의 우익단체가 서울·대구·부산 등지에서 반공법과 시위규제법의 존속을 지지하는 대규모의 시위를 벌인 것만 보아도 알 수 있다. 이는 일찍이 제1공화국에서 분단 독재체제를 지속하려고 우익단체들을 빈번히 내세워 반공시위를 벌이게 했던 것과 아무런 차이가 없었다.

표면상으로 방일정책은 크게 달라졌다. 허정 수반의 과도정부는 출범한 지 1주일만에 일본인 기자의 무제한 입국을 허용했는가 하면, 그해 11월 1일에는 장면 정부가 출범한 지 3개월도 못 되어 해방 후 처음으로 부산과 일본의 하카다 사이에 정기 해상항로가 열리기도 했고, 다음해 4월 22일에는 '한·일 통상협정'에 조인까지 했다. 제1공화국이 방일의 그늘에서 일제 잔재를 도리어 온존해왔다고 하면, 제2공화국은 성급히 방일을 푼 셈이었다. 사회에 민족정기가 없으니 부패는 가속화되었고, 장면 정부는 출범한 지 열 달도 못 되어 5·16 쿠데타를 맞게 되었다.

이제, 이 시기의 교육을 살펴보자. 사회가 그 속의 삶을 통해 온 국민에게 끼친 교육적 영향은 사회 자체가 미군정 이래 줄곧 한 가지의 것이었으니 새삼스럽게 따져볼 필요조차 없을 것이다. 일제하에서는 친일해서 잘살던 사람들이 민족분단 후에 그때그때 정치권력에 빌붙어 잘 살아온 터라 여타 국민의 눈에는 권력과 금력만 보일 뿐, 사람·이웃·겨레는 보이지 않았다. 사람이 사람으로 보이지 않았던 사회였는데, 그것이 국민 개개인의 사람됨에 끼친 영향인들 오죽했을까.

그렇다면 이 시기의 학교교육은 어땠는가. 우선 6·25 전쟁 중의 학교교육부터 살펴보자. 정부에 의한 교육행정이 전무했을 이 시기에 국민이 보여준 학교 자치는 참으로 놀라운 바가 있었다. 그것은 흡사 8·15 해방 직후에 보여주었던 것과 같았다. 온 국민이 전쟁의 추세에 따라 이리저리 피란하고 있었지만, 어디에서나 교육은 시행되고 있었다. 학교의 운용상으로는 국·공·사립 할 것 없이 모두 사친회립(師親會立)이었다. 교실도 교재도 없었지만, 오히려 그랬기 때문에 학생 중심의 자주적인 교육이 이루어졌다. 6·25 전쟁 이전의 학교에서처럼 학생을 위정자의 도구로 일그러뜨려 바치는 따위의 일은 청산되었다. 교사가 학생만을 위해 진리를 가르쳐줬기에 학생도 학부모도 교사를 존경할 수밖에 없었다.

교사 모두가 스승이었으니, 학부모들은 교육비가 아깝지 않았다. 38선으로 그어진 민족과 국토의 분단이 휴전선으로 더욱 굳어지기까지 그 모든 과정을 지켜보아온 국민인지라, '분단된 민족의 자주적이고 평화적인 통일'이 동란 중 학교와 가정에서의 으뜸가는 교육지표가 되었다. 또한, 민족이 분단된 채로는 한반도의 한겨레 그 누구도 인간답게 살아갈 수 없음을 뼈저리게 깨달은 국민들이었기에 '인간존엄에 터한 겨레 사랑'이 동란 중 학교와 가정에서의 핵심적인 교육이념이 되었다.

6 · 25 전쟁이 정전의 기미를 보이기 시작한 것은 1951년 6월 29일 미국 대통령이 유엔군 사령관에게 한국에서의 정전교섭을 명령한 때부터였다. 그러나 휴전협정에 조인을 보게 된 것은 1953년 7월 27일이었다. 그리고 우리 정부가 온전한 교육행정을 다시 펴게 된 것은 그다음 달 8월 15일 수도가 서울로 돌아온 후로 간주할 수 있다. 이 무렵, 6 · 25 전쟁 이전의 중앙집권적 교육행정도 되살아났다. 교사가 학생을 살펴서 교육 계획을 세워 시행할 여지라고는 거의 없을 만큼, 문교부의 획일적 학교통제가 강화되었다. 학교교육은 이제 자치가 아니라 관치가 된 것이었다. 교육의 자주성과 정치적 중립성은 여지없이 유린되고, 학생들을 살펴서 가르쳐야 할 교육자들은 위정자의 뜻을 살펴서 학생들을 단속하느라 여념이 없었다. 동란 중에 자생했던 수많은 학생 위주의 학교들을 찾아볼 수 없게 되었다.

왜 그렇게 되었던 것일까. 우선, 문교부는 지위의 높고 낮음에 상관없이 권력과 금력이 아울러 쏠리는 이른바 '영전' 자리와 그와는 정반대의 '좌천' 자리를 마련해 놓고, 위정자의 뜻을 살펴서 아래로 펼치는 정도에 따라 영전과 좌천의 인사권을 발동했다. 이를테면, 문교부는 사친회비의 책정을 통해 같은 직급의 교원이 도시와 시골 어느 쪽의 학교에 근무하느냐에 따라 보수가 배 차이가 나게 하고, 당국의 지시를 잘 따른 대가로 또는 따르지 않은 문책으로 도시나 시골의 학교근무를 명했던 것이다. 그렇지 않아도 괄시받고 살던 시골이었는데, 이제는 학생들까지 좌천된 교원들에 의해서 교육받게 되자 시골은 문자 그대로 황폐의 외길로만 치닫게 되었다.

그렇다고 영전된 도시의 교원들은 스승의 자세를 지켰는가 하면 그렇지도 않았다. 영전자리를 지키자니 상관 받들기에 바빴고, 그렇게 하자니 돈의 상납이 공공연해졌다. 학부모들은 도시와 시골 할 것 없이 교원들을 불신하게 되었고, 급기야 이런 분위기는 어린 학생들에게까지 확산되었다. 교사를 우습게 여기는 학생들이 교사의 말을 믿었겠는가. 학생들은 학교는 다니되, 교사를 존경하지 않으니 그의 말을 따라 착한 사람이 될 리 만무했다. 이제 학교는 지식을 사고파는 시장이 된 것이다. 학교에서 매매된 지식이 사람을 해치는 데 쓰이든 사회를 망치는 데 쓰이든 아무도 상관하지 않았고, 학생들은 그저 시험 잘 쳐서 일류 학교에 진학하면 그만이었다.

38선이 휴전선으로 바뀌었을 뿐, 남북 간의 긴장은 여전했던 터에 대학생에 대한 징병연기 조치가 있게 된 후부터는 대학진학 자체가 초·중등교육의 목표처럼 되었다. 더군다나 일류 대학을 나와야만 관공서나 회사에 취직하는 사회이고 보니, 나라 안 모든 초·중등학교의 교육은 학생의 인격이나 인간성은 제쳐놓고 일류 대학 진학에만 힘을 쏟게 되었다. 이렇게 하여 초등학교 시절부터 시험점수 중심의 교육 풍조가 생겨나게 되었고, 입시지옥이라는 말까지 등장하게 되었다.

이 무렵, 문교 당국은 해마다 바꾸어가며 이른바 입시제도 개선방안을 내놓았지만 헛일이었다. 문교부가 사친회비를 차등을 두어 책정한 비례대로 도시와 농촌 학교 간의 진학 차등이 생겼고, 같은 지역 내에서도 문교부가 책정한 학생 정원이 많은 학교일수록 진학률이 높아졌다. 학부모에게 돈을 받고 그 자녀를 사람되게 했다기보다는, 사람이야 어찌 되어가든 그 자녀에게 입학시험의 정답이 될 지식을 판 셈이 되었고, 그 매상고가 많으면 일류 학교로 인식되었다. 이 무렵의 문교부는 입시 문제의 교과서 내 출제를 엄중히 시달하면서 교과서의 내용은 국정 또는 검인정의 강화로 정치성 짙게 개편해갔다.

이에 따라 전국의 거의 모든 초·중등학생들은 그나마 지식들을 교과서에서만 얻는 셈이 되었다. 날로 부정·부패가 심해져가는 사회현실, 날로 긴장이 고조되어 가는 남북의 민족현실이 염려되어 스스로 생각하다 못한 학생들이 교사에게 질문을 했으나, 교과서에 실려 있지 않은 사회현실·민족현실은 입시문제에 나오지 않는다고 하여 교사부터 외면하는 판국이 되었다. 교사가 외면하니 교과서 아닌 책이라도 뒤져보던 학생들은 대학입시에 낙방하기 십상이었다. 사회는 이미 대학 나온 사람만을 제대로 된 사람으로 대하고 있었는데, 생각해보면 이러한 구조는 이 시기에 처음 이루어진 것이 아니라 일제시대의 것을 재현해 놓은 것에 불과한 것이다. 일제야말로 관에 의한 시험문제의 통제로 모든 학생들의 사상까지 통제한 교육제도의 완성자나 다름없었다. 그런데, 일제로부터 해방된 나라에서 그와 맞먹는 학교교육의 구조를 보게 되었던 것이다.

국·공·사립의 모든 교원들이 본봉만 가지고는 생계조차 이어나가지 못하는 실정이었기 때문에 사친회비를 받게 한 것까지는 어느 면에서는 문교 당국에 의한 당연한 처사라고 할 수 있었다. 그러나 교원이 동일한 직급임에도 불구하고, 매달 받는 보수가 근무학교에 따라 차이가 나도록 사친회비에 차등을 두어 책정한 것은 당국의 크나큰 실책이었다. 그리고 도시의 이른바 무능 또는 문제 교원을 시골의 작은 학교로 좌천시킨 것은 더 잘못된 처사였다. 이 무렵부터 교원의 눈에는 돈, 학생의 눈에는 시험점수만 보이게 되었다. 학교가 이 지경에 이르렀는데, 하물며 교육이념을 따질 수 있었을까. 일제시대 때 시험점수 잘 따서 출세하고는 제 동족을 해치면서 영화를 누렸던 학교 졸업생들, 다시 말해서 일제 잔재는 이제 분단시대의 대를 이어 기세를 떨치게 되었던 것이다.

물론 이 무렵에도 학교교육을 새롭게 해보려는 운동이 아주 없었던 것은 아니다. 대한교육연합회가 지역사회학교운동을, 그리고 문교부 연구지정 학교들이 교육과정개혁운동을 일으킨 것도 이 시기였다. 또 6 · 25 전쟁으로 수도가 부산으로 옮겨졌을 때 반관반민으로 설립된 중앙교육연구소가 교육의 민주화 · 과학화운동을 벌인 것도 바로 이 시기였다. 그러나 이러한 운동은 교원이나 연구원들만 벌였고, 문교부나 대한교육연합회 당국 자체는 매우 보수적이었다.

문교부에 대해서는 앞서 말한 바 있으니, 대한교육연합회에 대해서만 언급한다면 한마디로 말해 어용기관이라고 하겠다. 미군정하에서 일제 말기의 조선교육회를 인수해서 발족했던 것부터가 교육에서의 일제 잔재의 청산이 아닌 온존에 기여했던 것이지만, 일제하 조선교육회가 총독부의 시녀였듯이 우리 정부가 세워진 이후 대한교육연합회는 정치권력에 맞장구만 쳤다. 회원들의 진지한 노력으로 훌륭한 지역사회학교의 교육실험이 적지 않게 이루어졌지만, 날로 중앙으로 집중해가는 문교행정 앞에서는 아무 소용없었다. 이때에도 대한교육연합회 당국은 그 교육실험의 확대적용을 위한 교육행정의 지방분권화에는 아랑곳하지 않았고, 심지어는 교육의 획일화를 겨냥한 시책에 호응까지 했다. 중앙교육연구소의 경우 설립자가 대한교육연합회인데다가 운영위원회의 절반은 문교부 국 · 과장으로 채우기로 되어 있어서, 그 연구원들이 벌였던 교육의 민주화 · 과학화운동은 용두사미가 될 수밖에 없었다.

이 시기에 벌어진 새교육운동으로는 주한미국 교육사절단의 활동을 꼽을 수 있다. 부산이 임시수도였던 1952년에 내한한 이 사절단은 단원을 바꾸어가면서 몇 해에 걸쳐 우리나라 각지의 중견 교원들과 대화했다. 그러나 이 역시 미국의 이익을 대신하여 한국교육을 논할 수밖에 없었던 사절단의 성격과 한국정부의 추상같은 지시에 따를 수밖에 없었던 우리 교원들의 처지로 한 · 미 교원 간의 친선도모 말고는 이렇다 할 성과 없이 끝나고 말았다.

이상 몇 가지 학교교육의 개혁운동을 일괄해서 볼 때, 분단민족의 현실에 대한 인식은 정부와 같이하고, 이에 따라 분단의 평화적 극복이 아닌 순응을 하면서 체제 내 민주화를 시도했던 것이 실패로 돌아간 원인이라고 판단된다.

학생 주도의 4 · 19 혁명으로 교육계가 받은 충격은 비할 바 없이 컸다. 8 · 15 해방 때 그 직전까지 친일로 제 민족을 반역했던 교원들이 받았던 것 못지않은 충격을, 이번에는 자유당 독재정권의 앞잡이로 학교교육을 정권 연장의 도구로 삼아왔던 사람들이 받게 된 것이다. 시 · 도 교육감은 물론, 학생교육을 희생시켜 일신의 영화를 누렸으면 그의 신분이 교장일지라도 곤욕을 당했다. 학생들은 물론 교사들까지도 교육계의 정화에 가담하더니 대한교육연합회가 평교사 중심으로 개편되었고, 거기서 그치지 않고 교원노동조합까지 결성되었다.

그러나 민주정권의 산파역을 맡았던 과도정부는 그 옛날 해방 직후 미군의 과도정부가 그랬듯이 학생들을 배신했던 세력들의 옹호에 급급했는가 하면, 산파역을 맡아 탄생시켰다는 정권은 자유당 못지않은 보수정당에 넘겨줌으로써 모처럼 교육민주화의 염원은 무산되고 말았다. 어찌 보면 성급한 5 · 16 쿠데타로, 그 시책을 펴볼 기회조차 없었다고도 할 수 있다. 국회에서 내각책임제하의 국무총리 선출 과정과 집권당 소속 국회의원들이 신 · 구파로 나뉘어 분쟁을 일삼는 모습을 지켜본 국민들은 이때부터 누가 국무총리가 되어 정권을 장악해도 기대할 것이 없음을 알게 되었다.

이러한 과정에서 탄생한 장면 정권 역시 교육의 민주화를 거듭 다짐했건만 국민들이 믿지 않는 데에야 되는 일이 없었다. 무능한 정당에서 선출된 국무총리 역시 바로 전의 과도정부 수반 못지않게 교육계의 민주 반역자들을 묵인함으로써 교육이 제 기능을 다할 수 없었다. 이러할진대 이 시기의 학교에 교육다운 교육이란 있을 수가 없었다. 하물며 이념에 있어서는 오죽했겠는가. 식자 간에는 교육이념에 대한 논의가 풍성했지만, 그 모두가 교육현장과는 무관했던 터라 여기서는 언급하지 않겠다.

4 제3공화국과 유신체제하의 교육

1) 제3공화국 치하의 교육정책

1961년 5 · 16 쿠데타 이후 그 주체세력이 제3공화국을 세우고 다스리다가 1968년 12월 5일 국민교육헌장을 선포하기까지, 그 사이의 교육을 하나로 보는 것은 바로 이 시기에 4 · 19 혁명으로 쓰러진 제1공화국의 교육체제를 되살리고 한 걸음 더 전진시켰기 때문이다. 민족분단의 평화적 극복은커녕 반공을 으뜸가는 국시(國是)로 삼았으니 교육도 제1공화국을 닮을 수밖에 없었다. 반공교육은 일제시대만큼 완벽했던 것도 아니지만, 총독부 시학을 역임한 친일파를 교육계의 요직에 그리고 문교부장관으로까지 등용했으니, 이 시기의 학교교육은 제1공화국을 닮은 것 이상으로 진보했던 것이다. 드디어 한 · 일 국교는 재개되었고, 일제가 명치유신하에 제정했던 교육칙어를 연상케 하는 국민교육헌장이 선포되었다. 그리하여 그 4년 후에 수립된 제4공화국의 유신체제는 그 기반이 바로 이 시기의 학교교육을 거의 완벽할 정도로 닮았다.

일제는 36년간에 걸친 한반도 식민통치 과정에서 학교교육을 전면적으로 통제하여 정치권력에 예속시켰는데, 5 · 16 세력 또한 국 · 공 · 사립의 각급학교에 대한 전면적 통제를 감행했다. '교육에 관한 임시특례법'의 제정 · 공포가 바로 그것이었고, 민정 이양 직전에 이 법의 폐기와 함께 제정 · 공포된 '사립학교법' 또한 그 예이다. 다음 내용은 당시 '사립학교법' 제정을 보고 성내운(1963)이 발표했던 소견을 간추린 것이다.

이 법을 보고 참으로 이해가 안 가는 점이 있는데, 혁명정부는 '교육에 관한 임시특례법' 중 사립학교에 관한 조항을 거의 그대로 이 법에 옮겨 놓고 있다는 점이다. 그런 의미에서 본다면 정부는 임시특례법을 그 이름 까닭으로 더 간직할 수가 없어서 폐기하려는 것이지, 그 법을 그대로 두고는 교육이 발전할 수가 없다고 판단해서가 아니었던 것이다. …… 더 단적으로 말한다면 사립학교를 사립학교 되게 할 것이 아니라, 공립학교나 다름없이 만들어나가는 것이 옳다는 생각 위에 이 법은 제정된 것이 아닌가 생각되는 것이다. …… 곰곰이 생각해보건대, 사립학교가 그 교육이념을 실현하는 수단인 재정과 인사에 대한 자유를 빼앗기고 나면 사립이 아닌 것이 되고 마는데, 이번의 법은 이 두 가지를 모두 관에서 간섭하겠다는 것이니 무엇을 가지고 사학경영의 명분으로 삼을 것인지 모르겠다. 교육내용에 관해서는 언급이 없지만, 이것은 이 법에서 규정짓지 않더라도 이미 다른 교육법에 규정되어 있기 때문일 것이다.

…… 이상에서 74조 부칙으로 되어 있는 '사립학교법'을 교육정책적인 입장에서 비판해보았다. 솔직히 말해서 필자가 내린 결론은 이 법의 시행을 계기로 우리나라의 사학은 크나큰 변동을 가져올 것이며, 그 변동은 사립학교의 개점휴업과도 같은 것이리라는 점이다. …… 이 법을 제정한 정부가 그러한 변동을 기대했다고는 믿지 않는다. …… 그러나 여기에서 그냥 보고만 넘길 수 없는 것이 있으니 그것은 사립학교를 공립학교 쪽으로 잡아당기려는 의도이다. 이러한 의도는 이 법의 장(章)마다 절(節)마다에 거의 공통적으로 엿보이고 있는 것이다. …… 사립학교를 보고 공립학교를 닮으라는 것이 정부의 의도라면 그야말로 사학은 그 존

속의 이유를 찾지 못하게 되기 때문이다.

...... 국·공립학교는 그것이 국·공립인 까닭에 이렇다 할 특색이 없는 교육을 하게 마련인 것이다. 이는 국·공립학교의 본질이라 하여 옳고, 그것을 굳이 단점이라 할 필요는 없는 것이다. 장점이라면 장점일 수도 있는 것이다. 그런데 문제는 우리나라의 학교를 모두 그렇게만 할 것인가에 있다. ...... 국·공립학교보다는 앞질러 나가는 혹은 그보다 더 보수적인, 국·공립학교에서는 시비가 많아서 못 가르치고 있는 것을 감히 가르치는, 혹은 그와는 반대로 국·공립학교에서 가르치고 있는 것일지라도 아직은 많은 사람이 모르고 있는, 새로 발견된 진리에 대해서 감히 가르치지 않는 사립학교가 있어서는 안 될 것인가. 그래서 그 덕에 국·공립학교까지 배울 수 있게 할 것인가 하는 것이 문제인 것이다.

...... 사립학교가 특색 있는 교육을 하자면 그것은 바로 예산에 나타나야 하고, 인사에 반영되어야 하며, 다시 그것을 뒷받침하는 재정이 있어야 하는 것인 바, 이 모두를 다 함께 제한당하고야 어찌 특색 있는 교육을 할 수 있겠느냐 말이다. ...... 사학의 분명한 부패에 대한 색원은 있을수록 좋다. 그러나 그것도 이 사립학교법이 꼭 있어야 한다는 이유가 되지는 못한다. 지금까지의 법만 가지고도 썩은 학교를 송두리째 없앨 수 있기 때문이다. 따라서 지금부터라도 부패의 적발과 그 응징에는 더욱 용기를 내는 대신에 그밖의 면에 대해서는 적극적인 보호육성책을 마련해야 할 것이다. 사립학교법은 폐기되거나 대폭 수정되어야 한다.

제2공화국을 무너뜨리고 세워진 제3공화국이 교육에 있어 제1공화국을 닮은 정책을 펴나갔다는 것은 앞에서 언급한 바 있지만, 1964년의 교육정책을 한 예로 들어 그 가운데 교육이념을 살펴보기로 한다. 다음은 1965년에 성내운이 쓴 '1964년의 교육정책' 중 일부이다.

교육이념 면에서 지난 한 해를 훑어본다면 집권하기에 유리하도록 문교를 통제하기에 여념이 없었다고 할 것이다. 그러기에 문교를 정치에 예속시키지 않고 국민적 입장에서 문교의 육성을 바랐던 국민과 교원과 학생들은 크나큰 실망을 느끼며 지난 한 해를 보냈던 것이다. 집권층의 어느 누구도 문교를 집권에 유리하도록 통제하라는 지시를 명문으로 내린 일은 없었을지라도 한 해를 두고 문교행정을 몰아댄 집권층의 행동은 궁극적으로 따져보면, 바로 그것이었다고 할 수 있다.

그 대표적인 사례로서는 교육자치제의 운영을 들 수 있다. 지난해 1월 1일을 기해서 발족한 교육자치제는 문자 그대로 관치제(官治制)로 일관하였다 해도 과언이 아닐 것이다. 헌법에까지 명시되어 있는 정치인지라 문교부장관이 당직을 지닌 채 그 직을 수행한대서 이의를 제기하는 국민은 없다. 그러나 그렇다고 해서 그가 집권당을 현장감독과도 같은 자세로 교육자치제의 이름을 그대로 둔 채, 그 내용을 거세시킬 정도로 통제를 가하고, 그리하여 교육을 집권에 결부시키려는 것은 꿈에도 생각하지 않았으리라.

우선, 지방의회가 구성되어 있지 않은 관계로 문교부장관이 인선하게 마련이었던 시·도의 교육위원들, 그야말로 친 여당적 인물로 망라되다시피 하였거니와 그렇게 해서 발족을 보게 된 교육위원회를 두고도 교육감 선출을 에워싸고 집권층 및 문교부장관의 압력은 참으로 지나칠 만큼 가해졌던 것이다. 선출된 교육감의 절반이 군사정권기의 교육국장이었다든가, 그 외의 인사 중에는 정당의 요직에 있었던 사람이 포함되어 있었다든가, 그러한 압력의 당연한 결과이었던 것이다. 그럼에도 불구하고 국민들은 그들에게 지방교육을 자치(自治)하게끔 뒷받침하기를 기대했던 것이다. 물론 이런 기대도 충족되지 못한 한 해였다. 교육위원회의 국장과 교육장의 임명을 에워싸고 정치적 압력은 가중되었고, 심지어는 일부 국회의원이 그 자녀들을 일류 중학교에 전·입학시키도록 교육감을 통하여 교장에게 압력을 가하기까지 이르렀던 것이다. 교육자치의 이념은 교육관치(官治)의 동의어로 여겨질 지경에 다다랐던 것이다.

이와 같이 문교부장관을 위시한 집권층이 행동으로 표시한 교육관치적 자세는 그들이 마음속에 품고 있는 교육이념이 무엇인가를 말해주는 것이다. 자주적으로 사고하여 행동하는 민주시민이라기보다는 집권세력에 추종하여 살아가는 전제사회의 국민이었다고 하여 마땅할 것이다.

제1공화국을 붕괴시킨 4 · 19 혁명을 주도했던 학생층은 제3공화국이 국정 전반에 걸쳐, 하필이면 그 제1공화국의 노선을 따라 더욱 강화되는 것을 보고는, 특히 일제하 총독부 시학 출신이 초대 문교부장관이 되어 반공교육을 가일층 정치적 도구로 삼는 것을 보고는, 더군다나 일본과의 국교 재개가 굴욕적으로 추진되어 가는 것을 보고는 또다시 술렁이기 시작했다. 학생들의 시위를 국립경찰의 힘으로는 막을 수 없었던지, 1964년 6월 3일 군의 계엄포고로 서울시내 각급학교는 초등학교까지 문을 닫게 되었다. 당시의 집권당 출신 문교부장관은 그 이틀 후, 여름도 아닌 6월 5일부터 전국 대학에 여름방학을 지시했는가 하면, 불순한 교수들의 파면과 구속된 학생들의 퇴학도 지시했다. 그로부터 4일 후인 6월 8일, 문교부는 서울대학교 총장을 해임했는가 하면, 다음 날엔 시 · 도교육감 회의에서 초 · 중등학원 내 정치활동 금지를 지시하기까지에 이르렀다.

돌이켜보면, "교육의 자주성과 정치로부터의 중립이 보장되어야 한다."라는 규정이 처음으로 헌법 속에 자리 잡게 된 제3공화국이었다. 그러나 바로 그러한 제3공화국이 출범 시부터 교육을 정치에 예속시키고 말았다. 4 · 19 혁명 때, 교육의 자주성과 정치로부터의 중립을 유린했던 것은 학생들의 시위를 보고 그것을 탄압했던 자유당 정부이지, 부정선거를 보고 그것을 규탄하는 시위를 벌였던 학생들이 아니었다는 것이 하나의 뚜렷한 역사적 진실이 되어 있던 터에, 당시의 공화당 정부는 제3공화국 헌법 제27조 제4항을 위반했음이 분명했다. 물론 공화당 정부는 학원가의 평화적 시위를 정치활동으로 규정하여 강경일변도의 조치를 내리면서 합헌을 주장했었지만 말이다.

제3공화국 나머지 기간의 학교교육은 이 '교육의 정치적 중립'을 에워싼 분규로 가득히 채워지고 만 셈이었다. 정부는 반공태세의 강화와 조국의 근대화를 내세워 일본과의 국교 재개를 타결하더니, 일본의 공해산업까지 들여오는가 하면 대일 무역역조는 해마다 늘어만 갔다. 이 시기의 우리 정부는 정치적으로야 분명히 자주독립을 견지했지만, 경제적인 대일의존도가 높아짐에 따라 기업가들은 물론 일반 국민의 정신까지도 대일의존으로 기울게 되었다. 물론 동족을 해치고라도 권력에 빌붙어 나만 잘 살면 된다는 일제시대의 풍조 그대로가 되살아난 것은 아니었지만, 일제하에서 빼앗긴 나라, 되찾지 않고라도 우리 모두가 잘 살 수 있다고 믿었던 풍조에 버금가는 분리된 민족, 평화통일을 하지 않고도 우리 모두가 잘 살 수 있다는 풍조가 사회 안에 일기 시작한 것은 사실이었다.

뭇 사람의 눈에는 보이느니 돈뿐이었던지라, 사람이 사람으로 제대로 보이지 않게 되자, 이 시기의 학교사회라고 별수 없었다. 학생도 교사도 사람이다 보니 서로 돈 타령이 일과이다시피 되었다. 이 시기의 초·중등학교들이 입시준비의 지옥을 이루었던 것도 그 속을 자세히 들여다보면 돈벌이 아귀다툼이었다. 세상은 이미 관계 당국이 과하는 시험점수를 잘 따야 출세해서 돈을 잘 벌도록 되어 있었던 것이다.

민족이야 남북으로 분단된 채 대결로만 치닫건 말건, 국토야 산업공해로 허덕이건 말건, 농민·근로자들이야 저곡가·저임금 시책으로 생계에 허덕이건 말건 정부는 나라만 부강해지면 그만이었고, 학교는 학생들이 시험점수만 잘 따면 그만이었다. 시험에 나오지 않을 것은 아예 들으려고도 않는 학생들이기에 교사들도 시험에 나올 것만 가르쳤다. 시험에는 부(富)와 강(强)이, 다시 말해서 돈과 힘에 관계되는 것이 출제되면 되었지, 사람 섬기기나 이웃 사랑, 더군다나 평화나 겨레 사랑은 출제되지 않았다. 따라서 이 시기의 사람들은 어른들만이 아니라 어린 학생들까지도 사람 대신 돈과 힘을 섬기며 살게 되었다. 아니, 약하고 가난하면 같은 반 친구도 이용하고 쓰러뜨리면서까지 돈과 힘을 섬기며 살아가게 되었다.

사람은 누구나 나날을 어떻게 살아가느냐에 따라 그 정도만큼 다른 사람이 되게 마련인데, 이 시기의 사람들은 어린 학생들까지 돈과 힘의 노예가 되어가고 있었다. 노예도 사람은 사람이니 그 양성도 교육이라 한다면, 그 시기의 교육이념은 바로 '돈과 힘의 노예'였다고나 할까.

2) 국민교육헌장과 유신체제하의 교육

정치적으로는 유신헌법이 선포된 1972년 말부터가 유신시대를 이루는 것이 분명하지만, 교육 면에서 보면 그보다 4년 전인 1968년 12월 5일 국민교육헌장이 공포되고부터가 유신시대라고 할 수 있다. 그것은 유신시대를 시작하고 지키며 끝내는 박정희 대통령 자신이 실제로 유신을 여는 첫해인 1973년에 10월, 유신의 정신이 국민교육헌장의 이념과 그 기조를 같이하는 것임을 누차 분명히 했던 것으로도 알 수 있다. 장기집권을 위해서 헌법의 수술보다도 교육체제의 수술을 앞세웠던 것을 보면, 박 대통령은 제1공화국 붕괴의 직접적인 원인을 3 · 15 부정선거에서 찾지 않고 자유당 정권의 교육체제 미비에서 찾았던 것이 아닌가 싶다. 박 대통령은 유신헌법을 만들어 통일주체국민회의를 구성하고,

그 대의원대회에서 거의 만장일치로 6년 임기의 대통령으로 당선되기 4년 전에 이미 국민교육헌장을 제정해 놓고는 문교부로 하여금 곧바로 장기종합교육계획에 착수하여 1970년 말에 완성토록 했는데, 그 계획의 바탕이 된 것이 바로 이 국민교육헌장이었다. 문교부는 이 장기종합교육계획에 따라 곧바로 각급학교 교육과정 개편에 착수했고, 그리하여 교육 면에서의 유신체제는 유신헌법이 제정되기 전 4년 동안에 거의 완성되었던 것이다.

이제는 유신체제하의 각급학교의 교육실태를 돌이켜보자. 처음에는 국민교육헌장 외우기가 초·중등학교를 휩쓸더니, 얼마 안 가서는 충효교육의 태풍으로 바뀌었다. 그도 그럴 것이 '충'과 '효'는 국민교육헌장에 없었던 것이지만, 그렇다고 인권이나 사회정의가 들어 있었던 것도 아니어서 교육헌장 속의 모든 덕목을 강력히 밀고 나가다보면, 곧바로 '충'과 '효'가 도사리고 있는 지점에 도달하게 된 것이었다. 그것은 국민교육헌장에 터한 교육의 당연한 논리적 귀결이었다. 교육법을 까마득히 능가하는 권위를 국민교육헌장에 부여했던 박 대통령이었고, 그렇기 때문에 이 헌장이 공포되고부터, 특히 초·중등교육은 일제하 교육의 으뜸가는 특성인 교육칙어 중심의 교육을 방불케 했던 것이 아니었나 판단된다. 일본제국주의는 1868년 명치유신 이후부터 1945년까지 무려 77년간 존속했던 것인데, 그 비법 중 으뜸갔던 것이 다름 아닌 이 교육칙어 중심의 교육체제였다. 서양의 선진 공업기술을 과감히 도입해서 후진국 일본을 근대화하되, 국민들의 정신만은 유교의 봉건도덕으로 묶어 두자는 데에서 제정된 것이 이 교육칙어였던 것이다.

그런데, 그 교육칙어란 충효 중심 교육에 다름 아닌 것이었다. 물론, 박 대통령은 우리의 10월 유신이 일제의 명치유신과는 무관하다는 것을 밝힌 바 있었고, 더군다나 우리의 국민교육헌장 속에는 충효가 없기에 일제의 교육칙어와는 동일하지 않다고 했다. 그러나 공화당 정권하에서 한·일 국교가 재개되고 일본의 선진 공업기술을 과감히 도입해서 우리나라의 근대화를 강력히 추진했던 점이나, 유신체제로 들어서자 충효교육의 태풍을 일으키면서 충효가 들어있지 않은 국민교육헌장의 폐기는커녕 도리어 더욱 그것 중심의 교육을 강화했던 점이나, 결과적으로는 양자가 서로 비슷한 것이 되고 만 셈이 아니었나 한다. 교육을 집권 연장의 도구로 이용한 끝에 그 이득으로 집권한 햇수로 보아서는 일제의 65년간에 비해서, 우리의 경우는 20년도 못 되었으니까 그 점이 크게 달랐다고 할 수도 있겠다.

1972년 11월 21일 유신헌법이 국민투표로 확정되었고, 그로부터 한 달 후인 12월 27일 제4공화국의 대통령 취임식이 있었다. 한국의 새 시대는 그야말로 엄동설한에 열렸던 것이지만, 이때부터 모든 국민은 봄, 여름 없이 얼어서 살아야 했다. 학교도 가정도 직장도, 아니 거리까지도 얼음판이었다. 몸은 물론 마음까지 얼어붙은 삶인데 어디에 참교육이 있었을까? 서로의 마음을 보여주지 않았으니 아무도 그 마음을 교육할 수 없었다. 어디에나 순종하는 행동이야 많았지만, 그것마저 명령이 없어지는 순간부터 안 할 작정임이 뻔했다.

삶이 사람을 만드는 법인데, 학교에서의 삶은 유신헌법이 공포된 연말부터가 아니라 그해 봄 3월부터 얼어붙었다. 3월 24일 대구에서 전국교육자대회가 열리고 대통령이 직접 나가서 '국적 있는 교육'을 명령했던 것이다. 글자풀이로야 유신이 그러하듯 '국적 있는 교육'도 천만 번 옳았다. 문제는 대한민국에서 민주교육을 하는 것이 '국적 없는 교육'이었는가, 그리고 충효 중심 교육은 당시 집권당이던 공화당의 그 '당적(黨籍) 있는 교육'이 아니었나 하는 것이다. 하여간 그날 대회를 분기로 대통령이 국적 있는 교육을 명령한 셈이었다. 대회의 예행연습에서 대학 총장들에게까지 손뼉 치는 연습을, 그것도 문교부장관의 주관하에 시켰을 정도였다.

1973년에는 새마을교육의 추진과 함께 2월 14일에는 초등학교의, 8월 31일에는 중학교의 교육과정이 개정·공포되었다. 일제 말기 농촌진흥운동의 깃발 아래 청소년 학생들이 학교 부근의 논밭으로 동원되었던 적이 있었다. 그때의 학생들이 이제는 교장이 되고 장학관이 된 셈이었다. 시집살이 당한 시어머니가 며느리를 시집살이 시키듯이, 교육에서의 일제 잔재는 고루 되살려지고 있었다. 1974년에는 고등학교 학군별 추첨진학제가 서울과 부산에서 시작되더니, 그 이듬해에는 대구·인천·광주로 확대됨으로써 중·고등학교의 입학시험은 일단 폐지되었다. 그러나 대학을 향한 진학 지옥은 지난날의 중·고등입시가 있었을 때 이상으로 깊어만 갔다. 콩나물시루에 물을 퍼붓듯이 학교에서 교과서야 어김없이 가르쳤지만 알아듣고 배우는 학생들은 언제나 소수였다. 이렇게 해서 극성을 부리게 된 것이 과외공부요, 사설학원 인구의 폭발이었다.

대학입시 문제는 예로부터 교과서에서만 출제토록 해온 터에 학생들은 학원에서만 시루 속의 콩나물이었다. 퍼부어대는 시험문제의 정답만 머리에 둘러쓰게 되었다. 학교도 학원도 더 다니면 다닐수록 학생의 눈에 보이는 것이라고는 시험점수뿐, 친구도 사람도 나라도 겨레도 도무지 보이지 않는 그런 사람이 되어가고 있었다. 한마디로 말해 받을수록 사람다워지는 교육이 아니었던 것이다.

1974년에 접어들면서 학교는 물론 사회가 온통 달라졌다. 유신헌법 수호를 위한 대통령 긴급조치가 선포되었다. 아무리 사소한 위반에도 1년 이상의 징역과 자격정지에 처하도록 되어 있었으니, 말하자면 유신체제의 신성불가침 선언이었다. 저 악명 높은 일제 천황체제하에서도 일제 헌법의 신성불가침을 거부했던 우리 겨레가 아니었던가. 유신체제를 거부하는 민주화운동이 대학가를 비롯하여 노동계 · 종교계 · 학계 · 문학계 · 언론계 · 법조계 · 정치계 등에서 처음에는 개별적으로 벌어지더니 나중에는 각계가 제휴하게 되었다. 학원이나 직장에서 무수히 내쫓기고 투옥까지 당했으나, 민주화운동은 오히려 민족통일운동으로까지 확산될 뿐이었다.

드디어 1979년 10월은 왔고 그달 12일에는 부산에서, 13일에는 마산에서 중대 사태가 벌어지더니 26일로 유신체제는 주인을 잃게 되었다. 유신체제하의 삶, 그것은 사람이 사람의 권리를 누릴 수 있는 것이 아니었다. 사람답게 살자면 말할 수 없는 고난을 각오해야 했다. 그런데 사람답게 산 사람들이 적지 않았고, 이들 이름이야 스승이 아닌 대학생이요 근로자요 종교인이요 시인 · 작가 · 언론인 · 변호사였지만, 본인들의 사람다운 삶으로 겨레를 교육했던 것이다. 이들이야말로 '진실되게 살기'를 배우려는 뭇 사람의 스승이었다. 장소야 분명 학교교실이 아니었지만 그들은 인간다운 삶을 배울 수 있는 곳이면 어디라도 찾아가 교실로 삼았다. 그 당시를 산 사람들만이 아니었다. 그들에게는 역사 속의 참사람들이야말로 마음속에 모신 스승이었다. 한마디로 교육현장에서 참교육이 이루어졌는지에 대해서는 각자의 생각이 다를 수 있다고 본다.

▸ 한만길 엮음(1999). 《북한에서는 어떻게 교육할까 – 북녘에서 살다 온 16인의 생생한 교육 체험기》

(서울 : 우리교육. pp.117–119)

8·18 도끼사건과 대학교수의 물갈이 작업[1)]–김명세[2)]

1976년 8월 18일, 판문점 공동경비구역에서 '도끼사건'이라고 불리는 야만적인 살인사건이 있었다. 한반도의 정세는 극도로 첨예화되어 언제 전쟁이 터질지 모를 상황이 도래하였다. 북한은 전시에 대비한 시민훈련과 주요 공장기업소, 공공기관의 후방 소개를 준비하였다. 그러나 정세는 바로 완화되었다.

그런데 그해 10월부터 김일성대학에서는 대대적인 교수 숙청을 진행했다. 그때 대학에서 숙청당해 지방대학으로 쫓겨간 교수들은 대부분 남한 출신들이었다. 이들은 6·25 전쟁 당시 '의용군'에 입대하여 후퇴하는 인민군과 함께 북으로 간 사람들이다. 그 당시 대학생들이었던 이들이야말로 북한이 겪던 과학교육 발전의 어려움을 해결해줄 수 있는 고급 인력들이었다.

전후 북한정권은 이들 중 일부를 선발하여 동구 사회주의 나라에 유학을 보냈다. 공부를 마친 그들이 북한으로 돌아와 전쟁의 후과(後果)를 가시고 북한의 경제와 교육, 과학기술을 발전시키는 데 큰 기여를 한 것은 사실이다. 그러나 평화적 시기에는 그들이 위험스럽지 않았지만 정세가 긴박해질수록 그들에 대한 불안감은 좀처럼 없어지지 않았다. 결국 김일성대학에서는 그 불안의 근원을 없애는 차원에서 '물갈이 작업'을 진행했던 것이다. 필요할 때는 그들의 정신적 재능까지도 깡그리 써먹고 위험할 때는 언제든지 차버리는 북한의 체

---

1) 정종남은 한만길 엮음(1999)의 《북한에서는 어떻게 교육할까-북녘에서 살다 온 16인의 생생한 교육 체험기》에 "정수분자를 양성하는 김일성종합대학(pp.114-128)"이라는 제하에 주제별로 11가지 내용을 기술했는데, 이 자료는 그중 네 번째 내용.

2) 김일성종합대학 박사원 2년 수료, 모스크바대학 유학, 1992년 남한 이주, 현재 대학원 재학. ; 한만길 엮음(1999). 위의 책, p.114. 재인용.

제는 그들을 몹시 경악스럽게 했다.

나는 대학졸업 후 우연한 기회에 북쪽의 모 대학으로 쫓겨간 어느 교수를 만날 수 있었다. 의사였던 교수의 부인은 직장도 없어 집에서 뜨개질을 하고 있었으며, 교수의 몸은 몹시 쇠약해 있었다. 추운 어느 겨울날, 산중턱에 있는 대학에서 퇴근하던 중에 가로등도 없어 보이지 않는 얼음길에 비틀거리다가 뒤에서 오는 트랙터에 받혀 넘어졌다는 것이다. 그 결과 갈비뼈를 상하게 되어 폐인의 지경에 이르게 된 것이다. 젊은 청년 시절 '멋없는 의'에 몸을 담고 북을 택한 운명이 인생 말년까지 자유의 밝은 해도 보지 못한 채 속절없이 시들어가는 처절한 비극 속에 잠겨 있는 것이다.

한국에 와서 나를 놀라게 한 것 중의 하나가 많은 북한 출신들이 총리나 국회의원도 하고 회사도 경영하고 있다는 것이다. 북한 같으면 이미 성분에 걸려 사회의 구석으로 밀려나 빛도 보지 못했을 텐데, 당당한 사회의 구성원으로 아니 사회의 주도세력으로 일하고 있는 모습은 자유민주주의 세계의 황홀감을 한층 돋우어주었다.

1976년 8월의 '도끼사건' 이전까지 김일성대학의 총 학생 수는 1만 1천여 명이었다. 그러나 '도끼사건'이 일어나자 건장한 남학생들이 대거 군에 징집되면서 학생 수는 3천5백 명으로 줄어들었다. 1977년부터는 조금씩 늘어 1979년부터 매해 1천 명에서 1천5백 명 정도씩 학생을 받아 1983년 현재 학생 수는 8천5백 명이 되었다. 그러나 당시 대외적으로는 1만 2천 명이라고 하였다. 지금은 1만 2천 명 정도 된다고 본다.

제 7 장

대한민국의 통일교육(Ⅱ)

제7장 대한민국의 통일교육(Ⅱ)

1 통일교육기의 통일교육

통일교육기는 대통령의 임기와 관련하여 구분할 때 김영삼 정부(1993~1997)부터 현재의 박근혜 정부까지 해당되고, 교육과정의 측면에서는 제6차 교육과정(1992~1999)과 제7차 교육과정(2000~현재)이 해당된다. 여기에서는 제6차 및 제7차 교육과정에서 통일교육의 특성을 살펴보고자 한다.

1990년대로 접어들면서 통일환경은 급속하게 변했으며, 이에 따라 통일교육도 그 모습을 점차 달리하게 되었다. 국제환경의 변화와 남북관계의 새로운 전개는 지금까지 우리가 추구해왔던 통일교육의 목표와 방향 그리고 그 내용에 있어서 적지 않은 수정과 보완을 요구하게 된 것이다.

이러한 점에서 김영삼 정부의 통일교육은 명실상부한 민족통합교육을 모색하는 단계라고 할 수 있다(이근철 · 오기성, 2000). 국내외적으로 한국사회는 복합체계적인 국제환경 속에서 민주주의체제의 강화 및 시민사회 형성 등의 민주화 과정을 겪었다. 그리고 통일교육의 목표와 내용에 있어서도 통일정책이나 북한의 실상만을 반영하는 것이 아니라, 통일을 대비하기 위한 시민교육으로 확대되었다. 그러나 후기에는 이전보다 더 보수적 한계성을 드러냈음을 부인할 수 없다.

교육부는 제6차 교육과정을 개정하면서 중점교육 분야로 도덕교육, 환경교육, 근로정신 함양교육, 진로교육 및 성교육 등과 더불어 통일교육을 강조했으며, 그 명칭도 '통일교육'으로 개칭했다. 제6차 교육과정에서의 통일교육은 이제까지의 소극적인 분단극복의 차원을 넘어 적극적으로 통일방안을 모색함과 아울러, 통일 이후의 민족공동체의 삶에 대비해야 한다는 점을 부각시켰다. 따라서 이 시기의 통일교육은 단순히 남북한 통일정책이나 북한의 실상만을 교육하는 것이 아니라, 통일을 대비하기 위한 민주시민교육도 병행하는 등 그 과제나 범위 면에서 더욱 심화·확대되었다. 또한 기존의 안보교육을 통일교육의 하위 영역으로 설정함으로써 통일과 안보에 대한 균형감각을 추구하고 있음을 분명히 했다.

이에 따라 교육부는 1993년 3월 《통일교육 지도자료》를 제작하여 각급학교에 배포함으로써, 새로운 통일교육의 요체를 교원들에게 인식시키고자 시도하기도 했다.

한편, 제7차 교육과정에서는 실제적으로 교육과정 총론에서의 학교 통일교육의 위상이 통일을 이룰 세대인 학생들에게 강조점을 두기에는 소홀한 경향을 보이고 있다. 예컨대, 제6차 교육과정에서 추구하는 인간상에는 자주적인 사람의 덕목에 평화통일의 의지와 애국심이 제시되어 있으나, 제7차 교육과정에는 그러한 것이 명시되어 있지 않다. 제7차 교육과정이 추구하는 인간상으로 '민주시민 의식을 기초로 공동체의 발전에 공헌하는 사람', '우리 문화에 대한 이해의 토대 위에 새로운 가치를 창조하는 사람' 등이라고 간략하게 명시하여, 추구하는 인간상에서 평화통일 의지에 대한 언급이 없다. 다만 공동체의 발전에 공헌하는 사람이라는 기술에서 통일문제를 간접적으로 시사하고 있을 뿐이다.

제6차 교육과정에서 통일교육과 관련하여 중학교 도덕과를 예로 살펴보면, 교과목표는 "국가, 민족, 문화를 사랑하고, 국토와 민족분단의 현실 및 남북한의 통일과제를 올바로 인식하여, 통일을 이룩하는 데 필요한 공동체의식과 통일국가의 실현의지를 가지게 한다(교육부, 1992)."라고 서술되어 있다.

1학년 목표에서는 국가 · 민족의 발전과 민족문화 창달에 헌신적으로 앞장서는 자세를 가질 것을 강조하고 있다. 2학년 목표에는 "민족분단의 현실과 통일과제를 알고, 이를 중심으로 통일의 필요성, 북한의 현실, 남북한의 통일정책, 민족통일의 당면과제 등을 연구하여, 통일과 관련되는 문제점을 스스로 찾을 수 있도록 지도한다."라고 되어 있다. 그리고 3학년 목표에서는 "민족공동체 번영과 통일국가의 실현방안을 생각해보고, 이를 중심으로 민족공동체의 위상을 높이며, 인류공영에 이바지하는 길을 찾을 수 있도록 지도한다."라고 서술하고 있다.

교육내용의 측면에서는 분단 이후 지속되어온 남북한 간의 상호 불신과 적대감을 해소하고, 신뢰를 회복하며, 민족공동체 의식의 고양에 중점을 두고 있다. 예컨대, 중학교 도덕과는 '국가 · 민족생활' 영역을 통해 1학년에서는 민족의 발전과 문화창달, 애국심과 민족애, 올바른 애국애족의 자세 등을, 2학년에서는 남북분단의 원인과 배경, 민족분단과 남북한의 갈등, 민족분단의 역사적 교훈, 북한의 정치적, 경제적, 사회 · 문화적 현실, 통일을 위한 남북한의 노력과 문제점을, 그리고 3학년에서는 민족공동체 번영, 통일국가의 바람직한 미래상, 통일국가 실현의 과정, 민족화합과 도덕공동체, 민족공동체 위상 제고를 위한 노력, 국제사회에서 한국의 역할, 통일과 번영을 위한 노력 등이 서술되어 있다.

한편, 제7차 교육과정의 경우에는 통일교육이 국민공통기본교육과정에서 다루어질 수 있으므로 10년간 통일교육을 실시할 수 있는 근거가 된다(한만길 외 3인, 1997). 또한 교육과정상으로는 교과활동과 창의적 체험활동 모두에서 다루어질 수 있다. 교과상으로는 국어, 도덕, 사회, 국사 등에서 통일교육을 실시할 수 있는 근거가 되며, 창의적 체험활동에서도 통일교육을 실시할 수 있는 기반이 마련되어 있다.

기존의 통일교육이 공식적으로 도덕과에서 주로 행해졌던 것을 감안하면, 제7차 교육과정에서 도덕과는 초등학교 3~6학년 주당 1시간, 중학교 1~2학년 2시간과 3학년 1시간 그리고 고등학교 1시간 등으로 배정되어 있다. 이는 제6차 교육과정에 비해 주당 수업시간 수가 감소된 것인데, 주당 1시간으로는 효과적인 통일교육을 실시할 수 없다. 그러므로 이를 보충하는 방안으로 모든 교과에서 통일교육을 다루도록 해야 한다. 특히 국어와 사회 등의 과목에서는 통일 관련 내용을 다룰 수 있는 여지가 많은 만큼, 이들 교과를 최대한으로 활용해야 한다. 또한 심화 · 보충교육이 가능한 창의적 체험활동 시간을 최대한 활용한다면, 매우 효과적이고 바람직한 통일교육이 이루어질 수 있을 것이다.

2 학교 통일교육의 지향점

남북한이 함께 추진해야 할 통일교육의 출발점은 서로의 존재에 대한 인정과 객관적 사실에 근거한 정확한 이해이다. 이에, 학교에서 이루어지는 통일교육의 지향점을 이근철 · 오기성(2000)이 제시한 새로운 통일교육의 목표를 근간으로 고찰해본다.

1) 평화 행위능력 함양

평화교육은 근본적으로 나와 다른 사람들이 어떻게 더불어 사는가를 터득시키는 교육이다. 평화교육은 존재하는 갈등관계를 공격성이나 배타성 및 폭력을 통해 해결하지 않고, 대화와 화해 그리고 합의를 통해 평화적으로 해결하는 교육을 말한다. 이는 ‘인간에 의한 폭력의 부재’만이 아니라, ‘구조적 폭력의 부재’를 포함하는 적극적 평화개념에 대한 이해에 기초하고 있다.

따라서 민족의 화해·협력과 통일에 기반이 되는 평화교육은 우선 거시적 차원에서 우리 사회 내에 존재하는 평화를 저해하는 요인들을 철저하게 규명하고, 비평화적인 폭력들에 대항하여 새로운 신념, 행동양식 그리고 인지양식들을 매개해야 한다. 또한 평화교육은 미시적으로는 이 시대의 많은 평화 적대적 오류들과 운동들에 직면하여 새로운 정치적 행동능력들을 매개해줌으로써 평화의 필연성에 대한 이해를 심화시키고 평화운동의 능력을 확대해야 한다.

아울러 평화교육은 전쟁을 유발하는 원인들에 대한 기술적 능력과 과학적 지식을 매개해야 한다. 여기에는 양식과 공간 그리고 지식과 노동의 결핍이나 재화·기회·평가의 불공평한 분배 등이 국가적 문제뿐만 아니라, 국제적 차원에서 고려되어야 할 것이다. 마찬가지로 한반도의 분단과 통일도 국제적인 동시에 국내적인 차원에서 파악되어야 할 것이다.

따라서 평화교육은 우선 남한 내에서 나타나는 여러 가지 인간 간, 지역 간 그리고 집단 간의 갈등과 적대감을 대화와 화해와 합의를 통해 해결하는 능력을 함양시키는 교육이다. 나아가서 평화교육은 남북한 간의 갈등이나 적대감을 해소하기 위해 이해와 화해를 추구하는 자세를 확립시키는 교육이다. 또한 한반도 내에 또 다른 폭력과 전쟁을 방지하려면, 국내외적인 평화 저해요인에 대한 경계심을 심어주고, 한반도의 평화정착에 필요한 의식과 태도를 함양하는 데 중점을 두어야 한다.

2) 상호 불신과 적대감 해소를 통한 이해와 화해의식 형성

통일을 성취하고 남북한의 사회적 통합을 실현하려면, 지금 남북한 주민들의 의식 속에 잠재되어 있는 상호 불신과 적대감을 해소하여 화해와 협력의식을 형성시키는 것이 필수적이다. 만약에 남북한이 지금과 같은 상호 불신과 적대감이 해소되지 않은 채 존속한다면, 통일의 길은 멀어질 뿐만 아니라 통일이 이루어진다고 해도 남북한 주민의 갈등과 혼란은 더욱 극심해질 것이다.

역사적으로 볼 때, 상호 접촉이나 교류가 없었던 국가들 간에 정치·경제적 교류가 활성화되고 우호적인 관계가 되려면, 먼저 서로의 사회와 문화를 이해하기 위한 과정이 필수적이다. 마찬가지로 남북한 간에 지속적으로 누적되어온 상호 불신과 적대감을 해소하고 이해와 화해의식을 형성하려면, 사회·문화 부문의 교류가 필수다. 남북한 간의 사회·문화교류는 광범위한 인적·문화적 접촉을 수반한다. 이러한 접촉은 남북한 간의 긴장을 완화시키고, 양측 주민 간의 적대감을 해소하며, 이해와 화해의식 형성에 중요한 역할을 수행한다.

따라서 학교 통일교육에서도 남북한 간의 사회·문화적 측면의 교류 사례를 통해 학생들로 하여금 북한에 대한 불신과 적대감을 해소함으로써 평화와 신뢰를 조성해나가며, 화해를 추구하는 태도를 확립시키는 것이 중요한 목표라고 할 수 있다.

3) 평화정착을 통한 점진적 통일의 중요성 인식

냉전구조의 해체를 통해 남북한 간의 갈등과 적대감을 해소하고 평화를 정착시키는 한편, 한반도와 주변 국가의 평화정착 필요성을 인식시키는 것이 중요하다.

이러한 측면에서 볼 때, 학교 통일교육에서는 우선 남북 기본합의서의 성실한 이행을 통해 불신과 대결의 관계를 화해와 협력의 관계로 변화시키는 동시에, 정전체제를 평화체제로 전환해야 함을 주지시켜야 한다. 이를 위해서는 군비통제를 통해 축소지향적인 군사력 균형을 이루어 전쟁도발능력을 제거하고 평화를 보장하는 장치가 선행되어야 함을 이해시킨다. 나아가서 이러한 평화정착에 기초하여 급격한 통일을 추구하기보다는 남북한 간의 교류와 협력을 적극 활성화하여 분단 이후 누적되어온 남북 간의 적대감을 해소하고, 상호 이해의 기초를 마련하여 관계개선 도모를 지향해야 한다. 따라서 학교 통일교육에서는 평화공존을 바탕으로 가능한 분야부터 교류와 협력을 활성화해나가는 것이 통일에 이르는 가장 현실적인 대안임을 강조하는 것이 필요하다.

4) 민족공동체 의식에 기초한 통일의지 함양

남북한은 분단 이후 60여 년 동안 상이한 이념과 체제 속에서 다른 길을 걸어왔고 여러 부문에서 이질화 경향을 보여주고 있다. 그러나 민족 간의 이질화 경향을 더 이상 방치한다면, 통일은 점점 더 어려워질 뿐만 아니라 통일의식도 점차 약화될 수밖에 없다. 그러므로 학교 통일교육은 일차적으로 민족공동체 의식을 고양시키는 데 역점을 두어야 한다.

이를 위해 통일교육은 역사와 언어 등 남북이 문화적으로 공유하고 있는 요인을 강조함으로써 민족자존과 민족적 정체성을 북돋우는 교육이 되어야 한다. 그러나 과거처럼 '남북한 사회의 전통적 측면에서의 동질성과 이념과 체제 측면에서의 이질성'이라는 단순 도식에서는 벗어나야 한다. 아울러, 분단 이후에 서로 다른 이념과 체제를 구축해오면서 그리고 서로 다른 문화의 영향을 받으면서 양쪽 모두 변화의 과정을 밟아왔다는 것도 명확히 인식해야 한다.

이를 토대로 남북한 사회의 동질적 측면에 대한 인식을 통해 한민족의 일원임을 항상 자각하게 하고, 분단된 민족을 통일해서 한민족공동체를 이룩하겠다는 통일의지를 함양시켜야 한다. 동시에 학생들이 남북한 간의 이질화와 민족상잔의 불행한 과거를 이유로 공동체의식의 형성에 회의감을 지니지 않고, 남북한 간의 민족적 동질성에 깊은 신념을 갖게 해야 한다.

5) 북한사회에 대한 객관적 이해와 안보의식 함양

통일교육은 오늘날 북한이 처한 어려움의 근본 원인과 그 현실을 이해시키고, 북한과 갈등 상황이 발생했을 때 대처하는 능력과 함께 그들과 화해하고 협력할 수 있는 자세를 함양하도록 해야 한다. 따라서 학교 통일교육은 북한을 무조건적으로 적대시하고 부정적으로 보았던 반공교육 위주에서 탈피해 북한사회와 주민의 생활을 객관적이고 합리적으로 바라보는 자세를 함양해야 한다.

이때 주의해야 할 점은 북한주민의 생활상에 대한 이해를 위해서는 그 외형적인 모습보다 실제적인 삶의 내용을 그대로 알려주고, 이를 합리적으로 평가할 수 있도록 해야 한다는 것이다. 특히, 북한 당국이 의도적으로 선전하는 내용을 마치 북한의 현실인 것처럼 받아들이는 것은 바람직하지 못하다는 점을 알려줄 필요가 있다. 안보문제도 민족의 발전과 번영이라는 폭넓은 시각에서 조망할 필요가 있다.

북한과의 대결 상황에서 북한의 위협을 경계하고, 이를 대비하는 자세도 필요하다. 그러나 북한을 포함하는 우리 민족 전체의 안정보장을 도모하는 측면으로의 안보의식 확장이 필요하다. 대북안보에 대한 지나친 강조는 주변 4개국의 존재를 등한시하는 경향으로 흐를 수 있다. 이는 학생들에게 국제적인 질서 속에서 분단을 극복하려는 노력을 등한시하게 하고, 안보교육의 대상을 바로 북한에만 의거하여 안보적 상황을 인식하는 경향을 초래할 수 있다. 현재의 안보는 통일국가를 건설한 이후에도 필수적이다. 따라서 안보의식의 시간적·공간적 확장이 필요하다.

6) 통일준비과정으로서 국가발전과 국민통합의 중요성 인식

통일준비과정에서 최우선적으로 이루어져야 할 것은 국가안전과 발전을 통한 대내적 통일기반 조성에 있다. 이를 위해서는 민주발전, 경제번영, 사회정의, 국민복지 그리고 국민통합 등을 실현해야 한다. 이것은 통일을 이루어나가기 위한 정신적·물질적 토대이며, 동시에 학교 통일교육의 중요한 목표이다.

우선, 남한 내의 민주주의 성숙을 통한 모범적인 민주공동체 건설은 '함께 사는 삶', '자유로운 삶' 그리고 '인간다운 삶'의 보장을 원리로 하는 민주정치의 장(場)을 의미한다고 할 수 있다. 이를 위해서는 무엇보다도 실질적으로 사회 전반에 걸친 갈등해소가 있어야 하며, 점진적이면서도 과감한 개혁을 통한 변화의 추진이 요구된다.

경제번영의 측면에서 우리는 우선 경제적인 안정을 토대로 경제력을 극대화하기 위해 노력해야 할 것이다. 이러한 과정에서 무엇보다도 부의 지나친 편중으로 인한 사회 불평등구조의 심화, 황금만능으로 인한 가치관의 혼란, 대중의 상대적 빈곤의식의 급격한 증대 등의 문제를 해소시킴으로써 건전한 자본주의에 기초한 경제발전을 이루어야 한다.

또한 사회정의와 국민복지는 각자에게 제 몫을 돌려줄 수 있는 정의의 원칙이 구현되고, 모든 구성원들이 최소한의 인간다운 삶을 보장받는 가운데 전체 민족성원들의 복리를 증진하는 것을 의미한다. 동시에, 이는 7천만 겨레의 삶의 질이 고양되며, 사회의 모든 부문에서 참된 정의의 원칙이 구현됨으로써 민족 전체 구성원들 간의 참다운 만남이 가능함을 의미하는 것이다.

아울러 진정한 국민통합을 위해서는 중장기적으로 위에서 밝힌 정치·경제의 발전과 함께 지역갈등, 빈부갈등, 이념갈등, 세대갈등 등 제반 갈등구조의 해결이 필요하다. 이를 통해 개인 및 집단차원에서 상호 간의 이질감을 해소하고 사회 전체적으로 조화를 이루어야 한다. 따라서 지역 간 균형 있는 발전을 통해 지역감정을 해소하고, 소득불평등 구조를 개선하여 IMF체제 이후에 특히 급증하고 있는 계층 간의 위화감과 갈등을 해소함으로써 국민적 통합과 대화합을 도출하려는 노력이 필요하다.

3 평생교육으로서의 사회 통일교육

사회 통일교육은 남북관계를 미래지향적인 관점에서 풀어나가는 능력을 배양하는 데 필요한 국민적 가치관과 태도를 함양하는 교육적 노력의 총체를 의미한다. 그러므로 사회 통일교육은 그 속성상 일반 사회인을 대상으로 하는 평생교육의 성격을 가지고 있는데, 평생교육으로서의 사회 통일교육을 통일부 통일교육원(2000)에서 제시한 내용을 중심으로 개관해본다.

1) 사회 통일교육의 의의

사회 통일교육이 필요한 이유는 다음과 같이 정리할 수 있다.

첫째, 사회 통일교육은 통일에 대한 국민적 무관심을 극복하기 위해서 이루어져야 한다. 각자의 생업에 종사하는 일반 사회인의 경우에 특별한 계기가 주어지지 않으면 통일문제를 자신의 문제로 생각하기 어려운 것이 사실이다. 학교에서 통일문제에 대한 교육을 받았다고 해도, 졸업 후 상당한 시간이 흐른 후에 새로운 변화의 내용을 이해하고 관심을 갖기에는 어려움이 있다. 따라서 사회 통일교육은 일반 사회인을 대상으로 한 재교육으로서의 의미를 지닌다고 하겠다.

둘째, 사회 통일교육은 남북 간의 화해·협력시대의 주역인 일반 사회인을 대상으로 새로운 지식과 정보를 제공함으로써 이들이 변화하는 남북관계를 적극적으로 주도해나갈 수 있는 기회를 제공하기 위한 것이다. 최근 들어 남북관계와 한반도 주변의 통일환경은 그 변화의 흐름이 가속화되고 있다. 이런 상황에서 학생과 달리 일반 사회인은 남북관계와 변화하는 통일환경에 대한 새로운 지식과 정보를 체계적으로 습득하기 어려운 것이 현실이다. 그런 만큼 사회 통일교육은 이들을 대상으로 필요한 지식과 정보를 제공하는 기회가 될 수 있다.

셋째, 앞으로 한반도의 통일은 체제 차원의 통합과 아울러 시민사회 차원의 통합도 함께 진행되어야 하는데, 이를 위해서는 일반 사회인을 대상으로 하는 통일교육의 기회를 확장할 필요가 있다. 사회 통일교육을 통해서 남북한 사회의 특징을 객관적으로 소개하고, 우리 국민이 추구하는 통일의 미래상에 대한 논의를 활성화해나가는 것이 반드시 필요하다.

사회 통일교육은 1999년 통일교육지원법과 동법 시행령의 제정 및 발효를 계기로 그 중요성이 더욱 부각되었다. 앞으로 통일교육지원법에 근거한 사회 통일교육의 기회를 체계화함으로써 시민사회와 정부가 함께 하는 통일교육의 장을 마련해나가야 할 것이다.

2) 사회 통일교육의 기본 내용

(1) 사실상의 통일지향

최근에 남과 북은 다방면에서 교류와 접촉을 갖고 있으며, 이러한 기회를 통해 서로 간의 심리적 거리를 좁혀가면서 평화와 화해 · 협력을 성취해나가고자 노력하고 있다. 사실 남과 북이 서로에게 깊은 불신과 적대감을 안고 있는 우리의 현실을 생각해볼 때, 이러한 노력은 매우 절실하다. 이런 맥락에서 정부는 남과 북의 정치적 · 제도적 · 법적 통일을 성급하게 서두르기보다는, 우선 남북 간의 긴장해소와 신뢰형성을 통해 화해 · 협력의 공존적 관계를 성취한다는 '사실상의 통일'을 달성하기 위해 노력하고 있다.

이런 점에서 사회 통일교육도 당장의 통일보다는 현재의 남북관계와 통일환경에 기초하여 사실상의 통일로 가기 위해 우리가 무엇을 어떻게 준비할 것인지에 대한 내용을 전달하고, 함께 생각하는 기회를 갖는다는 점에 중점을 두어야 한다. 이러한 입장은 남북이 지금처럼 대결적인 상황을 완전히 해소하지 못하고 있는 한, 화해와 평화정착을 거치지 않은 통일은 사실상 불가능하다는 전제에 기초하고 있다.

따라서 사회 통일교육에서는 우선 남북이 화해와 협력 및 평화정착을 선결과제로 삼고, 한반도의 냉전구조를 근본적으로 해소하기 위해 어떤 준비와 노력이 필요한지를 중요시하고 있다. 즉, 반세기에 걸친 남북한의 이질화와 적대감 및 상호 불신 등을 감안할 때에 남북한의 당면과제는 당장의 정치적 · 법적 통일이 아니라, 평화공존과 협력관계를 정착시키는 사실상의 통일을 달성하는 것이며, 사회 통일교육은 이 과정에서의 제반 문제들을 기본적인 교육내용으로 하는 것이다.

(2) 적극적 '평화만들기'와 포괄적 안보관의 수용

'평화만들기(peace-making)'란 기본적으로 한반도에서 전쟁의 재발을 억제한다는 소극적인 '평화지키기(peace-keeping)'의 의미를 포괄하는 개념이다. 다시 말하면, 평화만들기는 남북 대치 상황에서 전쟁의 재발을 방지하는 것은 물론, 한 걸음 더 나아가서 북한이 남북한의 교류 · 협력과 평화공존에 호응하고 국제사회의 책임 있는 성원으로서 역할을 할 수 있는 여건을 조성해줌으로써 적극적으로 평화를 성취해나간다는 개념이다.

굳건한 안보와 남북의 교류 · 협력은 평화와 통일로 나아가는 두 개의 수레바퀴이며, 굳건한 안보야말로 적극적으로 평화를 만들어가는 필수 조건이다. 확고한 평화에의 의지가 뒷받침되지 않는 남북 간의 화해와 교류 · 협력은 한계를 가질 수밖에 없다. 따라서 사회 통일교육의 내용도 이러한 적극적 평화만들기의 의지를 담아내야 한다.

주의할 점은 여기에서 말하는 안보가 기존의 좁은 의미에서의 안보개념이기보다는 그 범위와 대상이 확장된, 보다 넓은 의미를 가지고 있는 '포괄적 안보'를 의미한다는 것이다. 포괄적 안보는 종래의 군사적 안보라는 좁은 범위뿐만 아니라, 환경 · 경제 · 과학 · 기술 등의 범주를 포함하는 개념이고, 여기에는 통일과정이나 통일 이후의 다양한 안보 요소와 환경이 포함된다.

(3) 사회문화 영역의 중시

과거 남북대화의 경험이나 독일과 예멘 등의 통일경험은 통일이 결코 한두 번의 남북대화나 상호방문 또는 정상회담만으로 간단히 이루어질 수 있는 것이 아니라는 사실을 잘 보여주고 있다. 무엇보다 통일은 단순한 정치적 또는 경제적 통합뿐만 아니라, 문화와 가치관의 통합을 포함하는 매우 넓은 의미를 갖고 있다는 점을 충분히 인식해야 한다.

통일은 정치적 · 경제적 통합을 추진하는 동시에, 사회 · 문화적 통합을 이루어나가는 하나의 장기적인 과정이다. 따라서 사회 통일교육의 내용구성에서도 종래에 강조해왔던 체제나 이념뿐만 아니라, 북한주민의 구체적인 삶의 문제까지 다룰 수 있는 사회문화적 측면을 고려해야 한다. 물론, 북한사회를 이해함에 있어 체제나 이념에 관련된 내용을 전적으로 배제하는 것은 곤란하겠지만, 보다 중요한 것은 특정한 체제나 이념이 인간의 의식, 가치관 그리고 행동에 어떤 영향을 주는지를 이해해야 한다는 점이다. 다시 말해서 우리와 다른 북한주민들의 의식과 행동 등을 이해하려면, 그들 나름대로의 의식과 생활방식의 토대가 되어온 이념과 체제를 먼저 이해해야 하는 것이다.

(4) 학습자의 특성을 고려한 특화된 내용구성

사회 통일교육의 대상은 학교 통일교육과 달리 매우 다양하다. 연령별로는 6 · 25 전쟁에 참여했거나 경험한 세대가 있고, 전후세대나 386세대 등 전쟁을 경험하지 않은 세대도 있다. 직업별로는 일반 기업의 직장인, 교사, 공무원, 사회교육기관 관계자, 주부 등 다양한 학습자들이 존재한다. 이러한 학습자의 다양성은 사회 통일교육이 기본적으로 공통적인 요소를 고려하되, 학습자의 지적 수준과 직능적 특성에 맞추어 차별적으로 구성되어야 함을 보여주고 있다. 따라서 사회 통일교육은 동일한 내용을 통해 접근하기보다는 세대별 · 성별 · 직종별로 특화하여 내용을 구성하는 것이 바람직하다.

우선, 모든 학습자들의 통일의식을 고양할 필요가 있다. 우리에게 통일이 어떤 의미를 갖는가 하는 일반론을 통한 통일의지를 기르는 과정에서는 세대별 · 직종별 · 성별 간의 차별성이 크게 드러나지 않을 수도 있다. 그러나 사회 통일교육은 여기에서 그치는 것이 아니라, 이러한 바탕 위에 학습자의 직업 · 전문성 · 계층 등을 고려해 그 내용을 특화하는 것이 바람직하다.

예컨대, 교사의 경우에는 담당하는 교과에 맞추어 통일문제를 다루어 줌으로써 교사의 전문성을 높이는 동시에, 학교현장에서 실제로 활용하도록 하는 것이다. 또한 공무원의 경우에도 금융 · 노동 · 전력 · 농업 등 직능적 특성에 맞는 통일교육을 실시할 필요가 있다. 이렇게 특화된 학습을 통해서 학습자의 직무에 도움을 주면서도, 해당 분야의 북한사정을 이해하고 통일을 준비해나갈 수 있도록 할 수 있을 것이다.

4 대한민국 교육의 분단구조적 특성

남한의 교육이념은 남북분단과 대립의 역사 속에서 분단구조를 유지 · 강화하는 분단구조적 특성을 지녀왔다. 이러한 분단구조적 특성을 앞에서 제시한 기반구축기와 양적 성장기, 질적 전환기의 시기 구분에 따라 형성 · 유지 · 강화되어온 과정을 살펴보면 다음과 같다(안승대, 2011).

1) 기반구축기(1945~1960) : 분단구조적 특성의 형성

기반구축기의 남한은 자유민주주의를 추구하는 교육이념을 제시하고 추구해나가는 한편, 남북한의 대립구조 속에서 분단구조를 형성하는 또 다른 일면을 지니고 있다. 이러한 특성을 구체적으로 살펴보면 다음과 같다.

홍익인간 이념의 탈역사성 · 탈사회성은 이후 한국 교육이념의 자의적인 이데올로기화의 가능성을 열어주는 왜곡성의 측면을 지닌다고 할 수 있다. 양복 위의 갓, 양옥집 위의 이엉과 같은 비유처럼 홍익인간 이념이 전제로 내세우고 있는 홍익인간과 그 뒤에 제시하고 있는 내용들 사이에는 아무런 논리적 연관이 없다. 즉 홍익인간이 특정한 의미 규정을 하지 않는다고 볼 때, 그 말을 빼더라도 전체적인 맥락에는 아무런 변화가 없다. 이러한 홍익인간 이념의 탈역사성 · 탈사회성은 지배세력에 의한 왜곡과 이데올로기화의 가능성을 열어주고 있다. 즉 홍익인간의 민족주의는 일민주의의 반공주의로 대치되는가 하면, 유신이념으로도 활용되는 가능성을 열어두는 등 지배권력의 정당성을 호도하여 정권의 안정을 도모하는 데 활용되어왔다.

안호상의 일민주의도 민족정통성의 계승을 강조하는 민족주의를 내세우고 있지만 실지로는 정치적으로 이용되고 분단구조에 악용되는 문제를 낳았다. 일민주의는 반공 · 멸공의 명분하에 학도호국단을 창설(문교부, 1988)하는 기본 바탕을 제공하는가 하면, 일민주의 교육정책으로 사상정화정책이 실시되어 대대적인 사상교육 · 숙청(박부권, 1989)으로 나타나기도 했다, 또한 일민주의는 이승만에 의해 자유당 정부의 지도이념으로 채택(박부권, 1989)되기도 했다.

따라서 일민주의는 정통성 표명에도 불구하고 실제로는 남북한 분단구조를 유지 · 강화시키는 대립성 교육이념이었다. 이러한 분단구조적 특성인 교육이념의 대립성은 6 · 25 전쟁을 통해 더욱 강화되고 내면화되었다. 당시 문교부 장관이었던 백낙준은 전쟁이 발발함에 따라 1951년 2월 26일 〈전시하특별조치요강〉을 제정 · 공포했고, 전시교육의 중점을 멸공필승의 신념을 배양하고 전국(戰局)과 국제안전보장의 인식을 명확히 해서 전시생활을 지도하는 데 두었다(문교부, 1988). 그는 재임 시 문교시책과 장학방침을 통해 국토방위와 국방교육을 강화하고자 했으며, 특히 1953년 10월 취임한 3대 문교부장관 김법린은 '전시, 건국, 독립문교'의 3대 방침을 통해 교육계의 임전태세를 갖추고자 했다. 실제로 〈전시하교육특별조치요강〉이 나오게 된 후 무엇보다도 학생들의 사상선도와 민족의식의 고취, 애국정신의 발휘 등을 목적으로 반공교육에 주력해왔다. 이렇듯 학교교육에서는 반공교육과 승공교육에 역점을 두는 한편, 문교부에는 사상지도원을 두어 사상총서와 사상이라는 월간지를 발간하여 사상선도에 힘을 기울이고 있었다(문교부, 1988).

해방에 이은 분단은 우리 민족에게 자주통일국가의 과제와 함께 민주주의의 실현 과제를 제기했다. 그러나 영토의 분단과 서로 다른 두 개의 국가 수립이라는 체제분단은 전쟁 속의 이념적 분단을 가져왔다. 즉 6 · 25 전쟁은 반공사상의 생활화가 이루어질 수 있는 한국의 특수한 역사적 경험(문교부, 1988)이었던 것이다. 이전까지 추상적으로 제시되어 온 반공주의는 한국전쟁을 통한 적대감과 냉전의식의 형성을 통해 보다 구체적으로 교육이념의 분단구조적 특성을 강화하는 계기로 작용하게 되었다.

2) 양적 성장의 교육이념기(1961~1987) : 분단구조적 특성의 심화

남한의 교육이념은 1960~1970년대 양적 성장 위주의 근대성을 추구하는 동시에, 다른 한편으로는 분단구조적 특성을 보다 심화·고착시켰다.

군사정부가 반공을 국시로 선포한 이래, 반공주의는 1960~1970년대 한국사회의 주도적인 이념으로 자리 잡게 되며, 교육이념에서도 주요 이념으로 자리하게 된다. 또한 이 시기의 교육이념에서 가장 중요한 사건은 1968년 12월 5일 국민교육헌장의 선포이다. 이후 1972년 10월 17일 유신이 선포되면서 국민교육헌장은 곧 유신이념으로 등식화됨에 따라 교육정책은 국민교육헌장의 실현에 매진하게 되었다. 유신체제를 강화하기 위한 유신교육 이념기는 한편으로 양적 성장의 추구라는 일관성을 보였다면, 반공주의의 강화라는 측면에서는 분단구조의 극단적인 대립성을 보여주는 이념으로서의 한계 또한 지니고 있었다.

이 시기의 교육이념의 분단구조적 특성은 군사정부기와 제3공화국 시기, 제4공화국의 유신교육 이념기(국민교육헌장 이념기)로 나누어 살펴볼 수 있다.

우선 5·16 쿠데타로 집권한 군사정부(1961~1963)는 문교정책으로 간접침략의 분쇄, 인간개조, 빈곤타파 그리고 문화혁신(교육부, 1998)을 중심에 두어 반공주의를 통한 분단구조의 대립성을 명확히 드러내었다. 또한 승공(勝共)인을 이상향으로 하는 교육을 실시함으로써 분단 상황에서 요구된 인간상을 기르고자 했다.

이러한 대립성과 왜곡된 인간상(통제성)은 국민교육헌장, 즉 유신교육 이념[1)]에 이르러 그 정점에 도달하게 된다. 국민교육헌장에서는 우선 명목상 정통성의 특징을 지니고 있던 홍익인간의 이념을 조상의 빛난 얼이라는 문구로 대치함으로써 삭제했다. 따라서 국민교육헌장은 홍익인간 이념에 대한 시대적 · 사회적 재해석의 성격(교육부, 1998)을 띠게 된다. 이러한 시대적 · 사회적 재해석은 지나치게 민족주의 · 국가주의 이념을 강화하는 방향으로 왜곡되어 전체주의적 색조가 강한 교육이 지배(교육부, 1998)하게 되었다.

실제로 문교부는 국민교육헌장 독본 265만 부를 발간하여 각급학교와 기관에 배부하고, 초등학생을 위한 헌장 그림책도 130만 부를 발간, 배포하는 등 국민교육헌장에 입각한 생활태도 확립운동을 전개했다. 또한 전국의 학생과 공무원들에게 국민교육헌장을 암송하게 하고 행사에는 반드시 그 전문을 낭독하게 했으며, 헌장 이념을 담은 영화와 음반까지 제작, 보급하는 등 다양한 방법으로 국민교육헌장 즉 유신교육 이념의 통제성을 실현하고자 노력했다(교육부, 1998). 이러한 국민교육헌장의 강제적 · 획일적 시행과정은 국민 전체를 권력의 논리대로 통제하려는 통제성을 잘 드러내고 있다.

이러한 정통성의 자의적 · 임의적 왜곡성과 국민에 대한 통제성을 지닌 국민교육헌장은 문교시책과 장학방침에서 분단구조적 특성을 드러내고 있다. 홍종철 장관 재임 당시 1970~1971년도 문교시책인 국민윤리와 국민정신의 진흥을, 민관식 장관의 1971년 문교시책인 국민교육헌장 이념의 생활화 제시는 통제성을 나타내고, 1972년도 장학방침인 안보교육체제 강화는 대립성을 나타내고 있다. 또한 1973~1976년도 유기춘 장관 재임 시 유신교육체제 확립과 국적 있는 교육의 강조, 1976년 황산덕 장관과 1977~1979년도 박찬현 장관의 국민교육헌장의 이념을 중

1) 박정희는 10월 유신의 정신이 국민교육헌장의 이념과 그 기조를 같이하는 것이며, 헌장 이념의 생활화는 곧 유신과업을 주체적으로 실천하는 첫 길(문교부, 1972 : 37)임을 1972년 12월 5일 국민교육헌장 선포 4주년 치사에서 밝혔다. ; 안승대 (2011). 《통일국가 교육론》. 파주 : 한국학술정보(주). p.79. 재인용.

중심에 둔 장학 목표 아래 추진된 국민정신교육의 강화(서울특별시 교육위원회, 1981a)는 왜곡성과 통제성을 나타내고 있다.

3) 질적 전환기(1980~현재) : 분단구조적 특성에서 탈분단으로

이 시기 남한의 교육이념은 7 · 30 교육개혁, 5 · 31 교육개혁 등에서 보이는 교육이념의 질적 전환이 모색되는 시기이다. 분단구조적 특성은 이 시기에 분단화로부터 서서히 탈분단화로 나아가는 과도기적 특징을 보여준다.

제5공화국의 교육이념에서 중요한 비중을 차지하는 것은 교육지표에서도 나타나는 것처럼 국민정신교육의 강화였다. 이는 정통성이 결여된 권력이 강한 분단구조적 특성을 지니는 반공주의의 연장을 통해 정권안보를 꾀했다는 점에서 그 문제가 심각하다고 할 수 있다.

제5공화국에 이르러 강한 분단구조적 특성을 지닌 국민교육헌장 즉 유신교육 이념은 폐지됐지만, 분단구조의 기본적 속성은 국민정신교육이라는 이름 아래 그대로 유지되었다. 국민정신교육은 정치사상교육의 충실 등을 목표로 한 반공 · 안보교육(교육부, 1998)을 추구했다. 이러한 정치사상교육, 반공 · 안보교육의 대립성과 함께 통제성도 국민정신교육에서는 심화되었다. 국민정신교육의 체계화를 확고히 하기 위해 특히 각급학교의 도덕, 국민윤리, 국사 및 사회과 등의 교과서가 최우선적으로 개편 작업에 들어갔고, 국민정신교육의 효율적 추진을 위해 문교부는 여러 가지 교육자료를 개발, 보급했다. 문교행정, 국민윤리교육 소식, 국기 · 국가 · 국가원수에 대한 예절, 기본생활습관 지도자료, 국어순화자료 그리고 기타 교육자료 및 교육공무원에 대한 이념교육, 일반연구 및 자체연수 등의 강화는 이러한 국민정신교육의 일환으로 시행된 것이다(교육부, 1998).

이규호 장관(1980~1983)은 이념교육 강화 차원에서 국민윤리교육을 유치원에서 대학에 이르기까지 보완 · 시행하고, 국민윤리교육 전담교원 양성을 위해 1980년 9월 사범대학에 윤리교육학과를 신설했다. 국민윤리에 관한 현직교원의 재교육과 호국안보의식의 확립을 위한 학생수련을 강화하는 한편, 반공어린이 이승복 얼 선양사업 등을 추진했다. 특히 1983년에는 국사교육과 공산주의 이데올로기 비판교육을 강화하기도 했다. 1983~1984년도 권이혁 장관 재임 시에는 국민정신교육 교수지침서와 학생지도용 9대 덕목 지도자료를 각급학교에 배포하여 국민정신교육을 강화했으며, 1985~1987년도 손제석 장관 재임 시에도 마찬가지로 국민정신교육 9대 덕목의 생활화 및 국기 · 국가 · 국가원수에 대한 예절교육을 강화했다. 특히, 1987년에는 이념 · 사상교육을 강화하여 자유민주주의의 우월성과 공산주의 비판교육 등을 실시하기도 했다(서울특별시 교육위원회, 1995). 이와 같이 이 시기의 교육이념에 있어서도 분단구조의 대립성과 통제성이 줄곧 강조되었으며, 이승복 얼 선양사업에서 보는 바와 같이 왜곡성 또한 지속되었음을 알 수 있다.

이후 교육이념은 6 · 29 선언 이후 민주화의 흐름에 따라 제6공화국에 이르러 교육민주화 추진, 민주시민교육 그리고 통일대비교육 등으로 교육정책에 반영되어 나름의 분단구조적 특성의 질적인 전환을 하게 된다. 이 시기는 문민정부와 국민의 정부라는, 과거 독재 또는 권위주의 정권과는 다른 성격의 정부가 출범한 시기이다. 따라서 교육이념에 있어서는 민주주의의 정착과 올바른 구현 및 통일지향 교육이념이 그 중심 과제로 제시될 수 있다.

제6공화국 이후 질적 전환기의 교육이념은 분단구조적 특성이 서서히 이완 및 완화되어가는 과정으로, 제6공화국의 전기(1988~1992)와 문민정부 이후 시기의 후기(1993~현재)로 구분할 수 있다. 분단구조적 특성의 하나인 대립성 완화는 이 시기의 주요한 특징 중 하나로, 지난 시기까지 강조되어오던 국민정신교육과 반공교육 등이 그 자취를 감추었다. 대신 제6공화국에는 교육정책에 민주주의 이해와 실천, 교육민주화 등이 제시되고 있다. 특히 교육민주화 추진은 정원식 장관 시기(1988~1990) 정책 중의 하나로 제시되고 있으며, 윤형섭 장관과 조완규 장관 시기(1990~1993)에는 민주시민교육과 통일대비교육의 강화가 주요 정책사업으로 제시되었다(서울시교육위원회, 1995). 뒤 이은 문민정부 시기의 김숙희 장관(1993~1995)은 통일대비교육 강화를 추진했고, 이러한 통일대비교육의 강화는 1996년에도 중요 정책으로 추진되었다.

앞서 남한 교육이념 변화과정에서 살펴본 것처럼 남한의 교육이념은 새로운 시대적 변화와 함께 반공주의로부터 서서히 벗어나고 있다. 이러한 변화는 국제적으로는 탈냉전시대의 도래와 국내적으로는 민주화에 따른 것이다. 이로부터 우리는 두 가지 가능성의 선택기로에 서 있다고 볼 수 있다. 첫째는 기존의 반공주의를 온존, 유지시키는 대결적·냉전적 선택으로서의 보수적 선택이며, 둘째는 적대적 상호 의존 관계를 불식시키고 화해와 통일로 나아가는 협력적 상호 의존 관계로의 발전이다(최장집, 1995).

남한 교육이념의 탈분단화 과정은 분단구조적 특성을 완화하고 통일지향적 교육으로 나아갈 수 있는 가능성을 보여준다. 이러한 탈분단화의 과정은 민주화의 진전에 따른 분단구조적 특성의 약화에 기인한다. 따라서 앞으로 탈분단화의 방향 또한 민주주의의 실현 여부와 남북화해와 통일의 가능성에 따라 결정될 것이다.

▸ **한만길 엮음(1999). 《북한에서는 어떻게 교육할까 – 북녘에서 살다 온 16인의 생생한 교육 체험기》**

(서울 : 우리교육. pp.248–251)

북한교육은 변화할 것인가? 2)

북한교육은 해방 직후 교육의 불모지라고 할 수 있는 북한지역에서 괄목할 만한 성장과 발전을 이룩했다. 북한 당국은 해방 이후 사회주의체제 건설과정에서 교육의 중요성을 무엇보다도 강조했으며, 교육발전에 심혈을 기울여왔다. '11년제 무상 의무교육', '취학 전 교육', '전 인민의 인테리화 정책', '일하면서 배우는 교육체계' 등을 추진하면서 스스로 '교육의 나라'라고 자랑하고 있는 것이다. 이러한 북한교육은 사회주의체제를 건설하고 유지하는 데 결정적으로 기여했다.

북한체제는 사상적 통제와 물리적 통제라는 두 지주로 유지되고 있다고 할 수 있다. 교육은 사상을 통해 주민의식을 통제하는 수단으로 이용되고 있으며, 군대와 경찰은 감시와 억압으로 주민들의 행동을 통제하는 물리적 통제 수단이다. 이와 같이 북한에서 교육은 북한체제를 유지하는 양대 기둥 가운데 하나이다.

그럼에도 불구하고 현재 북한교육은 자체 모순에 봉착하고 있다. 북한교육의 모순은 체제유지를 위한 수단이라는 긍정적 측면과 동시에 체제정체라는 부정적 측면이 동시에 존재한다는 점이다.

그동안 북한교육이 체제유지를 위한 수단으로 강력히 기여한 것은 사실이다. 김일성 주체사상을 주민들에게 내면화시킴으로써 공산주의 체제유지에 필요한 이념적 가치관을 형성하는 데 결정적으로 기여했다. 그러나 이제는 교육이 공산주의체제를 정체시키고 발전을 저해하는 요인으로 작용하고 있다. 북한교육은 주민들에게 수동적이고 획일적인 심성을 형성시켜 북한체제에 맹목

---

2) 한만길 엮음(1999)의 《북한에서는 어떻게 교육할까-북녘에서 살다 온 16인의 생생한 교육 체험기》에 "북한교육은 변화할 것인가?(pp.248–251)."라는 제하의 내용으로, 작성자의 이름은 밝히지 않았음.

적으로 종속시키는 데 기여하고 있기 때문이다.

그동안 북한교육은 경직되고 획일적인 이념을 맹목적으로 주입시킴으로써 주민들을 수동적이고 획일적인 기계로 만들어버렸다. 그리하여 북한사회의 발전을 도모하는 데 필요한 능동성과 창의력을 끌어내지 못하고 있다. 이것이 현재 북한교육이 처하고 있는 모순이다.

북한경제가 장기적으로 나빠지는 것도 이러한 북한교육의 한계를 반영하는 것이다. 정치사상교양을 일방적으로 주입시키는 경직화된 교육, 학생들의 자발적인 욕구를 억제하는 획일적인 교육, 창의성과 다양성을 무시하는 억압적인 교육, 김일성과 김정일(지금은 3대째 김정은까지)에 대한 숭배의식을 고취하는 데 지나친 시간과 노력을 소비하는 비생산적 교육, 학생들을 단순노동이나 정치행사에 동원함으로써 교육의 질적 수준을 저하시키는 교육, 이러한 북한교육의 한계점이 북한 학생들을 무능력한 인간으로 육성하고 있으며, 이로 인해 북한경제가 활력을 잃어가고 있다.

이런 북한교육의 모순을 극복하는 길은 근본적인 변화를 모색하는 데 있다. 인간은 누구나 자기성장, 자기실현의 욕구를 가지고 있다. 북한주민들에게도 자기성장의 욕구는 존재한다고 보아야 할 것이다. 그동안 억압되고 위축되어 온 이 욕구를 회복하고 촉발시키는 일로부터 시작해야 할 것이다.

말하자면 북한교육을 회복하는 길은 인간을 회복하는 것이다. 인간이 지니고 있는 잠재 가능성을 인정하고, 개인이 가지고 있는 다양한 성장 가능성을 수용하는 것이다. 나아가 인간의 성장 가능성을 격려하고 조장하는 것이다. 그리하여 북한주민들도 자아실현의 욕구를 발현하여 삶을 스스로 개척하고 영위해 나갈 수 있도록 해야 한다.

또한 자기성장의 욕구를 바탕으로 개인적으로나 사회적으로 부딪치는 문제와 장애를 극복해나갈 수 있는 능력과 역량을 키우도록 해야 한다. 교육은 이러한 자기실현의 욕구를 발현하도록 격려해주고, 이를 실현할 수 있도록 도와주는 것이다. 이것은 곧 북한교육의 멀고도 먼 개혁의 길이 될 것이다.

비록 공식적 교육이념이나 정책이 변화하는 것은 아니지만 비공식적 차원에서, 청소년과 주민들의 일상적 행동에서 북한사회도 변화하고 있음을 알 수 있다. 현재 북한주민들은 누구나 생계를 유지하고 돈을 벌기 위해 온갖 수단과 방법을 강구하고 있다.[3] 거의 모든 주민들이 식량을 구하기 위해 도시와 농촌을 떠돌고 있으며, 돈벌이를 위해 장사에 나서고 있다. 북한 당국 또한 이러한 주민들의 경제행위를 묵시적으로 인정하고 있다. 이와 같이 북한주민들이 식량과 생필품을 조달하기 위해 자구책을 찾는 가운데 잠재되고 억압되어 오던 개인욕구가 서서히 드러나고 있다. 자신의 생계를 스스로 개척해나가야 한다는, 어쩌면 절박하기 그지없는 생활의지가 인간의 자기성장과 이익추구의 욕구를 부추기고 있는 것이다.

이제 북한주민들은 '시키는 대로 일만 하고 주는 대로 먹는' 수동적인 인간상을 갖고 있지 않다. 생계를 유지하고 이익을 추구하기 위해 온갖 수단과 방법을 모색하고 있는 것이다. 그 가운데 서로의 이익을 조정하고 절충하는 절차와 기술을 아직 터득하지 못하고 있는 불안정한 상태라고 할 수 있다.

이런 현상은 밑에서부터 시작되는 변화의 조짐이라고 할'수 있다. 그리고 북한 당국은 이러한 변화를 묵시적으로 인정하고 있는 상태이다. 이러한 변화가 교육의 공식적인 부문에까지 영향을 미치기에는 아직 이르다고 할 수 있다. 그러나 우리가 감지하지 못하고 있을 뿐이지, 교육 부문의 그 어디에선가는 이러한 변화의 조짐이 나타나고 있을 것이다.

어느 사회든지 교육은 사회체제 유지의 수단이기도 하지만 개인의 이익 추구를 위한 수단으로 이용되는 것도 보편적 현상이기 때문이다. 북한 또한 예외일 수는 없으며, 우리와 마찬가지로 교육열이 강한 북한 주민들이기에 더욱 그러하다.[4)]

---

3) 필자는 지난 1999년 중국 방문 중에 북한 주민들을 만나 최근 북한사회의 변화 모습을 간접적으로 확인할 수 있었다. 그에 따르면, 현재 북한은 거의 모든 주민들이 돈벌이에 나서고 있으며, 직장이나 기업소에 나가는 주민들도 부업을 하고 있다. 그리하여 지난 1995년부터 시작된 식량배급 중단 이후 초기에는 노약자, 무능력자 등이 굶주림으로 죽어갔으나, 이제 모든 주민들이 스스로 생계를 유지해나가는 수단을 터득해가고 있기 때문에 더 이상 아사자는 발생하지 않을 것이라고 증언했다. ; 한만길 엮음(1999). 위의 책. p.250. 재인용.

4) 중국에서 만난 북한주민들의 증언에 따르면 북한의 일부 부유층들은 인민학교 자녀들에게 외국어(주로 영어) 과외를 시키고 있었다. 인민학교 외국어 교육은 1992년 교육과정 개정으로 폐지되었으나, 실제로 소조활동이나 개인과외 형태로 이루어지고 있다. ; 한만길 엮음(1999). 위의 책, p.251. 재인용.

제8장

북한의 통일교육

제8장 북한의 통일교육

1 〈사회주의 교육에 관한 테제〉에 나타난 북한의 이념

북한은 1972년 〈헌법〉 제39조에 북한의 교육이념인 '공산주의적 새인간'을 규정했고, 1976년 〈조선민주주의인민공화국 어린이보육교양법〉에 취학전 아동의 보육교육에 관한 기본방향과 지침을 명시했다(안기성 외 4인, 1998). 이어 1977년 9월에는 노동당 중앙위원회 전원회의 결정에 의해 〈사회주의 교육에 관한 테제〉가 제정 · 공포됨으로써 북한의 교육은 사회주의 교육학으로 확립되었다.

김일성은 이 〈사회주의 교육에 관한 테제〉를 통해 교육을 '공산주의적 인간을 양성하는 사상 · 문화교양의 무기'로 그리고 교원을 '후대들을 혁명의 계승자, 공산주의자로 키우는 직업혁명가'로 규정했다. 북한에서는 사회주의 교육학을 '후대들을 혁명화, 노동계급화, 공산주의화하여 김일성 수령에게 무한히 충직한 혁명투사를 양성하는 과학적 원리와 방법'으로 정의하고 있다(통일부 통일연수원, 1996).

이러한 〈사회주의 교육에 관한 테제〉에서는 먼저 사회주의 교육의 가장 기초적 이념이 사람들을 공산주의적으로 개조하는 데 있음을 다음(대륙연구소 편, 1990)과 같이 명시하고 있다.

> 주권을 잡은 로동계급의 당과 국가 앞에는 사회주의 · 공산주의를 건설해야 할 무거운 과업이 나선다. 사회주의 · 공산주의를 건설하기 위해서는 사회주의제도가 선 다음에도 혁명을 계속해야 하며, 공산주의의 사상적 요새와 물질적 요새를 점령하기 위한 투쟁을 다 같이 힘 있게 밀고나가야 한다.
>
> 공산주의 건설의 두 요새를 점령하는 데서 사상적 요새를 점령하는 것이 무엇보다도 중요하다. 사회의 주인인 사람들을 공산주의적으로 교양 개조해야 공산주의 건설의 근본문제를 해결할 수 있으며, 물질적 요새도 성과적으로 점령할 수 있다. 그러므로 로동계급의 당과 국가는 자본주의로부터 사회주의에로의 과도기에 사람들을 공산주의적으로 교양 개조하여 사상적 요새를 점령하는 데 선차적 힘을 넣어야 한다.
>
> 공산주의의 사상적 요새를 점령하기 위해서는 교육사업을 잘해야 한다. 교육사업을 잘해야 낡은 사회가 남겨 놓은 사상문화적 락후성을 없애고 모든 사람들을 공산주의적 인간으로 교양 육성할 수 있으며 혁명과 건설을 힘 있게 밀고나갈 수 있다.

위에서 보는 바와 같이, 공산주의 건설의 두 요새는 공산주의의 사상적 요새와 물질적 요새를 가리키는데, 이를 통해 비로소 공산주의적 교육개조가 가능하며 또한 공산주의적 근본 문제를 해결할 수 있다고 보았다. 특히, '사상적 요새'는 공산주의 교육의 체제적 특징이라 할 수 있다. 북한의 사회주의 교육학은 바로 이러한 원리에 기초하고 있기 때문에 교육을 통한 '사상적 요새'가 매우 중요시되고 있다.

또한, 이 테제의 제1장 '사회주의 교육학의 기본원리'에서는 교육목적이 "공산주의적 혁명인재 양성"임을 재차 강조하고 있는데, 이와 관련된 주요 내용을 발췌하면 다음(대륙연구소 편, 1990)과 같다.

> 사회주의 교육의 목적은 사람들을 자주성과 창조성을 가진 공산주의적 혁명인재로 키우는 것이다. 사회주의 교육은 사람들을 사회와 인민을 위하여 사회주의·공산주의를 위하여 몸 바쳐 투쟁하는 공산주의적 혁명인재로 키움으로써 사회주의제도를 위하여 복무하며 로동계급의 혁명위업에 이바지해야 한다.
>
> 사회주의 교육이 자기의 목적과 사명을 다하기 위해서는 교육사업에서 사회주의 교육학의 기본원리를 철저히 구현해야 한다.
>
> 사회주의 교육학의 기본원리는 사람들을 혁명화, 로동계급화, 공산주의화하는 것이다. 다시 말하여 사람들을 공산주의 혁명사상으로 무장시키며, 그에 기초하여 깊은 과학지식과 건강한 체력을 가지도록 하는 것이다.
>
> 혁명적인 사상과 깊은 지식과 건강한 체력은 공산주의적 인간이 반드시 갖추어야 할 풍모이며 자질이다. 사람은 공산주의사상과 깊은 지식과 건강한 체력을 겸비하여야 참다운 공산주의적 혁명인재로 될 수 있으며, 혁명과 건설에 주인답게 참가할 수 있다.
>
> 사람들을 혁명화, 로동계급화하는 것은 사회주의·공산주의 건설의 합법칙적 요구이며, 자본주의로부터 사회주의에로의 과도기에 로동계급의 당과 국가 앞에 나서는 기본 혁명과업이다.

위에서 보는 바와 같이, 〈사회주의 교육에 관한 테제〉에서는 "사회주의 교육의 목적은 사람들을 자주성과 창조성을 가진 공산주의 혁명인재로 키우는 것이다."라고 명확히 밝힘으로써 혁명가 양성에 교육의 최종목표를 두고 있음을 공표했다.

이 테제는 노동당 중앙위원회 전원회의에 의해 결정되어 선포되었는데, 노동당 중앙위원회에서는 '〈사회주의 교육에 관한 테제〉에 대하여'라는 선언문을 발표했다. 이 선언문에서도 북한의 교육이념 및 목표를 다시 한번 분명히 하고 있는데, 주요 내용은 다음(대륙연구소 편, 1990)과 같다.

〈사회주의 교육에 관한 테제〉는 공산주의적 혁명인재 육성의 참다운 길을 명시한 위대한 공산주의적 교육강령이다.

테제는 사람들을 혁명화, 로동계급화, 공산주의화하여 지 · 덕 · 체를 갖춘 전면적으로 발전된 공산주의적 인간으로 키움으로써 공산주의의 사상적 요새와 물질적 요새를 다 같이 빨리 점령해나갈 수 있는 길을 뚜렷이 밝혀주고 있다.

〈사회주의 교육에 관한 테제〉는 사회주의 교육사업에서 나서는 모든 리론, 실천적 문제들에 전면적인 과학적 해답을 주는 백과전서적인 혁명적 문헌이다.

테제에는 사회주의 교육의 본질과 사회주의 교육학의 기본원리, 사회주의 교육사업에서 견지해야 할 기본원칙들과 사회주의 교육의 내용과 방법이 심오하게 밝혀져 있으며, 가장 선진적인 우리나라 사회주의 교육제도를 공고 발전시키고, 사회주의 교육을 끊임없이 강화 발전시키기 위한 혁명적 방침들과 교육기관들의 임무와 역할, 교육사업에 대한 당적 지도와 국가적 보장, 사회적 지원을 강화하기 위한 과업들이 제시되어 있다.

실로 〈사회주의 교육에 관한 테제〉는 사회주의 · 공산주의 건설시기, 교육문제 해결의 방향과 방도를 전면적으로 밝힌 사회주의 교육의 대전서이며, 위대한 공산주의적 교육강령이다.

테제는 로동계급의 당과 국가가 사회주의 · 공산주의를 건설하는 전 기간 사람들을 혁명적으로 교양 개조하여 공산주의의 사상적 요새를 점령하며, 전반적인 혁명투쟁과 건설사업을 힘 있게 다그치는 데서 튼튼히 틀어쥐고나가야 할 지도적 지침이다.

이처럼 노동당 중앙위원회에서 발표한 '〈사회주의 교육에 관한 테제〉에 대하여'라는 선언문에서도 교육의 이념 및 목표가 사람들을 혁명화, 로동계급화, 공산주의화하여 지 · 덕 · 체를 갖춘 공산주의적 인간을 양성하는 것임을 재차 밝히고 있다. 다시 말해, 북한은 사회주의 교육원칙으로 혁명화, 로동계급화, 공산주의화의 세 가지 개념을 제시하고 있는 것이다.

〈사회주의 교육에 관한 테제〉에서는 '사람들을 혁명화, 로동계급화, 공산주의화하는 것은 사회주의 · 공산주의 건설의 합법적 요구이며, 자본주의로부터 사회주의에로의 과도기에 로동계급이 당과 국가 앞에 나서는 기본 혁명과업'이라고 했다. 또한, 교육사업의 원칙으로서 교육에서의 당성과 로동계급성의 구현, 교육에서의 주체 확립, 교육과 혁명실천의 결합 그리고 국가의 책임하에 교육사업 조직진행을 제시하고 있는데, 이와 관련된 주요 내용을 정리해보면 다음(대륙연구소 편, 1990)과 같다.

> 사회주의 교육사업을 원만히 진행하기 위하여서는 다음과 같은 원칙을 견지해야 한다.
>
> 첫째로, 교육에서 당성, 로동계급성을 구현하여야 한다. 계급사회에서의 교육은 언제나 계급적 성격을 띤다. 사회주의 교육은 그 계급적 본질에 있어 당적이며 로동계급적인 교육이다. 당성, 로동계급성은 사회주의 교육이 제일 생명이며, 교육사업의 성과를 담보하는 결정적 요인이다. 당적이며 로동계급적인 교육만이 사람들을 당과 혁명에 충직한 혁명인재로 키울 수 있으며, 로동계급의 혁명위업, 사회주의 · 공산주의 위업에 이바지할 수 있다.
>
> 둘째로, 교육에서 주체를 세워야 한다. 사회주의 · 공산주의 건설사업은 민족국가 단위로 진행되며, 매개 나라혁명과 건설의 주인은 그 나라 인민 자신이다. 나라마다 처하여 있는 환경과 조건이 다르며, 혁명임무도 같지 않다. 그러므로 사회주의 교육은 교수교양사업을 자기 나라의 실정과 자기 인민의 리익에 맞게 진행하며, 사람들을 자기 나라 혁명의 주인으로 키우는 주체적인 교육으로 되어야 한다.
>
> 셋째로, 교육과 혁명실천을 결합해야 한다. 교육은 실천의 요구로부터

> 발생했으며, 실천을 위하여 복무한다. 실천과 결합된 교육만이 자기의 사명을 다할 수 있다. 사회주의 교육은 사회주의·공산주의를 위한 로동계급의 혁명실천과 결합되어야 한다. 교육을 혁명실천과 결합하는 것은 사람들을 쓸모 있는 산 지식과 실천능력을 겸비한 공산주의적 혁명인재로 키우기 위한 필수적 요구이다.
>
> 넷째로, 사회주의 국가가 교육사업을 책임지고 조직 진행하여야 한다. 사회주의 교육은 사회주의 국가의 사상문화교양의 무기이다. 사회주의 국가는 교육사업을 책임적으로 조직 진행하여 사람들을 공산주의적으로 교양 육성하는 사업을 다그치며, 사회주의·공산주의 위업의 승리를 앞당겨야 한다. 사회주의 국가는 교육사업에 필요한 조건을 책임적으로 보장해야 한다.

즉, '당적이며 로동계급적'인 교육과 함께 교육을 혁명실천과 결합해야만 사람들을 '당과 혁명에 충직한 혁명인재'로 키울 수 있고, 교육은 북한의 실정과 '자기 인민의 리익'에 알맞게 진행되어야 하며, 국가는 교육사업에 필요한 조건을 보장해야 한다는 점을 강조하고 있다.

북한은 〈사회주의 교육에 관한 테제〉의 발표일인 9월 7일을 '교육절'로 정하고 매년 기념행사를 진행하고 있는데, 상당한 시일이 지난 지금에도 이를 공산주의적 혁명인재 양성의 참다운 교육강령이라 하여 이에 충실한 교육을 촉구하고 있다. 이 테제에서 제시한 교육정책 방향은 그 이전보다 더욱 교조적 성격을 띠고 있다. 즉, 모든 교육에서 정치사상교육을 우선할 것을 강조하고 있으며, 나아가 교육제도와 내용 및 방법 등 제반 교육관련 사항들을 획일적으로 규정함으로써 지역별, 학교별, 대상별, 개인별로 발생할 수 있는 차이를 전면적으로 배제하고 있다.

2 북한의 학제

북한교육은 학교 전(前)교육, 초등교육, 중등교육, 고등교육 그리고 특수교육으로 되어 있으며, 구체적으로 유치원 높은반 1년, 소학교 4년, 중학교 6년 그리고 대학교 4년으로 구성되어 있다(조휘제, 2011). 그러나 기본학제와는 별도로 엘리트를 양성하는 영재학교, 외국어학교 등 각종 특수학교를 설치하고 예·체능 분야의 특기자교육이나 혁명학원같이 출신성분에 따른 특수교육 등도 실시하고 있다.

고등교육과 특수교육은 학교나 학부 성격에 따라 다양한 학제를 채택하고 있다. 교원대학과 전문대학은 3년제, 단과대학과 종합대학은 학부에 따라 4~6년제이다.

사범대학은 4년제로 운영되고 있고, 김일성종합대학의 경우 인민과학부는 4년, 사회과학부는 5년 그리고 자연과학부는 6년제였으나, 최근에 자연과학부의 졸업연한이 1~2년 짧아지고 있다.

북한의 학기는 1957년 내각결정 제6호에 의해 9월 학기로 시작되었다. 그러나 9월 학기는 현실과 계절적인 특징에 적합하지 못하다고 해서 1963년에 4월 학기로 변경되었다. 그 후 1969년에 경제계획 수행에 필요한 인력수급에서 차질을 초래하는 요인이 발견됨에 따라 다시 9월 학기로 환원되었다. 그러나 1996년부터는 개학날이 다시 4월 1일로 환원되었다.

북한의 방학은 봄방학, 여름방학 그리고 겨울방학이 있는데, 봄방학은 3월 마지막 주 7일간이고, 여름방학은 8월 15일부터 8월 30일까지 15일 정도이며, 겨울방학은 12월 말부터 2월 중순까지 한 달 반 정도 된다. 북한은 겨울에 날씨가 몹시 춥기 때문에 겨울방학이 훨씬 더 긴 편이다.

3 북한의 교육과정과 교육방법

북한학교의 주요 교육내용은 정치사상교육, 과학기술교육 그리고 체육교육으로 구분된다(조휘제, 2011). 정치사상교육은 김일성 · 김정일의 혁명역사와 혁명활동을 가르치고, 과학기술교육은 일반과학과 전문기술을 가르치며, 체육교육은 체력향상을 목적으로 한다.

유치원 높은반의 교육과정은 1983년, 1986년 그리고 1992년에 개정되었고, 현재 1996년 과정안이 시행되고 있는 것으로 알려져 있다. 교육과정의 편제는 정치사상교양, 지적교육, 정서교육, 체육교육 그리고 기타 과목으로 편성되어 있다. 북한의 유치원 높은반의 교육과정을 표로 제시하면 다음(박재환, 2002)과 같다.

〈표 8-1〉 북한의 유치원 높은반 교육과정

구분	과목명	주당시수
1	경애하는 수령 김일성 대원수님 어린시절	1
2	위대한 령도자 김정일 원수님 어린시절	1
3	우리말(국어)	3
4	셈세기(산수)	2
5	노래와 춤	3
6	그리기와 만들기(미술)	2
7	체육	2
8	놀이(유희)	2
9	관찰	2
계		18

초등교육의 경우, 소학교 재학 4년 동안 국어 등 총 13과목을 이수하도록 편성되어 있다. 초등교육과정의 교육내용은 크게 정치사상교육,

과학기술교육, 체육교육, 예능교육, 국방교육 그리고 외국어교육 등의 여섯 가지로 구분되는데, 북한의 소학교 교육과정을 표로 제시하면 다음(통일부 통일교육원, 2010)과 같다.

〈표 8-2〉 북한의 소학교 교육과정

구분	교과목명	학년별 주당 수업시간 수			
		1학년	2학년	3학년	4학년
1	경애하는 수령 김일성 대원수님 어린시절	1	1	1	2
2	위대한 령도자 김정일 원수님 어린시절	1	1	1	2
3	항일의 녀성영웅 김정숙 어머님 어린시절				1
4	사회주의 도덕	2	2	1	1
5	수학	6	6	6	6
6	국어	6	6	7	8
7	자연	2	2	2	2
8	위생				1
9	음악	2	2	2	2
10	체육	2	2	2	2
11	도화 · 공작	2	2	1	1
12	영어			1	1
13	컴퓨터			1	1
계		24	24	25	30

중등교육의 경우는 6년 동안 모두 23과목을 교육하도록 되어 있다. 중학교의 교과목 역시 과목들이 보다 세분화되어 있다는 점을 제외하고는 소학교 과목과 대체로 유사한 내용을 가르친다. 최근 북한에서는 사상교육을 강화함과 동시에 실리적인 교육을 강조하면서 세계화와 정

보화의 진전에 따른 외국어교육과 과학기술교육 등 실용적인 차원의 교육도 강화하고 있다. 북한의 중학교 교육과정을 표로 제시하면 다음(통일부 통일교육원, 2010)과 같다.

〈표 8-3〉 북한의 중학교 교육과정

구분	교과목명	학년별 주당 수업시간 수					
		1학년	2학년	3학년	4학년	5학년	6학년
1	위대한 수령 김일성 대원수님 혁명활동	1	1	1			
2	위대한 수령 김일성 대원수님 혁명력사				2	2	2
3	위대한 령도자 김정일 원수님 혁명활동	1	1	1			
4	위대한 령도자 김정일 원수님 혁명력사				2	2	2
5	항일의 녀성영웅 김정숙 어머님 혁명력사				1		
6	사회주의 도덕	1	1	1	1	1	1
7	현행 당 정책				1주	1주	1주
8	국어	5	5	4			
9	문학				4	3	2
10	한문	2	2	1	1	1	1
11	외국어	4	3	3	3	3	3
12	력사	1	12	2	2	2	2
13	지리	2	2	2	2	2	
14	수학	7	7	6	6	6	6
15	물리		2	3	4	4	4
16	화학			2	3	3	4
17	생물		2	2	2	3	3
18	체육	2	2	2	1	1	1
19	음악	1	1	1	1	1	1
20	미술	1	1	1			
21	제도				1	1	
22	컴퓨터				2	2	2
23	실습(남 · 녀)	1주	1주	1주	1주	1주	1주

대학교 교육과정에서는 학교와 전공별로 다르지만 대체로 정치사상교과, 일반교과, 일반기초, 전공기초 그리고 전공 등 다섯 가지 영역으로 구분되어 있다. 정치사상교과와 외국어, 체육 등의 일반교과는 전공과 무관하게 모두 이수해야 한다. 일반기초과정은 전공학과의 특성에 맞게 지정된 과목과 전 대학에 규정된 공통과목으로 구성된다. 전공기초는 전공에 필요한 준비과목으로 강좌별로 결정되는데, 전공에는 지정과목과 선택과목이 있다. 최근에는 첨단 분야의 인재양성을 통해 경제위기를 타개하기 위한 목적으로 대학의 교육과정과 내용을 개선하고 있다. 북한의 대학교육 과목의 사례를 살펴보면 다음(김동규, 2003)과 같다.

〈표 8-4〉 북한의 대학교육 과목 사례

구분	과목명	비고
기초교양	위대한 수령 김일성 동지 로작	각 대학 공통
	친애하는 지도자 김정일 동지 로작	
	위대한 수령 김일성 동지 혁명력사	
	친애하는 지도자 김정일 동지 혁명력사	
	사회주의 헌법	
	주체철학	
	주체정치경제학	
기초공통과목	외국어(영, 로, 중, 일, 서)	2과목 선택
	고등수학	
	프로그램 작성법	
	한문	
	환경보호	
	체육	
전공과목	전공에 따라 교과목이 개설되고 있으며, 전공은 일반기초과목과 전공기초과목, 전공과목으로 분류됨	

한편, 북한의 교육방법은 〈사회주의 교육에 관한 테제〉에서 "사회주의 교육은 과학적이며 혁명적인 교육방법에 기초하여 진행할 때에만 성과를 거둘 수 있다. 우리는 사회주의 교육의 목적과 사명에 맞게 과학적이며 혁명적인 교육방법을 세우고 그에 따라 교육사업을 진행하여야 한다."라고 하면서 ① 깨우쳐주는 교수교양, ② 이론교육과 실천교육, 교육과 생산노동의 결합, ③ 조직생활 사회정치활동의 강화, ④ 학교교육과 사회교육의 결합, ⑤ 학교 전 교육, 학교교육, 성인교육의 추진 등 다섯 가지 내용에 기초하고 있다.

그러나 최근 들어 북한에서도 교육내용과 방법에 있어 변화를 꾀하고 있다. 즉, 단순한 지식습득이 아닌 지적능력과 지식탐구 방법의 향상을 위해 지능교육을 강조하여 암기능력 중심의 교육에서 창의적 사고력을 강화시키는 교육으로 전환하고, 시험을 암기테스트 방식에서 탈피하여 실기 위주로 실시하며, 컴퓨터 등을 이용한 현장실습교육을 강화하고 있다. 예컨대 과목별 지능문제 만들기, 소논문 집필, 지능문제풀이 강연, 멀티미디어 자료개발 등을 실시하고, 교수방법의 강습, 과목별 교수교양 경험 발표회 그리고 교수방법 토론회 등을 조직·운영하고 있다(통일부 통일교육원, 2010).

특히, 김정일 정권 출범 이후 북한교육은 시대적·정치경제적 요구를 반영하여 교육의 변화를 꾀했는데, 그 특징은 다음(통일부 통일교육원, 2006)과 같다.

첫째, 통치담론으로 '강성대국'과 '선군정치'가 강조되고, 교육에 있어 '실리주의'를 강조하고 있다.

둘째, 경제발전 및 국제경쟁력 강화를 위해 과학기술교육을 강조하면서 대학의 수업연한 단축, 학과와 학과목의 통폐합과 신설, 일부 대학에서의 학점제 도입, IT중심의 학부설치 등 고등교육 개편이 이루어지고 있다.

셋째, 1990년대 경제난 · 식량난 등으로 인한 교육인프라의 파괴, 수업운영의 파행 및 교육의 질 저하 등에 직면했으나, 2000년대 들어 이러한 공교육의 정상화를 위한 다양한 조치들이 이루어지고 있다.

넷째, 국가경쟁력 제고를 위해 '수재교육'을 강조하고 있는데, 특히 외국어는 물론 IT분야와 이공계 분야의 영재학교가 확대 신설되고 있다.

다섯째, 김일성 · 김정일 가계 우상화교육이 강조되는 가운데 시대변화에 부응하기 위한 실용적 교과의 도입과 교육내용과 방법상의 변화가 모색되고 있다. 특히 컴퓨터교육의 실시, 실용적 외국어교육 강조 그리고 선택과목교육이 이루어지고 있다.

여섯째, 7 · 1 경제관리 개선조치 이후 북한관료나 고급인력을 대상으로 에너지, 국제금융, 통상 및 시장경제 분야의 인력교류 프로그램이 생기고 대학 내 관련 학과목이 신설되고 있다.

4 북한 교육의 분단구조적 특성

북한의 교육이념은 주체사회주의의 중심 가치인 자주 · 평등을 강조하는 한편, 분단구조적 특성 또한 형성 · 유지 · 강화시켜왔다. 이러한 분단구조적 특성을 기반구축기, 사회주의 건설기 그리고 질적 전환기의 시기에 따라 살펴보면 다음과 같다(안승대, 2011).

1) 기반구축기(1945~1959) : 분단구조적 특성의 형성

기반구축기의 북한 교육이념은 사회주의체제를 새롭게 수립하는 과정과 함께 분단구조적 특성이 형성되어가는 시기로 볼 수 있다. 전쟁과

복구기의 교육이념에서 중요한 것은 1955년에 〈주체를 확립할 데 대하여〉라는 연설에서 제기된 주체의 개념이다. 이 주체의 개념은 이후 주체사상으로 나아가는 데 중요한 전환점이 되었으며, 교육이념에 있어서도 유일사상 이념으로 가는 출발점이 되었다. 그러나 한편으로는 반종파사건을 통해 이른바 항일빨치산 세력을 중심으로 한 권력의 단일화를 꾀하게 되면서, 이후 교육이념에서도 다양성과 민주성이 점차 소멸되는 결과를 가져오기도 했다.

이 시기의 교육이념은 먼저 분단구조적 특성의 생성기와 내면화 시기로 구분할 수 있다. 먼저 생성기의 특징으로는 마르크스-레닌주의 교육을 통해 원수를 증오하고 투쟁하는 정신으로 교양하려는 대립성을 들 수 있다. 1947년 6월 23일의 〈앞날의 조선은 청년들의 것〉이라는 연설에서 김일성은 반동들과의 투쟁에서 가장 용감한 전사가 되어야 함을 주장했다. 또한 1948년 11월 12일의 '만경대 학생들 앞에서의 연설'에서 김일성은 남반부를 강점하고 있는 미제국주의자들과 계급적 원수를 미워하고, 미제와 그 앞잡이들의 침략책동에 대해 언제나 경각심을 높이며, 적들과 견결히 싸울 수 있도록 자신을 정신적 · 육체적으로 튼튼히 준비할 것을 주장했는데, 여기서도 이 대립성을 찾아볼 수 있다.

또한 1958년 11월 20일의 〈공산주의 교양에 대하여〉라는 연설에서는 통제성을 잘 나타내준다. 이 연설에서 김일성은 근로 대중을 공산주의 사상으로 무장시킬 것과 공산주의적 개조를 위해 개인주의와 이기주의를 반대할 것을 주장했다. 또한 이를 위해서는 당에 대한 충실성의 교육을 통해 당의 정책과 결정을 관철하기 위해 생명까지 바쳐 싸우고 무한히 충성하는 전투정신을 함양할 것을 강조했다.

1955년 12월 28일의 〈주체를 확립할 데 대하여〉라는 연설에서 김일성은 종파분자 박창옥 등이 소련의 형식과 방법을 기계적으로 따르는 것을 비판하면서, 당적 사상체계를 확립하도록 제기했다(김형찬, 1990). 동요분자, 가족주의자, 지방주의자 및 종파분자들을 가려내고 마르크스-레닌주의로 교양하여 형식주의, 교조주의를 퇴치하여 주체를 세운다는 것은 당적 사상체계 즉 하나의 사상으로 통일을 의미하며, 이는 분단구조의 대립성, 왜곡성 그리고 통제성을 잘 드러내는 것이기도 하다. 이러한 주체의 확립은 이후 주체사상과 유일사상체계로 이어지는 출발점이기도 하다.

2) 사회주의 건설기(1960~1980) : 분단구조적 특성의 심화

이 시기는 사회주의 건설을 위한 교육이념의 강조와 함께 분단구조적 특성이 보다 심화되어가는 때이기도 하다. 또한 사회주의 건설에 따른 공산주의적 인간육성을 위한 사회주의 교육이념을 정립해나가는 과정으로도 볼 수 있다. 그러나 이러한 주체 세우기와 공산주의적 인간형성은 부르주아적 사상의 자유와 다양성을 부정하는 것이며, 획일성을 조장할 우려가 있다는 점에서 통제성과 왜곡성, 대립성의 위험이 있다. 지나친 정치사상교양 중심 및 원수에 대한 증오교육, 유일사상체계교육 그리고 당과 수령에 대한 충실성교육 등의 문제점 또한 지니고 있는 것이 사실이다.

시대상을 왜곡하는 정통성의 왜곡성은 당정책 학습의 강화와 '위대한 수령 김일성 동지 혁명력사', '위대한 수령 김일성 대원수님 혁명활동' 그리고 '위대한 수령 김일성 동지 로작' 과목의 선정(김동규 · 김형찬, 2000) 등에서 확인할 수 있다. 즉 시대상의 정통성을 김일성의 혁명활동을 중심으로 제시하여 역사적 정통성이 편파적으로 왜곡되고 있다.

통제성은 다음과 같은 글들에서 볼 수 있다. 먼저, 1961년 4월 25일 '전국교육일군열성자대회'에서 김일성은 사람들을 공산주의적으로 개조하는 사업의 중요성을 제시하고 사람들을 개조하지 않고서는 사회주의를 완전히 건설할 수 없음을 지적했다. 즉 사람의 의식을 개조하는 사업은 오랜 기간 참을성 있게 진행해야 하며, 이를 위한 교육사업이란 매우 중요한 일인 동시에 어려운 일임을 지적하면서, 사회주의 건설, 공산주의 사회 국가의 문화교양자적 기능을 맡고 있는 학교의 임무에 대해 강조했다. 이런 사회에서는 개인의 향락과 영예만을 바라는 이기주의가 용납될 수 없기 때문에 이기주의를 없애는 교양과 집단주의 교양을 강조한 것이다.

다음으로, 1963년 2월 8일 '인민군 부대 간부들 및 일군들 앞에서 한 연설'에도 통제성이 잘 나타나 있다. 여기서 김일성은 "우리는 남반부의 지주, 자본가들과 투쟁해야 하며 앞으로 남조선에서도 사회주의 사회를 건설해야 한다."라고 했다. 또한 외래 제국주의 침략세력을 내쫓고 민족해방 혁명을 완수한 후 사회주의 혁명을 수행해야 하며, 미제국주의자들은 우리 인민의 투쟁대상이기에 남조선에서 몰아내야 할 혁명의 원수임을 잊지 말 것을 주장했다. 계급적 원수, 민족적 원수를 잊어버리고 안일하게 산다면 적 앞에서 무장해제하는 것과 같이 매우 위험한 일임을 강조했다. 그는 제국주의, 지주 및 자본가 계급을 반대하는 계급교양의 첫 번째 문제는 제국주의를 미워하는 사상을 키우는 것이며, 두 번째는 자본주의 제도의 부패성과 사회주의 제도의 우월성을 인식시키는 것인데, 이를 위해서는 북반부와 남반부를 대비하여 말해주는 것이 매우 효과적임을 지적했다. 이와 같은 말들은 대립성을 드러내는 것이다.

그리고 1965년 2월 23일의 〈고등교육사업을 개선할 데 대하여〉라는 연설 역시 통제성의 성격을 잘 드러낸 것이다. 김일성은 "소부르주아

사상을 가지고 있는 사람들의 나쁜 버릇을 고쳐주기 위해서는 당생활을 강화하고 당 안에 비판의 분위기를 만들어야 하며 당조직과 군중의 통제를 싫어하는 사람들에 대해서는 통제를 더욱 더 강화해야 한다."라고 했는데, 이 말은 통제성을 잘 보여준다. 마찬가지로 주체를 세우는 문제에 있어 주체를 세우기 위한 투쟁과정에서 약간 편향도 있지만 사대주의 · 교조주의와의 투쟁을 계속할 것을 주창한 바 있다. 1965년 7월 1일 '조선로동당 중앙위 제4기 11차 전원회의 연설'에서도 교조주의 · 사대주의에 반대하여 주체를 세울 것과 반당 · 반혁명분자들에 대한 투쟁을 제기했다.

또한 1967년 11월 15일 '수도 건설에 참가한 학생들과의 모임 연설'에서 김일성은 사상에서 주체를 철저히 세워 우리 당의 사상이 아닌 그 어떤 다른 사상도 받아들이지 않는다는 튼튼한 입장에 서도록 강조했다. 1968년 3월 14일 '교육 부문 일군들 앞에서 한 연설'에서는 사회주의 교육의 목적은 "하나는 전체를 위해, 전체는 하나를 위해."라는 공산주의적 원칙이며 자유화의 이론은 부르주아적 이론임을 주장했다.

뿐만 아니라, 〈사회주의 교육에 관한 테제〉는 북한의 대교육헌장이자 강령으로 분단구조적 특성의 심화를 잘 보여주고 있다. 정성철 등(1978)에 의하면, "사회주의 교육에서 당의 유일사상체계를 세우기 위해서는 수령의 혁명사상을 유일한 지도적 지침으로 삼고 그에 기초하여 교육을 진행하여야 한다. 우리나라 사회주의 교육의 목적은 위대한 수령님의 교시를 무조건 철저히 관철하여 위대한 수령님의 유일적 령도에 끝없이 충직한 혁명전사로 키우는 데 있다."라고 했다. 이와 같이 〈사회주의 교육에 관한 테제〉는 유일사상체계 및 주체사상을 통한 북한사회의 주체사상화를 위한 교육이념으로 제시되고 있으며, 이는 수령과 당 중심의 통제성을 잘 보여주고 있다.

이어 정성철 등(1978)은 "교육사업의 모든 분야에서 로동계급과 자본가계급 사이 그리고 공산주의와 자본주의 사이의 계선을 명확히 가르는 것이 중요하며, 교육 분야에서 로동계급적 선을 세우기 위해서는 제국주의자들과 그 앞잡이들의 사상문화적 침투를 반대해 투쟁해야 한다." 라고 주장했다. 그러면서 "이를 위해서는 제국주의자들과 그 앞잡이들이 퍼뜨리는 반동적인 부르주아 사상과 퇴폐적인 생활풍조가 들어오지 못하게, 특히 부르주아 교육이론이 스며들지 못하도록 경계해야 한다." 라고 주장했는데, 이 주장은 대립성과 통제성의 일면을 잘 보여주는 것이다.

3) 질적 전환기(1980~현재) : 분단구조적 특성의 영속화

질적 전환기의 교육이념은 일하면서 배우는 교육체제, 온 사회의 인테리화 등에서 볼 수 있다. 이 시기는 분단구조적 특성이 영속화되어가는 시기이기도 하다. 이러한 영속화는 우선 1980년 6차 조선로동당대회에서 제기되어온 사회의 주체사상화와 인간개조운동에서 잘 드러난다. 북한은 모든 사회에서 주체사상 일색의 통제화를 실시하여 인간을 주체사상의 요구대로 개조하고자 하는 분단구조의 영속화를 도모하고 있다. 또한 이러한 영속화는 김일성에서 김정일로의 권력승계 및 부자권력 세습을 통해 이루어졌으며, 이는 이 시기 교육과정 개편에서의 김일성 · 김정일 우상화 과목 강화를 통해서도 잘 드러난다.

북한이 1980년대 이후 전 인민의 주체사상화와 인테리화를 추진하는 속에서 유일사상체계는 더욱 급속히 진행되었다. 통제성은 1980년 이후 6차 조선로동당대회에서 온 사회의 주체사상화가 제기되었는데, 이 요구에 맞게 교육사업이 제시(김동규 · 김형찬, 2000)됨에 따라 정점에 달하게 되었다. 이 주체사상화와 인간개조는 자본주의와 사회주의, 남한과 북한의 대립구조 그리고 대결구조의 영속화라는 점에서 문제점이 지적될 수 있다.

북한교육은 1980~1990년대 이후 왜곡성의 특성이 보다 더 강화되었다. 북한은 1983년의 교육과정 개정을 통해 김일성 우상화 작업을 확고하게 추진한 바 있다(한만길, 1997). 이어, 1986년에는 교육과정 개정을 통해 김정일 과목을 정규과목으로 신설하는 중요한 변화를 일으켰다. 1986년 이후 북한의 교육과정은 김일성 · 김정일 우상화를 위한 교육과정이라고 할 수 있다. 또한 1992년 북한은 교육과정의 부분적 개편을 통해 '공산주의 도덕'과 '력사' 과목을 부활시켰으며, 1996년도 교육과정에서는 김정일 우상화교육에 중점을 두고 개편했다.

▸ 한만길 엮음(1999). 《북한에서는 어떻게 교육할까 – 북녘에서 살다 온 16인의 생생한 교육 체험기》

(서울 : 우리교육. pp.187–188)

숙제 검열부터 시작하는 대학 강의시간[1]–정종남[2]

대학 본 청사 정문에 수북이 놓여 있는 출근부 더미에서 우리 부서 출근부를 골라 얼른 도장을 찍었다. 출근부 정리를 잘 해놓지 않으면 야단난다. 세 번 지각하면 식량배급표에서 하루 분량의 식량을 잘라내기 때문이다.

강좌실(사무실)에 들어서서 가방을 놓자마자 벽에 걸려 있는 수령님과 지도자 동지 초상화에 대한 정성사업(청소)을 했다. 정성함(청소도구함)에서 비로드 천으로 만든 닦개를 꺼내 의자 위에 올라서서 초상화 액틀의 먼지를 말끔히 닦아냈다. 이제는 사무실 청소 차례다. 시간이 지나서 수돗물이 나오지 않아, 전날 저녁 바게쓰(양동이)에 받아두었던 물로 청소했다.

다음은 모두 모여 앉아 첫 강의 교수자가 강의에 들어가서 학생들을 교양해야 하는 〈365일 교양제강〉[3]에서 오늘분을 독보했다. 한 학기의 교수안은 이미 6개월 전에 써서 강좌장의 비준을 받아두었으나, 오늘의 교양목적을 다시 읽고 확인하여 빠짐없이 전달해야 한다. '김일성 교시'와 '김정일 말씀'을 다시 한 번 교양내용으로 확인하고, 어디에서 인용할 것인지를 정해놓아야 한다.

강의시간은 시작 시간과 끝나는 시간을 정확히 지켜야 한다. 지강(강의 시작을 지연시킴)이나 조강(강의를 시간보다 일찍 마침)이 있으면 심한 비판을

---

1) 정종남은 한만길 엮음(1999)의 《북한에서는 어떻게 교육할까 – 북녘에서 살다 온 16인의 생생한 교육 체험기》에 "북한 대학교수의 하루(pp.185-194)."라는 제하에 주제별로 8가지 내용을 기술했는데, 이 자료는 그중 세 번째 내용임.

2) 1937년 평양 출생, 평양사범대학 졸업, 김형직사범대학 교수 역임, 현재 통일정책연구소 연구위원. ; 한만길 엮음(1999). 위의 책, p.185. 재인용.

3) 김일성과 김정일의 업적을 내용으로 한 일별 교양자료집. ; 한만길 엮음(1999). 위의 책, p.187. 재인용.

받게 된다. 강의실로 들어서면 학생들은 일제히 자리에서 일어선다. 교단에 올라서서 "안녕하십니까."라고 인사하면 학생들도 따라서 "안녕하십니까."라며 목례하고 자리에 앉는다. 출결석 확인은 학급장이 보고로 간단히 마치기 때문에 1분을 넘기지 않는다.

강의는 지난 시간 수업내용을 확인하는 질문부터 시작된다. 중요한 내용에 대해 질문하고 학생들이 답하면, 다음으로 숙제검열이 있다. 외우기, 시켜보기 또는 필답확인으로 숙제검열을 마친다. 그다음에 오늘의 강의내용으로 들어가 교수진행을 시작으로 질문과 문제, 숙제 등으로 이어진다. 마지막으로 내가 "수업 끝내겠습니다."라고 알리면 학생들은 모두 일어나서 목례하고, 내가 강의실을 나서면 학생들은 다시 자리에 앉는다.

제9장

남북한 통일교육의 특징

제9장 남북한 통일교육의 특징

1 남북한의 교육관점 비교

교육이념은 시간과 공간 속에서의 인간의 교육활동에 대한 지침이라고 전제한 안승대(2011)는 세 가지 요소, 즉 시간적 측면에서는 시대상, 공간적 측면에서는 사회상 그리고 교육 주체인 인간의 측면에서는 인간상으로 구성된다고 했다. 따라서 남북한 교육이념 역시 이러한 세 가지 측면으로 나누어 살펴볼 수 있는데, 이를 간략하게 안내하면 다음과 같다.

1) 교육이념의 시기별 비교

(1) 기반구축기의 남북한 교육이념 비교

남한 교육이념의 시대상은 이 시기에 제정된 홍익인간 이념에서 분석될 수 있다. 즉, 1949년 교육이념으로 제정 · 공포된 홍익인간의 이념은 한국의 고유한 건국설화인 단군신화에 근거하고 있다는 점에서 정통성을 나타낸다. 사회상으로는 홍익인간 이념에서 볼 수 있는 것처럼 민주적 가치의 강조를 들 수 있고, 인간상은 홍익인간 이념에서 강조하는 자유민주주의 국가의 인간상으로 제시할 수 있다.

이에 반해, 북한 교육이념의 시대상에서 강조하는 점은 항일무장투쟁의 정통성이다. 사회상에서는 사회주의 교육의 수립 속에서 초기 민주교육 이념기의 민주주의 강조와 일제잔재의 청산 그리고 후기의 주체 교육이념의 등장으로 구분할 수 있다. 인간상에서는 개인주의와 이기주의를 반대하는 공산주의적 개조의 문제가 본격적으로 제기되고 있다.

이상에서 알 수 있는 것처럼 남북한 교육이념은 각각의 체제인 자유민주주의와 사회주의가 수립되면서 제시되었다. 즉 남한은 홍익인간 이념의 정통성과 자유민주주의의 가치, 자유민주주의의 인간상을 교육이념으로 제시하고 있으며, 북한은 항일무장투쟁의 정통성과 사회주의의 강조, 공산주의적 인간형성이 교육이념으로 추구되고 있다. 따라서 남북은 각각 이러한 교육이념 아래 새로운 체제를 위한 국가 건설을 추구하고 있는 것이다.

(2) 양적 성장기의 남북한 교육이념 비교

이 시기의 남한 교육이념은 먼저 시대상에 있어 홍익인간 이념의 정통성 대신 경제발전과 근대화라는 근대성에 중심을 두었다고 할 수 있다. 또한 사회상에 있어 유신체제를 강화하는 국민교육헌장의 반민주성과 체제수호적 특성의 문제점은 근본적인 한계를 가질 수밖에 없다.

유신교육 이념기가 한편으로는 양적 성장의 추구라는 일관성을 보였다면, 중요한 민주주의 교육이념은 유신이념에 의해 올바로 실현되지 못하는 한계도 지니고 있었다. 인간상에 있어 5 · 16 쿠데타 이후 군사정부의 문교시책에서는 승공인, 생산력과 기술을 갖춘 인간을 이상향으로 제시했으며, 대통령의 1967년 연두교서에서는 근대적 인간상이 제시된 바 있다.

이에 반해, 북한 교육이념 중 1960년대의 시대상에서 강조되는 점은 당 정책학습과 혁명역사와 같은 정통성이며, 이는 이후 1970년대에 이르러 주체사상으로 더욱 강화되었다. 사회상에서 1960년대의 공산주의 강조는 생산기술교육의 강조와 함께 1970년대의 〈사회주의 교육에 관한 테제〉로 완성되어 나타났다. 여기서는 유일사상체계가 보다 강조되었으며, 지속적으로는 사회주의의 가치인 자주와 평등에 대해서도 더욱 강조되었다. 이상적인 인간상으로는 이 테제에 나타난 바와 같이 주체형의 공산주의적 인간상이 제시되었다.

이처럼 남북한 교육이념은 자유민주주의적 경제발전과 사회주의의 본격적 건설이라는 양적 성장의 교육을 추구하는 교육이념을 내세우고 있다.

먼저 남한은 근대성을 내세우면서 양적 성장 위주의 교육적 이상을 제시하고 있고, 인간상에 있어서도 근대적 인간상을 강조하고 있다. 반면, 북한은 항일무장투쟁의 정통성 강조 속에서도 사회주의와 생산기술교육이념의 근대성을 추구하고 있다. 즉 사회주의적 근대화를 위한 생산기술교육과 근대적 이념인 사회주의 교육이념을 추구하고 있는 것이다. 〈사회주의 교육에 관한 테제〉에서 자주와 평등이 강조됨과 동시에 주체형의 공산주의적 인간상 또한 강조되고 있다. 따라서 남북은 자유민주주의와 사회주의의 기본가치들을 제시하면서도 양적 성장의 교육이념인 근대적 인간상과 생산기술교육의 근대성을 추구하고 있음을 확인할 수 있다.

(3) 질적 전환기의 남북한 교육이념 비교

이 시기 남한의 교육이념은 7·30 교육개혁과 5·31 교육개혁에서 보는 바와 같이, 시대상에서 홍익인간 이념의 정통성보다는 시대적 요구에 부응하는 근대성과 미래지향성에 주력하는 교육이념의 성격을 띠고 있다. 7·30 교육개혁 조치에서 평생교육으로의 적극적인 전환 모색, 이를 실현하기 위한 교육개혁심의회의 구체화 과정, 5·31 교육개혁의 열린교육체제 그리고 정보화사회 · 지식기반사회에 걸맞은 교육이념 추구는 바로 이러한 성격을 잘 드러내는 것이다.

사회상에 있어서도 이 시기 교육이념은 물론 초기인 제5공화국의 국민정신교육의 문제점이 있었으나, 그 이후 제6공화국에 이르러 노태우 정권과 문민정부 그리고 그 이후의 정부에서는 과거와 같은 반공주의 일색의 교육이념에서 탈피하여 민주시민교육과 통일교육 등을 모색하는 긍정적 변화 시도의 모습을 보였다. 인간상에 있어 이 시기의 교육이념은 1981년 교육과정에서 인간상을 제시하여 인간상 정착기(곽병선 외, 1997)로 제시되는 등 새로운 전환을 모색하기도 했다.

그러나 북한 교육이념은 이 시기의 시대상에 있어 혁명전통과 정통성의 강조가 계속되고 있었다. 사회상에서 중심 내용은 온 사회의 주체사상화로 제시될 수 있다. 인간상에서는 이 시기에 중시되는 인간개조의 강조를 주목할 필요가 있는데, 인간개조란 곧 공산주의적 인간형성을 말한다.

이처럼 남북한 교육이념은 이 시기에 이르러 나름의 질적 전환을 모색하는 것으로 보인다. 즉 남한 교육이념의 열린교육체제와 평생교육체제 등은 교육복지 국가로의 진입을 추구하는 질적 전환의 교육적 이상들이며, 이 속에서 근대성과 미래지향성이 아울러 추구되고 있다. 또한 사회상에서는 민주 · 자유 · 통일의 가치를 중점적으로 제시하며, 인간상에 있어서도 새로운 인간상을 제시하는 등 자유민주주의 교육의 질적 전환을 모색하고 있다. 반면, 북한은 일하면서 배우는 교육체제, 온 사회의 인테리화를 통해 교육의 질적 전환을 모색하고 있다. 이 속에서도 북한교육은 정통성, 자주 · 평등의 가치 그리고 집단주의적 인간상인 자주성에 기반을 둔 인간개조 등을 지속적으로 강조하고 있다.

2) 비교결과의 분석

남한의 교육이념으로는 홍익인간 이념과 함께 자유민주주의가 제시되어왔다. 홍익인간 이념이 상징적인 고유이념이었다면, 교육정책 등을 통해 실질적으로 추구된 교육이념은 자유민주주의라고 할 수 있다. 홍익인간 이념은 추상성과 모호성 때문에 실질적인 교육정책을 제시하는 교육이념으로는 한계를 지닐 수밖에 없었다. 따라서 실질적인 교육정책을 대신한 것이 바로 체제이념인 자유민주주의의 교육이념이었다. 이러한 자유민주주의의 교육이념은 개인 간의 경쟁을 둘러싼 교육열과 입시정책, 입시위주의 교육이 남한 교육에서 주요 논쟁점이자 중요 정책이었다는 점에서도 잘 드러난다.

남한 교육이념의 요소들은 이러한 자유민주주의가 교육이념으로 작용해왔음을 보여준다.

먼저, 시대상에서 홍익인간의 정통성이 상징적 · 형식적인 교육이념에 불과했다면, 자유민주주의 경제체제인 자본주의적 경제발전을 위한 근대화 이념 추구의 근대성은 실질적으로 추구되어온 시대상이다. 다음으로, 사회상은 체제이념인 개방적 자유민주주의를 실현하는 교육이념을 나타내고 있다. 자유민주주의의 중요 가치인 자유와 민주는 남한 교육이념에서 줄곧 강조되어왔으며, 세계화와 국제화 시대에 걸맞은 교육이념의 변천과정은 개방적 교육이념의 특징을 잘 보여준다. 또한, 남한의 자유민주주의의 발전과정과 함께 인간상 역시 그에 따른 변화를 보여주고 있다. 근대적 인간상인 생산기술인, 승공인은 자유민주주의의 민주시민, 즉 자유인으로의 인간상 변화를 보여주는 것이다.

한편, 북한의 교육이념은 주체사상과 이를 교육이념으로 제시한 〈사회주의 교육에 관한 테제〉에 잘 드러나 있다. 이 테제가 교육을 제시하는 장전이자 대강령이라면, 이러한 테제를 관통하고 있는 사상은 주체사상이라고 할 수 있다. 즉, 〈사회주의 교육에 관한 테제〉가 구체적 교육이념을 보여준다면, 주체사상은 북한의 교육이념을 실질적으로 좌우하는 근본이념이자 사상이다. 이러한 주체사상이 구현하고자 하는 북한의 체제는 주체사회주의이다. 주체사회주의의 교육은 '수령－당－대중'의 통일체로서의 집단주의교육을 지향한다. 북한의 조직화된 사상학습체제는 이러한 집단주의 교육이념을 잘 보여준다.

북한 교육이념의 요소들은 이러한 주체사회주의가 교육이념으로 어떻게 반영되어왔는지를 보여주고 있다.

먼저, 시대상에서 혁명전통의 정통성이 사회주의적 근대성보다 강조되는 것을 볼 수 있다. 항일무장투쟁의 정통성은 혁명역사를 강조하는 북한 교과에 나타난 것처럼 사회주의적 근대성, 사회주의 건설의 근대성 못지않게 중시되고 있다. 다음으로, 사회상은 체제이념인 주체사회주의를 실현하는 교육이념으로 나타나고 있다. 주체사회주의에서 강조되는 가치는 주체, 즉 자주와 사회주의의 가치인 평등을 들 수 있다. 자주는 대외적 자주, 민족적 자주로서 반미 · 반제국주의와 같이 제시되고 있으며, 평등은 사회주의적 결과의 평등으로서 11년제 의무교육 등에서 잘 드러난다. 마지막으로, 인간상은 주체사상의 형성과정에 따라 공산주의적 인간상에서 주체형의 공산주의적 인간상으로 변화되고 있다. 이는 곧 주체사회주의가 요구하는 인간상, 즉 자주성을 실현하는 자주인이다.

이상의 내용을 간략히 표로 제시하면 다음과 같다.

〈표 9-1〉 남북한 교육이념의 요소별 비교

구분		남한	북한
시대상	정통성	홍익인간	항일혁명전통
	근대성	자본주의적 근대화 교육이념	사회주의 건설의 생산기술 교육이념
	미래지향성	평생교육 · 평생학습사회	인간개조 · 인테리화
사회상	체제이념	개방적 자유민주주의	주체사회주의
	중심가치	자유 · 민주	자주 · 평등
인간상		반공인 → 민주시민(자유인)	공산주의적 인간 → 주체형의 공산주의적 인간(자주인)

2 남한의 정치교육과 통일교육

통일교육을 정치교육과 관련시켜 논의하는 여러 가지 관점 중에 정치교육과 통일교육의 변천과정을 설명한 한만길(2001a)은 통일교육이 정치적인 변화와 정치교육 이념 변화와 함께 변천해왔다고 주장했다.

통일교육의 변천과정은 정권의 변화 및 교육과정의 개정과 더불어 그 양상을 파악할 수 있다. 미군정 시기에는 일제잔재의 청산과 민주주의 도입이라는 정치적 과제를 안고 있었기 때문에 교육에서는 민주주의 교육이 중점적으로 강조되었다. 일제교육의 잔재라고 할 수 있는 수신과가 폐지되면서 잠정적으로 공민과를 새롭게 채택했다. 그러나 이 시기에 별도의 통일교육은 실시되지 않았다.

한편, 해방 이후 교육과정의 변천과 더불어 통일교육 또한 변천해왔는데, 그 과정을 반공교육 시기, 통일 · 안보교육 시기 그리고 통일교육 시기로 구분하여 살펴보면 다음과 같다.

첫째, 해방 이후 1980년대 중반까지는 반공교육이 중심을 이루어왔다. 반공교육은 상대방, 즉 북한 및 공산진영의 이념과 체제의 한계 및 모순을 비판하면서 북한체제를 부정하는 데 그 목적이 있다. 또한 우리, 즉 남한과 자유진영의 이념과 체제의 정당성을 강조하고, 이에 대한 신념을 내면화하는 데 있다. 나아가 반공교육은 북한과의 대결에서 승리하기 위해 대결의식과 적대감을 고취하는 데 목표를 두고 있다. 그동안 명칭상으로 변화해왔던 반공교육, 승공교육 그리고 멸공교육 등이 이에 속한다.

반공교육 시기는 미군정기부터 제4차 교육과정기까지 해당된다. 정부가 수립된 이후에 미수복 지구인 북한을 통일시킨다는 차원에서 통일정책을 추구하면서 반공교육을 실시했는데, 6 · 25 전쟁이 끝난 후 반공교육은 더욱 강화되었다. 이렇게 반공교육이 강화된 것은 한국전쟁의 결과였다고 볼 수 있다.

반공교육은 우선 공산주의 이념과 체제의 모순과 북한체제의 허구성 및 호전성을 알리는 한편, 남한체제의 우월성과 자유민주주의의 정당성을 강조하는 방향으로 실시되었다. 반공교육이라는 이름으로 실시되어 온 이데올로기 교육은 청소년들이 6 · 25 전쟁의 미경험 세대이기 때문에 공산주의와 북한의 실상을 제대로 파악하지 못하고 있는 점, 북한의 대 남한 공산화 전략이 강화되고 있는 점 그리고 남한 내 사회적 갈등이 심화되고 있는 점 등으로 인해 반공이념교육과 대북이념 무장의 형태로 전개되었다. 당시 반공교육은 이데올로기에 대한 개방적 논의를 허용했다기보다는 북한의 공산주의를 비판하고 남한의 자유민주주의를 옹호하는 방식으로 이루어졌다.

이와 같이 반공교육은 북한에 대한 전적인 부정과 동시에 남한에 대한 전적인 긍정이라는 비타협적인 흑백논리에 기초하고 있다. 또한 북한에 대한 적대감과 경계심을 고취시키는 부정적 감정에 호소하는 방법으로 시도되었다. 따라서 이러한 의미의 통일교육은 북한에 대한 이해 · 화해와 남한과의 협력 · 공존과 같이 민족공동체적 화합을 추구하는 데 한계가 있다. 즉, 당시의 반공교육은 진정한 의미의 통일교육이라고 보기는 어렵다.

둘째, 1980년대 후반기에는 통일 · 안보교육으로 변화했다. 종래의 반공교육이 반공논의와 통일논의 사이에서 상호모순이 나타나고, 상충하는 부분이 내포되어 있다는 문제가 제기됨으로써 새로운 변화를 모색하게 된 것이다. 또한 북한에 대한 적대감과 증오심을 유발하는 것이 도덕교육의 관점에서 부적합하다는 문제점이 제기되기도 했다. 이로써 제5차 교육과정 개정에서는 반공교육을 통일 · 안보교육으로 개칭하고, 통일환경의 변화에 따라 새로운 방향전환이 이루어졌다. 그리고 반공생활 영역의 내용에 공산체제 및 현실에 대한 합리적인 비판과 자유민주주의체제의 우월성과 민주시민정신 고취 등의 내용을 보강했다. 또한 북한은 우리의 존재를 실질적으로 위협하고 있는 실체라는 점을 강조하면서, 동시에 북한은 누구도 부인할 수 없는 우리의 반쪽으로, 언젠가는 합쳐 함께 살아야 할 형제라는 점도 강조했다. 즉, 북한은 현재 우리에게 위협적인 실체인 동시에, 함께 살아야 할 형제라는 이중성을 띤 대상이라는 것이다.

셋째, 1990년대에 접어들면서 통일환경이 변화하는 상황에서 통일 · 안보교육은 통일교육으로 변화했다. 제6차 교육과정은 이제까지의 소극적인 분단극복의 차원을 넘어 적극적으로 통일방안을 모색함과 아울러, 통일 이후 민족공동체의 삶에 대비해야 한다는 시각에 토대를 두고 있다.

종래의 통일 · 안보교육은 통일에 대한 열망과 긍정적인 태도를 형성할 수 있도록 지도하되, 우리의 생존을 위협하는 요소에 대한 경계심도 아울러 갖추는 통일과 안보에 대한 균형적인 시각을 길러주도록 했다.

그러나 그 명칭이 통일교육으로 바뀌면서 미래지향적이고 적극적인 통일을 추구하는 방향으로 전환되었으며, 통일·안보교육의 중심을 통일에 비중을 두면서 안보교육은 통일교육의 하위영역으로 지도하게 되었다.

통일교육의 특징은 북한에 대한 동포애적 시각을 전제로 하고 있으며, 민족공동체의 형성과 통일 이후의 삶을 대비하는 데 중점을 두고 있다. 이러한 북한에 대한 시각은 '우리와 함께 살아야 할 형제'라는 동포애의 관점에서 접근하고 있는 것이다. 또한 통일은 우리 민족이 언젠가는 성취해야 할 민족적인 과제임을 인식하고, 통일에 대한 준비를 갖추어야 한다는 점을 강조하고 있다.

3 북한의 민족교육과 남한관

북한의 민족교육 이념은 주체사상과 노동계급의 관점에서 제시되고 있다. 한만길(2001a)은 민족교육은 사회주의 우월성을 인식하고 노동계급의 이익에 부합하는 방향으로 국가와 민족에 대한 긍지와 자부심 및 애착심을 갖도록 하는 것이라고 논의하면서, 북한의 민족교육 이념을 《사회주의 교육학(1988)》에 기초하여 다음과 같이 파악하고 있다.

북한의 민족교육 이념과 관련되는 부분은 사회주의적 애국주의 교양이라고 할 수 있다. 사회주의적 애국주의 교양은 학생들을 사회주의체제를 사랑하는 정신으로 무장시켜, 그들이 사회주의의 융성·발전을 위해 헌신하도록 하기 위한 교양이다. 사회주의적 애국주의는 '노동계급의 당과 정권, 사회주의 제도, 자립적 민족경제 그리고 찬란한 민족문화가 있는 사회주의 조국을 사랑하는 정신'이라고 규정하고 있다.

여기에서 사회주의적 애국주의는 노동계급과 근로 인민대중을 중심으로 하는 계급적 본질을 분명히 밝히고 있다. 노동계급과 근로 인민대중이 사회주의 국가의 중심 세력이며, 그들을 사랑하는 것이 애국주의의 본질이라는 것이다. 또한 계급의식과 민족 자주의식을 결합함으로써 진정한 의미의 애국주의에 도달할 수 있다고 했다. 민족 자주의식은 계급의식을 기반으로 하여 '사회주의 제도에 대한 사랑을 자기 조국에 대한 사랑과 결합시키는 것이 애국주의'라고 한다.

뿐만 아니라, 사회주의적 애국주의를 네 가지 개념으로 설명하고 있다.

첫째, 사회주의 제도의 우월성에 대한 인식이다. 즉, 사회주의 제도의 우월성은 노동계급을 비롯한 전체 근로 대중의 요구와 이익을 구현하는 데 있다고 한다.

둘째, 북한의 민족교육을 이해할 수 있는 개념으로 '민족 제일주의'다. 사회주의 교육학의 원리로 사회주의적 애국주의 교양을 위해 학생들을 민족 제일주의 정신으로 튼튼히 무장시켜야 한다는 것이다. 조선민족 제일주의는 자기 민족을 가장 귀중히 여기는 정신과 민족적 자부심을 가지고 혁명과 건설을 자주적으로 해나가는 민족 자주정신이며, 무엇보다도 우리 민족의 위대성을 인식하고 학생들이 민족적 긍지와 자부심을 가질 수 있도록 지도해야 한다는 것이다. 또한 민족 제일주의 정신은 자기 민족의 우수하고 귀중한 유산을 자랑하고, 이에 대한 애착을 가지며, 민족의 뛰어난 슬기와 창조력을 계승시키는 것이라고 한다.

셋째, 향토애 교양을 강화하는 것이다. 즉 사회주의적 애국주의의 일환으로 조국과 결부시켜 향토애에 대한 올바른 인식을 갖도록 한다. 향토애는 자기 고향산천과 마을, 자기 직장 그리고 자기 학교에 대한 애착심을 가지도록 하는 것이다. 향토애가 조국애와 결합하여 향토와 조국에 대한 애착과 헌신적인 태도를 갖는 것이 중요하다.

넷째, 학생들이 언제나 남조선을 잊지 않도록 교양하는 것이다. 여기서 남한은 미국의 식민지이며 소수가 지배하는 사회이기 때문에, 이에 대한 증오심을 심어주어야 한다는 점을 강조하고 있다. 즉, 남한에 대한 교양은 "미제와 괴뢰도당의 치 떨리는 만행과 민족적 모독행위를 알려주어, 그놈들을 끝없이 미워하도록 하여야 한다."라고 규정하고 있다. 또한 남한주민들과 학생들이 겪고 있는 고통과 불행을 알려주고, 그것을 자신의 고통과 불행으로 인식할 수 있도록 가르쳐야 한다고 주장했다.

한편, 북한의 민족교육에 관한 교육내용은 민족, 통일 그리고 남한에 관해 진술하고 있는 내용으로 파악할 수 있으며, 정치사상 관련 과목을 통해 이를 확인할 수 있다. 북한의 정치사상 과목으로는 인민학교의 '친애하는 김정일 원수님 어린시절'과 '공산주의 도덕' 과목이 있으며, 고등중학교의 경우에는 '지리', '위대한 수령 김일성 대원수님 혁명력사', '위대한 수령 김일성 대원수님 혁명활동', '친애하는 지도자 김정일 원수님 혁명력사', '친애하는 지도자 김정일 원수님 혁명활동' 그리고 '공산주의 도덕' 과목을 들 수 있다.

특히, 남한의 정치부문에 대해 북한의 교과서에는 "남한은 역사적으로나 현실적으로 미제가 강점한 식민지이고, 미제침략자의 괴뢰도당으로서 남한 통치배들은 정치나 경제 등의 모든 부문에서 실패했을 뿐만 아니라, 전쟁도발을 획책하여 남한주민들에게 고통을 안겨주고 있으므로 북한은 미국놈들을 몰아내고 남한을 해방시켜야 한다."라고 되어 있다.

북한의 교과서에는 남한이 상업, 공업, 광업, 농업, 임업 및 수산업 등 모든 부문에서 실패하여 보잘것없는 것으로 묘사되어 있다. 또한, 남한의 행정구역이나 행정단위가 인민을 억압하고 착취하기 위해 일제가 만들어 놓았던 행정구역을 그대로 유지하는 한편, 침략적 목적과 약탈정책에 유리하게 뜯어고친 것으로 진술하고 있다. 남한의 교과서가 북한을 독립적으로 자율적인 정부로 인정하고 있는 것과는 크게 대조된다.

북한의 교과서에는 남한인민들의 투쟁성이 주장되어 있기도 한다. 예컨대, "미제국주의자들의 직접적인 압박과 착취를 받는 것은 남조선 인민들이므로, 남조선에서 미제국주의자들을 몰아내기 위하여 먼저 남조선 인민들이 주동이 되어야 한다."라고 주장하고 있다.

남한의 경제부문에 대해서도 북한 교과서는 한결같이 외국 독점자본가들이 판을 치는 식민지 경제, 계급적 착취성 그리고 노동자와 농민의 빈곤함을 주장하고 있다.

예컨대, '남조선 괴뢰도당이 일본을 비롯한 자본주의 나라들에서 오물공장으로 버림받은 공장설비를 마구 끌어들였다'든가, '공장들은 모두 우리나라의 풍부한 자원을 개발하여 제품을 생산하는 것이 아니라, 원료와 자재를 전적으로 다른 나라에서 가져다 쓰는 예속적인 공장들'이라든가, '공장에서 나오는 제품들은 남조선 인민들을 위한 것이 아니고 미제침략군에게 군수품을 대주거나 그것을 다른 나라에 팔아 제놈들의 돈벌이를 위한 것'이라든가, '지주는 농민의 땅을 빼앗아 가지고 저 혼자만 잘 먹으면서 농민들을 못살게 구는 놈들이고, 지주는 일제놈같이 아주 나쁜 놈으로서 남조선에 많다'든가, '남이야 가슴 아파하든 자기만 좋으면 된다고 생각하는 것은 지주나 자본가놈들이 가지고 있는 나쁜 생각'이라고 하는 등의 진술이 그렇다. 교과서 진술의 사례를 살펴보면 다음과 같다.

"지난날 쌀고장으로 널리 알려졌던 남조선의 벌들은 날강도 미제침략자들의 군사훈련장으로 짓밟히고 있으며 남아있는 논밭들은 수리화가 되지 않아 해마다 큰물에 잠기고 가뭄에 말라터지고 있다."

[고등중학교 2학년 지리(1993), p.29]

"교활한 미제는 뻔뻔스럽게도 선거결과를 거짓으로 꾸며 미제놈들의 앞잡이인 리승만놈을 우두머리로 하는 괴뢰정권을 만들어냈다."

[고등중학교 5학년 지리(1993), p.63]

위의 사례로 북한이 남한사회를 얼마나 왜곡되고 편파적으로 보고 있는가를 알 수 있다. 특히, 이러한 서술은 국어, 공산주의 도덕, 지리, 조선력사 그리고 김일성과 김정일 교과서에 주로 등장한다.

남한의 사회 · 문화부문에 대해서도 북한 교과서에서는 요컨대, 미제와 그 괴뢰도당의 침략적, 약탈적 정책으로 피폐했다고 진술되어 있다. '파쇼적 탄압과 이중 삼중의 착취로 말미암아 무권리와 생활난에 신음하고 있다'거나, '군용지라는 이름으로 농민들의 땅을 빼앗아내어 이르는 곳마다 미제놈들의 군사시설을 설치했다'거나, '남한의 강원도는 살벌한 황무지'라는 등의 진술이 그러하다. 당시 기준으로 보면, 남한의 교과서에서 북한에 대해 김일성 1인 중심의 체제라는 제도적 접근과 그에 따른 장단점을 검토하는 것과는 달리, 북한의 교과서에는 그것이 사실이든 아니든 간에 하나의 현상을 가지고 남한에 대한 매도와 비방에 방향이 맞추어져 있다.

특히, 북한 교과서에는 남한의 환경오염에 대해 자주 지적되어 있다. 예컨대, 서울시는 '버림받은 공장들이 모인 공해도시'라든가, '마산에서는 모든 아름다운 것이 여지없이 짓밟히고 다른 나라의 오물공장들이

판을 치고 있다'든가, '하루에도 수백만 톤을 헤아리는 독 있는 물과 더러워진 물이 한강으로 흘러들며 자동차에서 나오는 더럽혀진 공기가 하늘을 뒤덮는다'든가, '낙동강은 죽음의 강'이라는 등의 진술이 그러하다.

또한, 북한 교과서에서는 남한의 인권문제도 제기하고 있다. 예컨대, "미제와 그 앞잡이들은 남조선인민들에게 초보적인 인권과 자유도 허용하지 않았으며, 혁명가들과 인민들을 마구 잡아가두고 무참히 학살했다."라고 되어 있다.

요약하면, 북한 교과서에 반영된 남한관(觀)은 남한을 하나의 실체로 인정하고 있지 않다. 남한은 배제, 폐지, 타도 그리고 혁명의 대상일 뿐인 것이다.

이처럼 북한 교과서에는 남한과 미국을 편파적이고 왜곡된 시각에서 기술하는 내용이 많다. 즉, 남한은 미국의 지배를 받고 있는 '미제식민지'이며, 남한의 지도자는 미국의 이익을 대변하는 '괴뢰도당'으로 기술하고 있다. 이렇게 제국주의적 시각으로 남한과 미국을 기술하는 내용은 교과서에 자주 등장한다. 예컨대, 북한 교과서에는 남한이 '미제식민지', '괴뢰도당', '반동소굴' 등으로 규정되어 있으며, 미국은 남한을 지배하는 '미제 날강도놈', '침략자', '약탈자', '원쑤' 등으로 표현되어 있다.

북한 교과서에는 남한현실은 정치적인 억압과 경제적인 착취로 인해 비참하다는 내용이 주를 이루고 있다. 미제국주의자들의 압제와 착취로 인해 자연자원은 오염되고 고갈되었으며, 남한주민들은 경제적으로 빈곤하여 고통 받고 있다는 내용이다. 심지어 남한주민들이 미제국주의자들의 만행으로 학살되었을 뿐만 아니라, 생체실험의 대상으로 희생되고 있다는 내용도 등장한다. 이러한 진술의 사례를 살펴보면 다음과 같다.

"미제는 남조선로동자들을 멸시하고 모욕하는 것은 두말할 것도 없고 지하 '비밀공장'에 내몰았다가 공사가 끝난 다음 비밀을 보장한다고 하면서 그들을 집단적으로 학살하는 만행을 서슴없이 감행하고 있다."
[고등중학교 3학년 지리(1993), p.109]

"남조선에는 포항과 인천에 수입파고철에 의거하는 제철, 제강소가 있으나 생산원가가 너무 많이 드는 데다가 원료난과 자금난으로 가동하지 못하고 있다." [고등중학교 5학년 지리(1993), p.111]

"설악산의 아름다운 경치와 풍부한 산림자원은 미제와 그 주구 남조선 괴뢰도당의 반동통치로 인하여 점차 파괴되어가고 있다."
[고등중학교 3학년 지리(1993), p.107]

"미제와 그 앞잡이들은 남조선인민들에게 초보적인 인권과 자유도 허용하지 않았으며 혁명가들과 인민들을 마구 잡아가두고 무참히 학살했다."
[고등중학교 6학년 지리, p.37]

"남조선의 경제는 미제에게 더욱더 예속되고 여지없이 파괴되었다. 남조선인민들의 생활은 막다른 지경에 이르렀으며 온 남녘땅이 인간생지옥으로 변했다." [고등중학교 6학년 지리, p.37]

"미국, 일본 등 자본주의 나라들에 팔려간 어린이들은 자본가놈들의 노예로 되고 생체실험 대상으로도 되며 시달려 죽어간다고 한다."
[고등중학교 6학년 지리, p.43]

또한, 남북한을 대비시켜 북한은 살기 좋은 곳으로 미화하는 반면, 남한은 사람이 도저히 살 수 없는 곳으로 왜곡 비방하고 있다. 남한지역은 전반적으로 인민들을 억압하고 착취하는 곳으로, 따라서 인민들은 헐벗고 굶주리고 있는 곳으로 묘사하고 있다. 북한의 지리 교과서에는 남한의 농토가 미제의 침략으로 메말라 있고, 산림과 환경은 모두 황폐한 것으로 서술되어 있다. 이러한 내용은 북한교육이 학생들에게 남한에 대해 폐쇄적이며 편협한 의식을 강렬하게 고취하고 있음을 말해주는 것이다.

4 교육내용에 표출된 남북한의 동질성과 이질성

북한 교과서에는 남북한의 동질성을 추구하는 데 있어 중요한 단서로 삼을 수 있는 요소들이 있다. 말하자면, 문화의 차이와 국가를 초월하여 교육이 추구하는 보편적 요소라고 할 수 있는데, 읽기, 쓰기, 셈하기를 비롯한 기초지식과 기능 및 과학기술의 습득능력 등이 이에 속한다. 이러한 기초지식은 정치사상교육과 별도로 취급되어야 한다. 그러나 북한교육에 대해 지금까지 정치사상적 내용을 지나치게 중시하고 비중이 큰 것으로 인식하고 있기 때문에, 이러한 내용을 간과하기 쉽다는 점을 상기할 필요가 있다고 한만길(2001a)은 밝힌 바 있다.

북한의 교육내용에는 일반적 지식이나 가치와 관련된 부분들이 많다. 교육내용의 체계 중에서 정치사상 관련 내용을 제외하면 대부분이 보편적 지식과 가치에 관한 내용이다. 예컨대, 우리말에 대한 이해, 수학, 과학, 외국어 그리고 한문에 관한 교육내용을 들 수 있다. 우리 민족의 말과 문자에 대한 교육, 기초적인 수리교육, 수학·과학 분야의 기본적 원리, 외국어와 한문에 관한 지식 등은 남과 북이 함께 공유할 수 있는 보편적 지식과 가치를 포함하는 것이다.

북한의 공산주의 도덕 교과서에는 정치사상교육의 중요한 내용이 담겨 있다. 여기에서는 주체사상을 중심으로 하는 도덕교양을 강조하고 있으며, 공산주의 사회에서 지향하는 도덕, 즉 집단주의 도덕규범을 중요내용으로 다루고 있다. 그런데 공산주의 도덕 교과서에서 제시하고 있는 모든 규범이나 도덕적 원리는 김일성이나 김정일의 말 또는 글의 형태로 제시되어 있다. 북한사회에서 김일성과 김정일의 말은 곧 절대적인 진리로 통용되고 있으며, 그것에 대해 어떤 반대이론도 전개할 수 없다. 따라서 공산주의 도덕 교과서는 김일성의 교시나 글에 대한 부연설명 또는 방증을 모아 놓은 것이라고 할 수 있다.

그럼에도 불구하고 공산주의 도덕 교과서 내용의 본질적 요소를 살펴보면, 다음과 같은 보편적인 도덕규범을 내포하고 있다는 점을 인정할 필요가 있다. 이 보편적인 도덕규범은 기초적 생활태도와 인간관계에 관한 내용 그리고 전통적인 도덕규범에 관한 내용을 담고 있다.

첫째, 기초적 생활태도에 관한 내용으로서 질서, 근면, 성실 등의 생활태도를 강조한다. 이런 내용은 어느 나라의 어떠한 교육이든 간에 보편적으로 지향하는 가치규범이다. 또한 우애, 정직, 향토애, 준법정신 그리고 양심 등 인간관계를 규정하는 가치규범은 인간관계의 형태와 내용에서 사회와 국가에 따라 차이는 있지만, 기본적으로는 도덕적 가치로서 중시하는 요소이다. 북한에서도 이러한 생활태도와 인간관계의 가치규범을 교육을 통해 강조하고 있으며, 학생들에게 철저히 훈련을 통해 습득하도록 하고 있다.

둘째, 북한의 공산주의 도덕 교과서에도 우리 민족이 전통적으로 강조하고 있는 도덕규범을 강조하고 있는데, 이러한 내용은 남북한의 동질성을 발견하는 데 있어 중요한 단서가 된다. 여기에는 예절이나 신의와 같은 전통적인 규범들이 있으며, 생활문화에 관한 내용도 포함될 수 있다. 북한에서도 우리 민족의 전통적 요소라고 할 수 있는 의식주 생활양식, 생활풍습 그리고 전통적인 도덕규범을 강조하고 있는 것이다.

특히, 지난 1980년대 후반 이후부터 북한은 국내외적인 어려움을 극복할 수 있는 하나의 방편으로 전통풍습을 강조하기 시작했다. 민족문화가 사회주의 문화 건설에 있어 중요한 의의를 지닌다는 관점에서 전통문화를 중시하는 것이다. 특히, 민족의 전통과 미풍양속을 사회주의 현실에 알맞게 계승 · 발전시키는 것이 사회주의 도덕이라는 점을 부각시키고 있다. 북한에서 강조하고 있는 도덕규범의 영역으로는 집단생활윤리, 조국에 대한 윤리, 동지들 사이의 윤리, 가정윤리, 사회생활윤리 그리고 일상생활윤리 등이 있다. 여기에서도 집단생활윤리나 동지들 사이의 윤리와 같이 전통적인 도덕규범을 집단주의 생활윤리와 결부시키고 있음을 알 수 있다.

다른 한편으로는 가족관계를 비롯하여 동료와 이웃관계의 윤리를 규정하고 있는 가정윤리, 사회공동생활윤리, 일상생활윤리는 개인생활, 가정생활 그리고 사회생활 속에서 지켜야 할 기본적인 도덕규범을 규정하고 있는 점에서 우리와 상통하는 요소라 할 수 있다. 가정윤리는 부모와 처자 및 형제자매를 비롯한 가족관계에서 인간의 도리를 지켜야 한다는 점을 규정하고 있다. 특히, 우리 민족이 전통적으로 예의범절을 중시하고 있다는 점을 강조하면서, 학생들에게 생활태도를 익히도록 강조하고 있다. 예를 들면, 공산주의 도덕 교과서에는 '동방예의지국의 자랑'이라는 단원이 설정되어 있는데, 여기서 우리 민족은 전통적으로 예의범절을 중시했으며 민족의 언어와 문화를 발전시켜왔음을 강조하고 있다.

"우리나라는 오래 전부터 해 솟는 맑은 아침의 나라라는 자랑과 함께 동방예의지국이라는 자랑을 가지고 있습니다. …… 우리 인민은 반만년 전부터 한 강토에서 하나의 언어와 문화를 가지고 아름다운 도덕풍습을 꽃피우며 근면하게 살아왔습니다. …… 조선 사람들은 례절과 의리가 매우 밝고 마음씨가 부드럽고 고왔습니다. 우리나라의 어느 동네, 어느 마을을 가보아도 이웃사이에 의좋게 지내며 한 가정처럼 오붓이 살아가는 단란한 모습을 볼 수 있습니다." [공산주의 도덕 3학년용(1995), p.40]

이러한 요소들은 북한교육이 이질성과 특이성을 지니고 있다고 해도 교육에서 추구하는 보편성을 반영하는 것이며, 민족적인 동질성을 내포하는 것이다. 따라서 이러한 교육내용의 동질성과 보편성이 갖는 중요한 의미를 간과할 수 없을 것이다.

그러나 한편으로는 남북한 교과서의 통합과정에서 이념과 체제의 차이로 인해 발생하는 괴리와 갈등을 어떻게 처리할 것인지의 문제가 제기된다. 이러한 문제는 남북한 통일국가의 형태와 통일의 방법에 의해 근원적으로 해결할 수 있기 때문에 접근하기 쉽지만은 않다. 통일국가의 형태에 대해 이론적 또는 이상적 논의는 가능하지만, 여기서는 그러한 논의가 의미 없을 것으로 판단되어 생략하기로 한다. 다만, 현실적으로 북한 교과서의 내용상 특성을 고려할 때 직면하게 되는 문제가 무엇인지 그리고 어떻게 접근해서 통일에 대비할 것인지에 관해 논의하기로 한다.

현실적으로 가장 시급히 해결해야 할 문제는 북한 교과서의 남한과 미국에 대한 기술방법이다. 북한 교과서 내용 중에는 남한과 미국에 대해 왜곡하고 비방하는 서술이 많다. 앞서 언급한 바와 같이 북한 교과서에서는 남한을 폄하하는 표현을 하고 있는데, 한 가지 예로 서울을 설명하는 부분을 예시하면 다음과 같다.

> "서울시는 지형상으로 서남쪽에만 벌판과 잇닿아 있고 다른 쪽들은 큰 산들로 둘러싸여 있어서 하나의 분지를 이루고 있다. …… 서울은 미제침략자들과 남조선 괴뢰도당의 파쑈통치기구가 집결되어 있는 반동소굴이며 식민지 통치의 아성으로 되어 있다."
>
> [고등중학교 3학년 지리(1995), p.61]

한편, 남북한 교육내용의 이질적인 부분에 대한 접근을 위해서는 우선 북한이 남한을 왜곡하고 비방하는 교육내용을 시정하고, 정확하고 객관적으로 기술하도록 해야 할 것이다. 통일은 남북한이 상대방을 정확히 이해하고 화해하며 협력하는 가운데 점차적으로 이루어나갈 수 있다. 통일과정에 들어서기에 앞서 상대방을 이해하고 포용할 수 있는 자세를 갖는 것이 무엇보다 중요하다. 교육을 통해 학생들이 상대방에 대해 정확히 이해하고, 상대방과 화해하고 협력할 수 있는 자세를 기르도록 해야 한다. 이러한 관점에서 볼 때, 북한 교과서의 시정 작업은 다른 어떤 사업보다도 시급하고 중요한 과제이다.

더불어 남한의 교과서에서 북한사회와 주민들에 대한 객관적인 사실을 정확히 전달하여 이해할 수 있도록 해야 한다. 나아가 북한주민들을 우리의 이웃으로 또 동포로서 화해하고 포용할 수 있는 자세를 갖도록 해야 한다. 이러한 북한에 대한 교육은 우리가 통일교육이라는 영역으로 다루고 있는데, 최근 들어 통일교육은 과거의 냉전적이며 대결적인 반공교육에서 탈피하고 있다. 이런 점에서 남북한 상대방에 대한 정확한 교육을 위해 상호 노력하는 자세를 보이는 것이 중요하다.

다음으로, 북한의 이념과 체제의 특수성을 반영하고 있는 내용들에 대한 검토가 필요하다. 즉, 북한 교과서에서 김일성과 김정일에 이어 김정은까지 절대시하고 있으며, 그들에 대한 충성심을 고취시키고자 설정되어 있는 과목과 내용에 관한 문제이다. 이는 북한체제의 특수성으로 인해 북한교육에서 매우 중요한 부분으로 자리 잡고 있는 것이 현실이다. 바로 이 부분이 3대 세습에 대한 우상화교육인데, 이 교육은 북한체제를 유지하는 데 있어 결정적으로 중요한 요소이다. 그러므로 이는 북한이 변화하는 과정에서 스스로 점차적으로 해결해야 할 문제인 것이다.

현대사회는 다원주의적 가치를 추구하고 있으며, 교육은 다원적 가치를 인정하고 수용하면서 학습자 스스로 자신의 가치판단을 학습하도록 하는 훈련과정이라고 할 수 있다. 이렇게 볼 때 개인을 절대시하고 그가 추구하는 가치를 신봉하도록 하는 교육방법은 많은 한계점을 지니고 있다는 사실을 인식할 필요가 있다. 특히, 북한교육은 학생과 주민들에게 북한체제가 추구하는 사상과 이념을 철저히 교화함으로써 북한체제를 유지하는 데 매우 중요한 기능을 수행하고 있다. 그러나 한편으로 북한교육이 북한체제를 더욱 경직되고 획일적으로 만드는 데 기여하고 있음은 부인할 수 없다.

남북통일이 성취되는 길이 멀고도 험난한 과정임을 예상하듯이, 교과서의 통합 또한 수없이 많은 난관을 짐작케 한다. 무엇보다도 남북한의 모든 교과서에는 남북이 추구하는 각자의 이념과 체제의 특성이 핵심적으로 반영되어 있기 때문에, 교과서 통합은 통일과정에서 가장 민감한 문제로 대두된다. 그리고 때로는 최대의 걸림돌이 될 수도 있다. 그러나 더 이상의 대립과 갈등은 남북한 서로에게 결코 이익이 될 수 없으며, 또 다른 반목과 대결은 남북한 모두에게 국력의 낭비와 폐해만을 가중시킬 수 있음을 인식하고 있는 현 시점에서 우리는 서로를 이해하고 화합할 수 있는 현실적인 길을 찾아 나서야 한다. 그것은 서로를 진지하게 이해하고 수용하는 자세 그리고 자신의 단점을 직시하고 상대방의 장점을 인정하려는 자세에서 비롯된다고 할 수 있다. 남북의 평화통일을 위한 첫걸음은 상대방의 처지와 주장을 이해하고, 그것을 인정하는 태도를 배우는 자세로부터 시작되기 때문이다.

▸ 한만길 엮음(1999). 《북한에서는 어떻게 교육할까 – 북녘에서 살다 온 16인의 생생한 교육 체험기》

(서울 : 우리교육. pp.150–151)

남조선에 오면 집도 없이 살 줄 알고 반대하다[1) – 김해룡[2)

북한에서는 북한이 세계에서 제일 좋은 제도를 갖추고 있으며 이 세상에서 가장 훌륭한 지도자 동지를 모시고 있다고 교육한다. 그리고 남한에서는 학생들이 돈을 내고 학교에 다니기 때문에 많은 아이들이 학교에 못 다니고 먹을 것이 없어 쓰레기통을 뒤지며, 집이 없어 길거리에서 잠을 잔다고 한다.

어릴 때부터 이렇게 가르치니까 진짜로 북한이 제일 좋은 나라이고 남조선은 제일 못사는 나라로 알고 있다. 우리 가족이 두만강을 넘어올 때 나는 반대를 했다. 그때는 한국에 가면 남조선 아이들처럼 학교도 못 다니고 집도 없이 살 줄 알았고, '위대한 영도자 김정일 장군님'의 품을 떠나서는 살 수 없다고 생각했다. 너무 어릴 적부터 그렇게만 교육을 받았기 때문이다. 아마 나뿐이 아니고 대부분 북한 아이들도 나처럼 행동했을 것이라고 생각한다. 지금에 와서 생각해보면 북한의 거짓말 교육이 얼마나 큰 잘못을 저지르는지 알 수 있다. 반대를 하긴 했지만, 결국 아버지를 따라온 것을 천만다행으로 생각한다.

교복도 2년에 한 번씩 주는데, 다른 것은 무상이라고 해도 교복만은 무상이 아니다. 교복을 사려면 북한 돈 100원 정도가 들어야 한다. 100원이면 정말 큰돈인데 돈이 없어서 전에 입던 교복을 3~4년 정도 입는 아이도 있다. 여러 곳에 구멍이 난 낡은 바지를 입고 다닌다. 북한 교복을 간단히 얘기하면 바지, 남방, 붉은 넥타이 그리고 휘장이라는 것이 있는데 왼쪽 가슴에 달고 다녀야

---

1) 정종남은 한만길 엮음(1999)의 《북한에서는 어떻게 교육할까 – 북녘에서 살다 온 16인의 생생한 교육 체험기》에 "남조선에 오는 걸 반대한 해룡이(pp.148-151)."라는 제하에 주제별로 2가지 내용을 기술했는데, 이 자료는 그중 두 번째 내용임.

2) 고등중학교 5년 이수, 1997년 남한 이주, 현재 고교 재학 중. ; 한만길 엮음(1999). 위의 책, p.148. 재인용.

한다. 그리고 중3 정도 되면 김일성 빠지(배지)를 달고 다녀야 한다.

교과서는 무료로 학교에서 주는데 낡은 경우가 많다. 선배들이 쓰던 교과서인데 한 5~6년 정도 물려받은 교과서이다. 그러니 글자도 제대로 보이지 않고 페이지도 제대로 없다. 간혹 제지공장에서 몇몇 교과서들이 나오기도 하는데 그 종이가 강냉이 잎으로 만든 것이어서 그것 또한 글자가 잘 보이지 않고 오작품이 많다. 또한 학용품도 문제가 크다. 공책이 없어 연필로 쓴 곳에 다시 쓰는 일도 있다. 이렇게 북한의 교육실태는 말도 할 수 없이 비참하다.

제10장

동서독의 통일

제10장 동서독의 통일

1 동서독의 통일정책

서독은 통일을 헌법적 의무로 규정해 집권당이 교체되더라도 일관된 정책을 유지해왔다. 반면, 동독은 서독과 별개의 국가 건설을 헌법적 목표로 설정하고 있어서, 통일문제에 대한 접근 자체에 현격한 차이가 있었다. 이러한 접근방식은 현재 한반도 상황과 다소 유사한 점이 있다는 인식하에 염돈재(2010)가 설명하고 있는 동서독의 통일정책을 부분 발췌해 안내하기로 한다.

1) 서독의 통일정책

(1) 기민당 아데나워 정부의 '힘의 우위' 정책(1949. 9 ~ 1963. 10)

서독의 초대 아데나워(K. Adenauer) 정부에서는 국제정치 현실에 비추어 통일은 미래의 목표일 뿐 당면한 정책목표가 될 수 없다고 생각했다. 따라서 최우선 정책목표를 ① 서독의 완전한 주권회복, ② 경제재건, ③ 서방과의 결속 강화에 두었으며, 통일문제에 대해서는 '자석이론'대로 서독이 정치 · 경제적으로 확고한 우위를 확보하면 동독의 붕괴와 소련의 점령지(동독) 포기를 유도해 통일이 될 수 있다는 입장이었다. 특히 아데나워 정부는 통일방안으로서 자유선거에 의한 통일을 주장했고, 동방정책(Ost-Politik)[1)]에서는 힘의 우위와 동독의 고립화를 위해 서독의 유일대표성과 할슈타인 원칙(Hallstein Doctrine)을 견지[2]했으며, 오더-나이세 국경선(Oder-Neiße-Linie)[3] 인정을 거부했다.

이러한 아데나워 정부의 친서방 및 대소 · 대동독 강경책은 국내외 정세변화로 인해 중요한 시련을 맞게 되었다. 1961년 8월 동독의 베를린 장벽 구축으로 인한 제2차 베를린 위기와 1962년 미국과 소련 간의 쿠바 미사일 위기를 계기로 아데나워의 강경노선에 대한 서독국민들의 우려와 비판이 높아지기 시작했다. 더욱이 미 · 소 간에 데탕트 분위기가 고조되고 사회당의 젊은 정치인 브란트(W. Brandt)의 '작은 걸음 정책(Politick der kleinen Schritte)'이 인기를 얻게 됨에 따라 아데나워 총리는 퇴진하고, 그의 친서방 · 대동독 강경정책도 변화를 겪게 되었다.[4]

---

1) 동방정책은 소련과 동유럽 및 동독에 대한 서독의 정책을 총체적으로 지칭하는 용어이며, 브란트 총리가 추진한 소련과 동유럽 및 동독에 대한 화해 · 협력정책은 '신동방정책(Neue Ost-Politik)'이라고 부른다. ; 염돈재(2010). 《독일통일의 과정과 교훈》. 서울 : 평화문제연구소. p.57, 재인용.

2) '서독의 유일대표성'이란 서독만이 자유선거에 의해 수립된 유일한 합법국가로서 독일을 대표할 수 있는 권한을 갖고 있다는 것을 의미한다. 할슈타인 원칙은 2차 대전 전승국인 소련 외에 동독과 수교하는 나라와는 국교를 갖지 않는다는 서독정부의 외교원칙으로 1955년 할슈타인(W. Hallstein) 외무차관이 발표했다. 할슈타인 원칙은 서독의 루마니아(1967) 및 유고슬라비아(1968)와의 수교를 계기로 폐기되었다. 한국정부도 한때 북한과 수교한 나라와는 국교를 맺지 않는다는 원칙을 적용했으나, 1970년 박정희 대통령의 〈8 · 15 평화통일구상선언〉을 계기로 이 원칙을 폐기했다. ; 염돈재(2010). 위의 책, p.57. 재인용.

3) 오더-나이세 국경선은 1945년 8월 포츠담 회담에서 독일과 폴란드의 잠정적 국경선으로 인정되었다가 독일 통일 후 독일과 폴란드의 정식 국경선이 된 경계선을 말한다. 오더-나이세 국경선의 인정으로 독일은 제3국 시대 영토의 25%를 잃게 되었다. 이 국경선 인정문제는 독일 통일 시 서독 내에서 뜨거운 논쟁 대상이었으나, 서독정부가 이 국경선을 인정하지 않고는 통일이 불가능하다고 판단, 폴란드와의 조약을 통해 인정하게 되었다. ; 염돈재(2010). 위의 책, p.57. 재인용.

4) 아데나워는 실제로는 독일 통일과 반대되는 정책을 취했지만, 선언적 · 이데올로기적 차원에서는 반복해서 독일 통일의 가능성과 희망을 부추겼다.; 손기웅(2007).

(2) 에르하르트 및 키징거 총리의 변화모색(1963. 10 ~ 1969. 10)

아데나워의 후임인 에르하르트(L. Erhard) 총리[5]는 아데나워 정부의 정책을 대부분 답습하면서도 국제정세의 변화를 반영하여 대 동독 및 대 동유럽과의 관계 개선을 모색했으나, 결실을 맺지 못한 채 경제부진으로 퇴진했다.

이어서 기민당과 사회당 간의 대연정[6]으로 집권한 키징거(K. G. Kiesinger) 정부[7] 시기는 대내외 환경이 급격히 변화하기 시작한 때여서, 부분적으로 정책노선 변경이 있었다. 국제적으로는 동 · 서 간의 데탕트가 진전되고 프랑스가 나토에서 탈퇴하는 등 서구동맹 간의 결속이 이완되기 시작했고, 제3세계에서 다수의 신생국이 출현함에 따라 친서방 일변도의 정책과 할슈타인 원칙의 지속이 어렵게 되었다. 국내적으로는 전후에 태어난 68세대들이 친미적인 부모세대를 조롱하고 공산혁명가인 체 게바라(Che Guevara)와 호치민(Ho Chi Minh)을 숭배하면서 동독과의 접촉 증대를 요구하여 기존 정책노선의 대폭적인 변화가 불가피하게 되었다.

기민당 출신의 키징거 총리는 연정 파트너인 브란트 외무장관의 영향

《통합정책과 분단국 통일: 독일사례》. 서울 : 통일연구원. p.31. ; 염돈재(2010). 위의 책, p.58. 재인용.

5) 에르하르트는 아데나워 정부에서 경제장관으로 재임하며 '라인강의 기적'을 이루어 '경제 기적의 아버지'로 불렸으며, 아데나워 총리 퇴진 후 1963년 10월부터 1966년 11월까지 총리로 재임했다. ; 염돈재(2010). 위의 책, p.58. 재인용.

6) 독일에서는 양대 정당 간의 연립정부를 '대연정', 대정당과 군소정당 간의 연립정부를 '소연정'이라 부르며, 특히 대연정을 '코끼리들의 결혼'이라고도 부른다. ; 염돈재(2010). 위의 책, p.58. 재인용.

7) 키징거 총리는 1966년 12월부터 1969년 10월까지 재임했다. ; 염돈재(2010). 위의 책. p.57. 재인용.

을 받아 할슈타인 원칙의 포기, 오더-나이세 국경선의 인정 그리고 동독의 사실상 승인 등 일부 정책노선을 수정했다. 그러나 젊은 세대의 대폭적 변화요구를 외면한 채 서방중심 외교노선, 서독의 유일대표성 및 서독 주도하의 통일원칙 등 기본적 정책노선을 고수함으로써 인기를 잃게 되었다. 이에 따라 사민당이 1969년 10월 대연정을 파기하고 자민당과 연립정권을 수립함으로써 기민당은 건국 후 처음으로 사민당에 정권을 넘겨주게 되었다.

(3) 브란트 총리의 신동방정책(1969. 10 ~ 1974. 5)

젊은 세대의 변화 욕구를 발판으로 집권한 브란트 총리는 '접근을 통한 변화'를 표방하면서 동독은 물론 소련 및 동유럽권과의 적극적인 접촉을 추진했다. 특히 동독과는 '1민족 2국가'를 표방하면서 대등한 입장에서 회담할 것을 제의했다.[8] 그의 신동방정책은 현실적으로 통일이 불가능하므로 동독과의 교류 · 협력을 증진하여 '사실상의 통일'을 달성한다는 것으로, 통일정책이라기보다는 '분단의 평화적 관리정책'이라는 평가를 받았다.

브란트의 대소 관계개선 노력과 동독에 대한 적극적인 제의를 계기로 1970년 3월과 5월, 2차에 걸쳐 동서독 정상회담이 개최되었고, 그해 8월 이후 소련, 폴란드 및 체코와의 관계 정상화를 위한 일련의 '동방조약'을 체결했다. 이어서 1972년 12월 동독과 동서독 기본조약을 비롯한 각종 교류 · 협력 협정을 체결하고, 1973년 9월에는 동서독이 유엔에 동시

8) 그러나 브란트는 동서독은 서로 외국이 아니며 동독에 대한 국제법적인 인정은 고려할 수 없다는 점을 분명히 했다. 왜냐하면 동독을 하나의 국가로 인정할 경우 서독 기본법 전문의 통일명제와 정면으로 배치되기 때문이다. ; 염돈재(2010). 위의 책, pp.59-60. 재인용.

가입함으로써 정치, 경제, 사회, 문화 및 체육 등 모든 분야에서 동독과의 교류와 협력이 대폭 확대되었다. 그러나 1974년 5월 브란트 총리의 비서 기욤(G. Guillaume)이 동독의 스파이라는 사실이 밝혀져 브란트 총리가 사임함으로써 사민당의 동방정책은 다시 한번 변화의 계기를 맞이하게 되었다.

(4) 슈미트 총리의 실용주의 노선(1974. 5 ~ 1982. 10)

브란트에 이어 집권한 사민당의 슈미트(H. Schmidt) 총리는 브란트의 정책노선을 계승하면서도 브란트에 비해 서방과의 관계를 중시했다는 점에서 차이가 있다. 슈미트 총리는 동·서 간의 데탕트 및 유럽 통합 분위기에 편승해 서방과 소련 사이에서 '양다리 외교'를 추진하려 했다. 그러나 1979년을 전후로 데탕트 분위기가 퇴조하고 동·서 진영 간에 긴장이 고조됨으로써 여러 가지 어려움에 직면하게 되었다.

1975년 헬싱키에서 유럽안보협력회의(Conference on Security and Cooperation in Europe : CSCE) 정상회담이 개최된 것을 계기로 서구에서는 소련의 영향력 확대를 경계하는 분위기가 조성되기 시작했다. 1979년 12월 12일 나토가 소련 중거리 핵미사일의 유럽 배치에 대응해 이른바 '나토의 이중결정'[9]을 한 데 이어, 12월 27일에는 소련이 아프간을 침공, 동·서 간의 긴장이 대폭 고조됨으로써 슈미트 정부는 브란트의 대외정책 노선을 그대로 계승하기가 어렵게 되었다.

이러한 일련의 사건들을 계기로 서독정부는 서독 독자외교의 한계를

9) '나토의 이중결정'이란 소련의 SS-20 중거리 핵미사일의 유럽배치에 대응하여 나토가 Pershing II 미사일을 배치하기로 하되 사전에 소련에 대해 이 분야 무기의 군축을 제안한다는 결정을 말하며, '무기배치'와 '협상추진'을 동시에 결정했다는 의미에서 '나토의 이중결정'이라고 부르게 되었다. ; 염돈재(2010). 위의 책, p.60. 재인용.

명확히 인식하게 되었고, 슈미트 정부는 새로운 정책의 개발보다는 기존 정책의 성과관리에 치중하는 '위기관리자'의 역할에 머물 수밖에 없었다.

(5) 콜 총리의 통일실현 시기(1982. 8 ~ 1998. 10)

콜(H. J. M. Kohl) 정부는 사민당의 연정 파트너인 자민당이 사민당과의 불화로 연정 파트너를 기민당으로 바꿈에 따라 13년 만에 다시 집권했다. 사회당 정권의 성과 없는 긴장완화 정책과 사회보장 혜택의 축소문제를 둘러싸고 사민당과 자민당 간의 정책노선에 차이가 많았기 때문이다.

콜 정부는 이른바 '서방과의 협력에 바탕을 둔 동방과의 협력'을 표방하면서 아데나워 초대총리의 '자석이론'과 '힘을 통한 변화' 정책으로 회귀했다. 그러나 콜 총리는 사민당의 브란트 정부와 슈미트 정부가 이룩한 신동방정책의 업적을 그대로 계승하여 소련 및 동독과의 협력관계를 계속 확대해나갔다. 대다수 국민들이 동독과의 활발한 교류 · 협력관계가 그대로 지속되기를 희망했기 때문이다. 또 1985년 집권한 소련의 고르바초프(M. Gorbachev) 서기장이 적극적인 개혁 · 개방정책을 추진, 동·서 간의 화해 분위기가 다시 조성된 데다가 동유럽에서 자유화 · 민주화 운동이 시작되어 이들 여건의 변화를 적극 활용할 필요도 있었다.

콜 정부는 1983년과 1984년 두 번에 걸쳐 동독에 19억 5천만 마르크[10)]의 현금 차관을 제공하고, 1987년에는 동독 호네커(E. Honecker) 서기장을 서독으로 초청, 동서독 간에 화해 · 협력 분위기가 다시 고조되기 시작했다. 그러나 1989년 11월 베를린장벽이 붕괴되고 그해 말까지 46만 여명의 동독주민이 서독으로 탈출하자, 콜 정부는 사민당과 각 주

10) 1990년 환율로 약 1조 2천억 원에 해당되는 금액이다. ; 염돈재(2010). 위의 책, p.62. 재인용.

정부의 격렬한 반대에도 불구하고 동독 탈출자를 전원 수용하는 한편, 동독 공산정권의 〈국가연합 통일방안〉[11]과 경제원조 요구를 단호히 거부함으로써 동독혁명을 통일로 연결시키는 데 성공했다.

2) 동독의 통일정책

(1) 1949년 헌법의 통일관련 조항과 통일정책

1949년 제정된 동독헌법에는 통일관련 조항이 들어있지 않았다. 그러나 제1조 "독일은 불가분의 민주공화국이다."라는 규정은 통일된 독일을 전제로 하고 있고, 동독정부도 동독이 독일제국의 계승권과 단독 대표권으로 가졌다고 주장함으로써 분단 초기에는 통일을 포기하지 않은 것으로 해석된다.

그러나 시간이 지남에 따라 통일문제에 대한 동독의 입장은 조금씩 변화되기 시작했다. 1953년 9월 동독 초대 울브리히트(W. Ulbricht) 서기장은 두 개의 국가론을 제시하면서 동서독이 상호 국제법적으로 인정해야 한다고 주장함으로써 분단을 기정사실화하는 것처럼 보였다. 그러나 1955년 9월 소련과 체결한 동독 주권조약 전문에서는 "양국은 독일 통일의 실현을 위해 공동 노력할 것."이라고 명시함으로써 상반된 태도를 보였다.

그러나 그 후 발표된 동독의 통일노선을 보면 표면적으로는 통일이 국가목표인 것처럼 보이지만, 실제로는 동독을 서독과 별개의 주권국가

---

11) 국가연합은 국제법상의 국립 국가들이 조약에 의해 결합하여 외교 등 국가기능의 일부를 공동기관을 통해 행사하는 국가결합의 형태를 의미한다. 동독은 전에도 통일은 반대하면서도 외교적 승인확보와 국민들의 통일열망에 부응하는 모습을 보이기 위해 〈국가연합 통일방안〉을 제시한 적이 여러 번 있었다. ; 염돈재(2010). 위의 책, p.62. 재인용.

로 인정받는 데 주력하고 있었음을 알 수 있다. 1957년 1월 개최된 사회주의통일당(SED) 제30차 중앙위원회에서 채택된 〈국가연합 통일방안〉은 서독, 동독 및 서베를린으로 국가연합을 구성하되,[12] 국가연합에는 상부에 중앙권력을 두지 않고 각각 자기 나라의 의회와 정부에 권고안을 제시하는 역할만을 하도록 한다는 것이었다. 동독의 구상은 중앙권력보다는 구성원의 독립성을 부각시킴으로써 독립국가로서의 동독의 존재를 부각시키려는 의도였다.

1966년 12월 울브리히트 서기장은 다시 동서독 간의 국교정상화와 불가침조약 체결, 유럽의 현 국경선 인정 그리고 모든 유럽 국가와의 국교정상화 등을 전제로 하는 〈국가연합을 위한 10개항의 정책선언〉을 발표했다. 그러나 1967년 1월 제7차 사회주의통일당 전당대회에서 통일은 국가목표이지만 사회주의하의 통일만 가능하다고 선언함으로써 〈국가연합 통일방안〉을 사실상 포기했음을 시사했다.

이러한 동독의 〈국가연합 통일방안〉 제의는 전혀 통일을 염두에 둔 것이 아니었다. 그들의 의도는 동서독 주민들의 통일욕구에 대응하면서 국가연합의 동등한 구성원으로 함께 국제기구에 가입함으로써 서독과는 별개 국가로 국제적 승인을 받으려는 데 있었다.

(2) 1968년 헌법과 통일조항

1968년 개정된 동독헌법에는 1949년 헌법과 달리 통일에 관한 조항이 있었다. 제8조 2항에 "…… 독일민주주의공화국과 그 시민은 한걸음 나아가 제국주의자에 의해 강요된 독일분단을 극복하고 두 독일국가의

12) 동서독 외에 서베를린을 국가연합 구성원으로 한 것은 서베를린이 서방 3개국 군사점령 지역으로 서독의 주권이 미치지 못하는 지역이었기 때문이다. ; 염돈재(2010). 위의 책, p.64. 재인용.

단계적인 접근을 통해 민주주의와 사회주의의 기반 위에 통일이 이루어지도록 노력한다."라고 규정된 것이다. 그러나 이 조항은 독일의 재통일에 목표를 둔 것이 아니었다. 독일분단의 책임을 서독 측에 미루면서, 통일은 서독이 주장하는 자유선거 방식에 의해서가 아니라 동독과 서독의 단계적 접근을 통한 공산화 방식으로 이루어져야 한다고 주장함으로써 동독 정권의 정통성을 보완하려는 홍보용 조항이라고 볼 수 있다(김철수, 2004).

(3) 1974년 헌법과 통일조항의 삭제

1969년 12월 동독 울브리히트 서기장은 서독의 하이네만(G. Heinemann) 대통령에게 외교관계 수립을 위한 조약 초안을 제시함으로써 〈국가연합 통일방안〉을 사실상 포기했음을 시사했다. 이어 동독은 1974년 10월 헌법을 개정해서 제8조 2항(통일조항)을 삭제하는 한편, 제6조를 개정하여 동독과 소련이 영구적인 동맹관계임을 명백히 했다. 따라서 그 이후부터 통일은 형식적이나마 동독의 국가목표에서 완전히 배제되었다.

동독이 개정헌법에서 통일조항을 삭제한 이유는 1972년 동서독 기본조약이 체결되고 1973년 9월 유엔에 동시 가입함으로써 동독이 국제적으로 별개 국가로서 승인을 받게 되어, 더 이상 헌법에 통일관련 조항을 유지할 필요가 없다고 생각했기 때문이다. 그 이후 동독은 서독과 동등한 입장에서 정상회담을 개최하고 각종 조약을 체결함으로써 서독과는 별개 국가로서의 정체성을 발전시켜나가는 데 주력하게 되었다.

(4) 모드로우 정권의 '조약공동체' 통일방안

동독주민들의 시위가 격화되고 동독혁명의 기운이 무르익어가기 시작하자 동독 공산정권은 다시 통일방안을 들고 나왔다. 1989년 11월 17일

모드로우(H. Modrow) 총리는 인민의회에서의 성명을 통해 양독 간의 '조약공동체' 창설을 제의했고, 12월 19일 드레스덴 회담에서 이를 다시 제기하여 콜 총리와 계속 협의하기로 합의했다. 이어 1990년 1월 30일 고르바초프와의 회담 시에 국가연합 방식의 통일을 추진하기로 합의했고, 2월 1일 동베를린에서 개최된 기자회견에서 이른바 〈하나의 조국, 독일을 위한 4단계 통일방안〉을 제시했다.

이 방안은 베를린을 수도로 하는 연방제 중립국으로 통일을 이룬다는 것으로 ① 우선 동서독이 나토와 바르샤바 조약기구에서 탈퇴해 군사적 중립을 이루고, ② 경제, 화폐 및 교통 분야의 통일을 이루는 '조약공동체'를 형성하며, ③ 중앙 및 지방의회와 정부기구 등을 각각 묶는 공동정책기구들을 구성하고, ④ 이들 공동기구에 양국의 주권을 이양하여 국가연합 또는 연방 형태로 단일정부를 구성하여 통일을 한다는 것이다(정용길, 2009).

모드로우는 4단계 통일방안을 발표하면서 이에 대한 시간적 일정이 제시되어서는 안 된다고 못 박았으며, 제안 내용에는 서독의 나토 탈퇴와 독일의 중립화 등 서독이 받아들일 수 없는 조건을 담고 있었다. 결국 모드로우의 '조약공동체' 통일방안도 통일을 염두에 둔 것이 아니라, 동서독 주민의 통일열망을 수용하는 듯한 태도를 보이면서 서독의 경제지원을 받아 동독의 생존을 연장해보려는 술책이었다.

2 동서독 간의 교류와 협력

동서독은 분단에도 불구하고 상호적대감이 높지 않았기 때문에 다양한 분야에서 교류가 이루어져왔고, 특히 1973년 동서독 관계 정상화 이후에는 양적 · 질적 측면에서 교류가 대폭 발전했다고 염돈재(2010)는 기술하고 있다. 이에 염돈재의 논의 내용을 재구성해서 동서독이 활발히 교류한 분야별로 나누어 그 내용을 요약해본다.

1) 경제 교류

1945년 7월 포츠담 회담에서는 독일을 하나의 경제 단위로 취급하도록 합의했다. 따라서 분단 후에도 동서독 간의 경제관계는 계속 유지될 수 있었으며, 경제교류는 동서독 관계를 이어주는 중요한 연결고리의 역할을 해왔다. 양측 간의 경제교류 규모는 연 평균 2,219억 마르크(약 75억 달러)에 달했으며, 동독은 공식 거래 수지와 서독 측의 비공식 지원을 합쳐 연 평균 52억 마르크(23억 달러)의 경제적 이익을 얻을 수 있었다.

서독 입장에서는 동독과의 경제교류가 갖는 경제적 의미는 보잘 것 없었으나, 정치적 측면에서는 동서독 관계의 연결고리로서 매우 중요한 의미를 가졌다. 반면, 동독 입장에서는 서독과의 교류가 동독 국민총생산(GNP)의 3%, 대 서방 교역의 40~50%를 차지하여 경제적으로 중요한 의미를 가졌으나, 정치적 측면에서는 체제유지에 부담요인이 되는 것으로 인식했다.

2) 우편 · 통신 교류

우편 · 통신 분야에서는 2차 대전 이후 연합국 점령지 간에 협정은 없었지만, 1948년 베를린 봉쇄 시 잠깐 동안을 제외하고 계속 교류가 이어져왔다. 그러나 동독의 제한조치로 우편 · 통신 교류는 크게 활성화되지 못했으며, 통신회선도 1949년부터 1969년까지는 34개의 전화회선만

연결되어 있었다. 이후, 1976년 3월 우편 · 통신협정이 체결되고 나서는 연간 서신 2억 통, 소포 3,600만 건이 교환되었고, 1,529개의 전화회선이 유지되어 거의 제한 없는 교류가 유지될 수 있었다.

3) 방송 · 언론 교류

방송 · 언론 교류는 1972년 기본조약 체결 이후에 시작되었다. 동독정부는 1973년부터 서독 특파원의 상주와 단기 취재여행을 허가했다. 그 결과, 1976년에는 680명의 서독 언론인이 동독 취재여행 허가를 받았고, 1988년에는 서독인 19명과 동독인 6명이 상대지역에 교환 상주했다.

1986년 5월 동서독 간에 문화협정이 체결되고, 그다음 해인 1987년 5월 〈방송협력에 관한 합의서〉가 체결되어 방송 프로그램 및 자료의 교환, 프로그램 공동제작 등의 협력도 이루어졌다. 그러나 서로 관심분야가 다른 데다가 민감한 문제가 많아 교류가 활발하게 이루어지지는 못했다.

4) 학술 · 과학기술 분야의 교류

1949년 분단 이후에도 《괴테사전》 편찬 등 학술 · 문화 분야에서 교류는 지속되었지만, 동독정부의 통제로 간헐적 접촉에 그쳤다. 그러다가 1973년 시작된 회담이 결실을 맺어 1986년 5월과 1987년 9월 각각 문화협정과 과학기술협정이 체결됨으로써 상호 교류가 대폭 활성화되었다.[13)]

학술 분야 교류는 학술회의 참석, 연구여행, 학자 · 교수 · 학생 · 자료의 교환 그리고 공동연구 등의 형태로 이루어졌다. 교류에 필요한 각종 비용은 서독 내독성, 공공재단인 독일학술교류재단(DAAD)과 독일연구

---

13) 최초 회담은 1973년 11월 30일 개최되었으나 34회에 걸친 회담 끝에 1987년 9월 8일 과학기술협정이 체결될 수 있었다. ; 염돈재(2010). 위의 책, p.109. 재인용.

공동재단(DFC) 그리고 민간재단인 폭스바겐 재단(Volkswagen Stiftung)과 쾨어버 재단(Köerber Stiftung) 등이 부담했다. 1988년의 경우, 약 400명의 동독방문 서독학자들과 250명의 서독방문 동독학자들이 혜택을 받았다.

과학기술 분야의 교류는 과학기술협정에 명시되어 있는 27개 프로젝트를 중심으로 이루어졌으며, 이들 가운데는 석탄분석, 원자로 안전, 핵물리학, 산업심리학, 생명공학, 폐수처리, 전염병 및 유적보존 등이 포함되어 있었다. 과학기술 분야의 교류방법은 학술 분야 교류와 비슷했다.

문화 및 과학기술 분야의 교류가 1986년 이후 들어 본격화된 것은 그 이전에는 동독이 서독문화의 유입을 경계했기 때문이다. 1986년 7월 22일 서독과 소련 간의 과학기술협정 체결은 교류 활성화의 계기가 되었다.

한편, 서독 측은 동독과의 과학기술 교류 시 서방의 대공산권수출통제위원회(Coordinating Committee for Multilateral Export Controls : COCOM) 규정을 위반하지 않고, 교류내용이 '상호 이익'이 되어야 한다는 기본원칙에서 벗어나지 않도록 하는 데 큰 관심을 기울였다.

5) 환경 및 보건 분야의 교류

환경 분야는 가장 협력을 필요로 했던 분야 중 하나이다. 서독은 지형상 동독의 환경오염 영향을 직접 받을 수밖에 없는 실정이었고, 동독은 관심, 기술 및 재원의 부족으로 독자적으로 환경오염을 줄이기 어려운 형편이었기 때문이다. 동서독 간의 기본조약 체결 이전의 환경 분야 협상은 다국적 기구를 통해 이루어졌으나, 1980년대 초반부터 베를린의 하수 문제, 스프레 강과 하베 강의 오염방지 문제 그리고 동독과 서베를린 간의 쓰레기처리 계약 등 개별 환경문제에 대한 협상이 시작되었다. 그리고 1987년 9월, 환경협정 체결을 계기로 본격적인 협력이 이루어졌다. 특히 서독 측은 하천보호 및 대기오염 방지를 위해 동독 측에 기술과 예산을 지원했으며, 동독과 서베를린은 1974년 20년 기한의 쓰레기처리 협정을 체결해 매년 3,300만 마르크(약 200억 원)를 동독에 지불했다.

보건 분야에서는 기본조약 체결 이전에도 양측 간에 국제보건기구(WHO)를 통한 정보교환과 상호 간의 의약품 거래가 있었으나, 1974년 4월 보건협정 체결, 1979년 12월 수의학 분야 협정 체결 등을 계기로 교류가 대폭 확대되었다. 양측은 전염병, 중독성 약품 오·남용 및 장애인 재활과 관련된 정보를 교환하는 한편, 동서독 주민의 상대지역 방문 시 의료지원도 가능해졌으나, 의약품 오·남용 방지를 위한 서독 약품의 동독반입은 엄격히 규제되었다.

6) 문화 교류

기본조약 체결 후 1973년 11월부터 문화협정 체결 협상이 시작되었으나, 13년이 지난 1986년 5월에야 문화협정이 체결되어 문화 분야의 교류는 타 분야에 비해 가장 늦게 이루어졌다. 이는 경제교류나 인도적 교류와는 달리 문화교류에는 정치적, 이데올로기적 요소가 개입되었기 때문이다. 서독 측은 민족의 동질성 유지를 위해 민족문화 차원에서 교류가 이루어지기를 원했으나, 동독 측은 서독의 문화침투를 경계하면서 '공동의 민족문화'를 거부하고 '사회주의 민족문화'의 독자성을 부각시키려 했기 때문에 양측 간에 합의가 이루어지기 어려웠다.

그러나 문화협정 체결 후 문화교류가 대폭 확대되어 연극·연주회·

전시회의 교환개최, 학생 · 학자 · 예술인의 교환방문, 문학과 서적의 교류, 문화유산에 대한 정보교환 그리고 자료 대출 등이 비교적 활발하게 이루어졌다.

7) 스포츠 교류

동서독 간의 스포츠 교류도 정치관계의 변화에 영향을 받아왔기 때문에 1972년 12월 동서독 관계 정상화 이전까지는 활발한 교류가 이루어지지 못했다. 2차 대전 후 동서독 정부수립 시까지는 교류가 전혀 없었고, 1950년부터 동독 측의 제안으로 전독일 선수권대회, 전독일 체육회담 및 독일 체육인회담 등이 개최되었으나 결실을 맺지는 못했다. 동독 측이 서방진영의 결속과 서독의 서구편입을 방해하기 위해 스포츠 교류를 정치 선전의 장(場)으로 이용하려 했기 때문이다.[14)]

동서독이 올림픽에 단일팀으로 출전한 것은 매우 특이한 사례이다. 1956년 동계올림픽에서부터 1964년 하계올림픽까지 동서독은 총 6회에 걸쳐 단일팀으로 출전했으며, 특히 1964년 10월 동경올림픽 파견선수단 규모는 총 376명으로 일본, 미국 그리고 소련에 이어 네 번째로 큰 규모였다. 그러나 동서독이 단일팀으로 출전하게 된 목적과 배경은 전혀 다르다. 서독 측은 동독과의 민간 차원의 교류 · 협력 증진에 목적을 두었으나, 동독 측은 1955년 6월 파리에서 개최된 국제올림픽위원회(IOC) 총회에서 단일팀 출전을 조건으로 국제올림픽위원회에 임시가입이 승인되었기 때문에 정식가입을 위해서는 단일팀 구성에 반드시 참여할

14) 1952년 동독체육회(DSA)는 서독체육연맹과 체육계 인사들에게 아데나워 총리, 나토, 독일연방군 및 병역의무제, 핵무장 등에 반대하라는 내용의 정치적 선동서한을 보냈다. ; 염돈재(2010). 위의 책, p.112. 재인용.

필요가 있었다.[15)]

올림픽 단일팀 출전과는 별개로 1957년부터 1961년 8월까지 동서독 간에는 매년 1,530회(1957년), 386회(1958년), 624회(1959년), 683회(1960년) 그리고 738회(1961년)에 이르는 활발한 교류가 이루어졌다. 그러나 1961년 8월 베를린장벽이 설치된 후, 서독 측이 동서독 간에 정상적인 왕래가 가능할 때까지 일체의 스포츠 교류를 단절하기로 결정함으로써 1966년까지는 올림픽 단일팀 구성을 위한 선수선발 경기 외에는 모든 스포츠 교류가 중단되었다.

1972년 동서독 관계가 정상화된 후 1974년 5월 동서독 체육회장 간에 스포츠 교류에 관한 의정서를 체결한 데 이어, 1986년 5월 체결된 문화협정 제10조에도 스포츠 분야의 교류 · 협력을 지원토록 되어 있어 양측 간의 교류가 대폭 확대되는 계기가 되었으며, 매년 연간 교류계획을 작성한 후 체계적으로 추진되었다.[16)]

동서독 간의 스포츠 교류는 서독 측의 의도대로 상호교류의 증가, 민

---

15) 1951년 5월 국제올림픽위원회 집행위원회에서는 1949년 9월 신청한 서독의 가입은 승인한 반면, 1951년 4월 신청한 동독의 가입은 거절하면서 동서독이 독일 국가올림픽위원회(NOC)에 통합할 것을 권고했다. 이에 따라 1951년 5월 22일 로잔에서 개최된 IOC 집행위원회에서 동서독 NOC는 서독 NOC가 전 독일을 대표하는 유일한 기구임을 인정하고 1952년 헬싱키 올림픽에 단일팀을 파견하기로 합의했다. 그러나 그 후 동독 NOC에서는 이 합의를 취소하고 다시 IOC 가입을 신청했다. 이에 따라 IOC는 1955년 6월 파리개최 총회에서 동독이 서독과의 올림픽 단일팀 구성에 응한다는 조건으로 동독의 IOC 임시가입을 승인했다. 이어 1968년 10월 IOC 연차총회에서 동독은 문서상으로는 완전하게 IOC에 가입되었고 1972년부터는 독자적인 국기, 국가 및 휘장을 사용하며 단독으로 출전하게 되었다. ; 염돈재(2010). 위의 책, pp.112-113. 재인용.

16) 1974년에는 40건 계획에 37건이 성사되고 486명이 참가했다. 1978년에는 75건 계획에 74건이 성사되고 867명이 참가했다. 1983년에는 80건 계획에 76건이 성사되고 1,081명이 참가했다. ; 염돈재(2010). 위의 책, p.113. 재인용.

족화합 및 민족동질성 유지에 부분적으로 기여했으나, 동독 측이 이를 사회주의체제 강화 및 우월성 선전과 동독의 국제적 지위향상의 수단으로 활용하는 데 치중하면서 가급적 교류를 제한했기 때문에 기대한 만큼 성과를 거두지는 못했던 것으로 평가된다.[17)]

8) 청소년 교류

1949년 분단 이후부터 서독 독일청소년연맹(DBJR)과 동독 독일자유청소년연맹(FDJ) 간에 교류가 추진되었으나, 상호 간의 불신으로 결실을 맺지 못했다. 그러나 1972년 동서독 기본조약 체결, 1975년 유럽안보협력회의 헬싱키의정서 타결 및 1981년 10월 동서독 정상회담에서의 청소년 교류 활성화 합의는 청소년 교류 활성화의 계기가 되었다.

청소년 교류는 상호방문, 토론, 유적지 및 기관방문 등의 형태로 이루어졌으며, 서독 측에서는 주로 고교 1~2학년 학생들이 동독을 방문한 반면, 동독 측은 주로 26세 이상의 직장인들이 교류에 참가했다. 서독 학생들은 1987년 877회에 걸쳐 22,000명, 1988년 1,090회에 걸쳐 26,812명이 각각 동독을 방문했으며, 동독 청소년의 서독방문은 극소수에 불과했다.

서독정부는 민족의 동질성 유지, 동서독 청소년 간의 개인적 친분 조성, 동독에 대한 선입감 및 적대감의 완화에 목표를 두고 동독 단체여

17) 서독 측은 경기에서의 승리보다는 인적 교류와 유대강화에 노력했으나, 동독 측은 사회주의의 우월성 과시를 위해 경기에서의 승리를 중시했다. 또한 동독은 스포츠 교류가 체제에 미치는 부정적 영향을 최소화하기 위해 교류종목 제한, 지역 체육단체 간의 교류와 청소년 교류의 불허, 교류행사 시 선수들에 대한 이념교육 및 감시 강화, 일반시민 접촉 및 서독 선수와의 대화 제한 등의 조치를 취했다. ; 염돈재(2010). 위의 책, p.113. 재인용.

행 경비를 지원했으나, 청소년들이 동독의 국경장벽, 열악한 생활환경과 사회통제상황 등을 목격한 후 이질감만 심화되는 경우가 많았다. 동독정부에서는 서독 측의 끈질긴 요구가 있은 데다가 여행확대를 통한 욕구불만 해소와 서독체제에 대한 환멸 유도 등을 목표로 교류를 추진했으나, 동독정권의 정통성에 대한 부정적 견해만 강화시키는 계기가 되었다.

9) 종교 분야 교류

분단 이후 동독정권의 교회탄압으로 신도수가 대폭 줄기는 했으나 1989년 현재 전체 인구의 24.8%가 개신교, 5.6%가 기독교여서 동서독 교회 간에 활발한 교류가 이루어져왔다. 분단 이후 1961년 베를린장벽 구축 이전까지는 동독정권의 방해에도 불구하고, 매년 동서독 종교인들이 참가하는 종교대회가 동서독 지역에서 번갈아 개최되었으나, 이후 베를린장벽 구축으로 중단되었다.

1980년대 서독에서 반핵 평화운동이 일어나자 동독정권이 동독 종교인의 집회참여를 허용해 상호 교류가 활성화되고, 1983년 루터(M. Luther) 탄생 500주년을 기념해 동독에서 개최된 7개 지역 종교대회에 서독 종교인들이 대거 참석할 수 있게 되었다. 그러나 1980년대 주요 이슈였던 평화문제에 대해서는 양측의 입장이 달랐다. 서독교회 측은 평화를 위해서는 대량살상무기에 바탕을 둔 억지전략 틀 안에서의 군축이 필요하다고 주장한 반면, 동독교회는 대량살상무기와 나토 억지전략의 무조건적 폐기를 주장했다.

한편, 서독교회의 동독교회 지원은 동독교회의 활동을 활성화하고 동독교회가 동독혁명의 근거지가 되는 데 크게 기여했다. 서독교회는

1957년부터 1990년까지 동독교회 및 부속시설에서 직접 사용할 23억 마르크(1조 3,800억 원) 상당의 물품과 동독교회가 현금화하여 사용할 28억 마르크(1조 6,800억 원) 상당의 물품을 지원해 동독교회가 목회자의 봉급 지불, 교회 및 부속시설의 유지에 충당할 수 있도록 했다. 이 같은 지원으로 동독교회는 76개의 부속병원(12,000개 병상), 양로원, 간병원, 직업훈련소, 유치원 등 복지시설을 운영해서 동독주민들의 고통 완화에 실질적으로 기여했다. 서독교회의 이러한 역할은 동독교회가 체제 저항세력 양성의 중심이 되고 동독혁명이 폭력화되지 않도록 하는 데 밑거름이 되었다. 서독교회의 동독교회 지원사업 경비의 50%는 서독정부가 지원했다.

10) 도시 간 교류

1960년대까지는 동독이 서독정부의 할슈타인 원칙에 대응하기 위해 지방자치단체 간의 교류와 자매결연을 추진했으나 서독 측이 이를 거부했다. 그러나 동서독 관계 정상화 후에는 서독이 양측 도시 간의 자매결연을 추진했으나 동독이 거부해 진전이 없었다. 그러다가 1985년 호네커의 고향인 서독 자를란트 주(州)의 주지사가 동독을 방문한 계기로 동서독 도시 간의 자매결연이 처음 이루어졌다. 그 후, 총 62개 도시 간 자매결연이 성사되었고, 700개의 서독 도시들이 자매결연을 희망했다. 서독 자매결연 도시 가운데는 사민당 집권 주가 41개, 기민당 집권 주가 15개여서 동독 측이 기민당 집권 주보다 사민당 집권 주와의 결연을 선호했던 것으로 보인다.

자매결연 도시들 간의 교류는 교통, 주택 및 환경오염 등 도시문제에 관한 정보교환과 체육·문화행사에의 교환방문이 주류를 이루었다. 서독 측은 도시 간의 교류를 통해 주민 간 접촉과 왕래를 증가시켜 민족 정체성 유지와 분단극복에 기여하려는 데 목적을 두었다. 그러나 동독 측은 동독정권의 정통성과 국제법상의 지위 강화에 목표를 두고 일반 시민 간의 접촉은 통제한 가운데 체제옹호 세력들이 접촉에 나서도록 함으로써 서독이 기대했던 목표를 이루는 데에는 한계가 있었다.

3 통일대비 정치교육

서독인들은 독일의 분단과 관련된 문제들에 관해, 분단을 체험하고 몸소 겪었던 기성세대들과 젊은이들 간에 분단에 대한 인식에 있어 상당한 차이가 있으며, 독일분단과 밀접하게 관련된 사건들이 시간적 흐름과 거주지역의 지리적 상황에 따라 상이하게 나타나고 있음을 깨닫게 되었다. 즉, 독일문제에 관한 학생들의 의식조사에서 서독 청소년의 상당수가 독일분단의 원인, 기본조약, 베를린의 법적 지위 등에 관해 정확히 알지 못하고 있었다. 아울러 그들은 감정적인 반공의식을 갖고 있으며, 또한 통일을 향한 제반 활동에의 참여의지가 성숙되지 못한 것으로 나타났다.

따라서 서독은 독일문제에 대한 국가적·사회적 책임이라는 전체적 연관성 속에서 독일민족의 통일의식과 평화롭고 자유롭게 독일을 재통일하려는 의지를 젊은이들에게 심어주고 이를 발전시키는 데 학교가 특별한 기여를 해야 한다는 이해의 바탕 위에, 1978년 11월 서독 11개 주 문화장관들은 15개항의 독일문제에 관한 서독 문교부식 교육지침에 합의했다.

이렇게 이루어진 독일문제에 관한 교육지침은 서독의 신동방정책과 아울러 독일정책의 핵심적 명제를 기본 내용으로 하고 있다. 예컨대, 서독의 통일정책에 따르면 서독의 통일 접근방법은 첫째로 통일을 위한 외부적 환경을 조성하고, 둘째로는 이러한 유럽의 평화가 유지되는 외적 조건하에서 양독 간의 관계를 정상화시키며, 마지막으로 독일민족으로 하여금 체제 비교를 통해 통일독일의 정치 · 경제체제를 자유롭게 선택하도록 하는 데 있었다.

이들 15개항 중에서 우리의 통일대비교육과 관련해서 의미 있는 명제를 중심으로 그 내용을 살펴보면 다음과 같다(이근철 · 오기성, 2000).[18)]

첫째, 독일문제가 양독 간의 문제일 뿐만 아니라, 동시에 유럽의 문제임을 강조하고 있다. 독일분단의 문제에 관한 적절한 판단은 충분한 역사적 지식을 전제로 한다. 그러므로 역사수업에서는 항상 유럽문제이기도 한 독일문제에 대해 설명해야 한다. 즉, 민주적 통일에 대한 독일민족의 노력이 유럽의 이웃 국가들의 이익과 어떻게 해서 일치하는가

---

18) 본문에서는 우리의 통일대비교육과 관련한 내용 11항목을 언급하고 있지만, 독일의 각 주 문화장관들이 합의한 교육지침 15개항의 내용은 다음과 같다. ① 독일문제는 동시에 유럽문제이다, ② 독일문제의 점진적 해결은 평화지향적인 정책을 통해서 달성될 수 있다, ③ 독일의 항구적 분단은 여러 가지 원인을 가지고 있다, ④ 민족적 통일을 위한 우리의 노력은 정당하다, ⑤ 역사적 유산에 대한 책임은 독일인 모두에게 공통적으로 관계된다, ⑥ 국경선 양편에 살고 있는 독일인들은 공통의 언어, 역사, 문화를 통해 결속되어 있다, ⑦ 독일의 국민들은 공동국가를 갖고 있지는 않지만, 하나의 공동국적을 가지고 있다, ⑧ 동독의 체제와 우리 고유의 사회질서와의 비교는 기본법에 제시되어 있는 가치척도하에서 비롯된다, ⑨ 동독에 있는 독일인들의 인권이 보장되어야 한다고 주장하는 것은 우리의 당연한 권리이며 인도주의적 의무이다, ⑩ 인권에 대한 요구는 결코 내정간섭이 아니다, ⑪ 동독은 서방의 영향력에 폐쇄정책으로 대응하려고 한다, ⑫ 중요한 사실들은 동독주민들도 독일 통일에 강한 의지가 있다는 것을 말해준다, ⑬ 동독의 독일인들도 동독의 발전에 대해 나름대로 긍지를 갖고 있다, ⑭ 독일의 통일은 확고한 우리의 목표이다, ⑮ 서독이 독일 전체를 대변하지 않는다. ; 이근철 · 오기성(2000). 《통일교육론》. 서울 : 도서출판 엑스퍼트. p.370. 재인용.

를 다루어야 한다는 것이다.

둘째, 독일문제의 점진적 해결은 평화지향적인 정책을 통해 달성될 수 있다는 점이다. 즉, 독일문제의 해결은 평화를 지향하는 정책을 통해서만 달성될 수 있다. 물론, 법적인 지위나 이해 관점들을 분명히 하는 것이 평화에 도움을 줄 수 있다.

셋째, 독일의 항구적인 분단은 여러 가지 원인을 가지고 있는 것으로 본다. 독일문제에 관한 교육지침은 독일분단의 원인을 히틀러(A. Hitler) 국가사회주의로부터 찾고 있다. 또한, 이 지침은 국가사회주의의 패망과 더불어 연합군의 진주로 인해 독일의 분단이 시작됐지만, 민족통일을 위한 독일민족의 노력은 정당하다는 점을 직시하고 있다. 이 지침에서는 국가사회주의가 민주주의와 자유를 억압하고 타민족을 강점하는 팽창정책을 추진했으나, 서독의 독일정책은 종족의 우월성을 토대로 통일을 주장하는 것이 아니라 자유와 평화 속에서 민족통일을 추진한다는 점을 강조하고 있다.

넷째, 민족적 통일을 위한 서독의 노력이 정당함을 강조하고 있다. 동시에 시민으로서 그 민족의 개별 구성원들은 그들의 의사를 스스로 결정할 수 있는 여지를 가지고 있어야 한다. 이 각각의 의사들을 통합하고 구체화하는 주체가 바로 민족이다. 바로 여기에서 그 합법성이 나오는 것이다.

다섯째, 양독 독일인들이 공통의 언어, 역사, 문화를 통해 결속되어 있음을 강조한다. 예컨대, 중부와 동부 독일지역의 역사적인 관계와 문화적 기여는 독일문화, 미술, 음악, 학문, 철학의 역사 속에서 찾아볼 수 있으며, 독일의 상업과 법률의 발전과정에서도 볼 수 있다. 동서 도시의 그림들과 기념 건축물들은 일치된 독일문화를 대변해주고 있다. 따라서 이와 같은 역사·문화적 연관성들이 실제 수업에서 체계적으로 설명되어야 하고, 교육적으로 잘 다루어져야 한다. 그리고 베를린으로의 여행과 가능한 한 동베를린과 동독의 방문은 동서 독일인들의 역사·문화적 공통성을 찾고 체험하는 것을 우선적으로 해야 한다.

양쪽의 언어, 역사, 문화에 대한 공동의식은 중요한 전독일적 연결쇠이다. 비록 문화민족(Kulturnation)이라는 개념으로 그들의 현실을 충분히 나타낼 수 없으며, 이러한 개념이 불분명해도 독일민족은 언어와 민족의 통일체로서 계속 존재하고 있다. 독일민족은 하나의 국가를 갖지 못한 민족으로 존재하고 있지만, 그 구성원들은 동독의 단독적인 규정들에도 불구하고 하나의 통일된 독일국적을 갖고 있다.

여섯째, 동독의 체제와 서독 고유의 사회질서와의 비교는 기본법에 제시되어 있는 가치척도를 준거로 이루어진다. 동독 동포들과의 유대를 강화시키려면, 역사를 서술하는 것만으로는 충분하지 않다. 동독의 현재 상태에 대한 실제적인 지식이 다양한 분야에서 검출되어야 한다. 예컨대, 지형에서부터 농업경제 문제에 이르기까지, 지리에 대한 충분한 인식, 중앙행정, 경제, 무역, 상호경제원조협의국(RGW), 도시계획, 관광사업 등에 대한 지식은 동독의 상황을 판단하는 데 중요한 전제가 된다. 무엇보다도 지배체제, 마르크스-레닌주의, 사회경제적 상태에 관한 지식이 중점이 되어야 한다. 대립적인 상들을 구성해서 젊은이들에게 극기기능이나 훈련기능을 불어넣으려는 동독의 교육체제, 또 그 제한된 활동영역이 정치·지도층의 관심에 따라 정해지는 문화체제에 대한 설명 역시 중요하다. 그러나 동독의 사회질서에 대한 지식은 그 자체가 목적이 아니라, 그로부터 동독인들에게 어떤 결과가 생겨나는가를 알아보는 데 있음을 강조하고 있다.

또한, 사회질서의 이해를 위해 동독문학에서의 몇몇 작품들을 실험적으로 살펴보는 것도 동독 사람들의 문제 및 생활감정에 대한 통찰력을 얻는 데 유용하다. 습득된 지식들을 사실 그대로의 판단과 통찰을 위한 토대와 같거나 더 큰 연관관계 속으로 끌어들이기 위해서는, 서독의 가치척도나 국가 · 사회적 관계들을 동독의 그것과 비교하는 것이 불가결하다. 동독에서 발표되는 정책방안과 실현성을 비교하는 것 또한 방법론적으로 적절하며 유용하다. 근본적으로 중요한 것은 서독 자신의 사회질서와 동독의 체제를 기본법의 가치척도하에서 비교하는 것이다.

일곱째, 동독에 있는 독일인들의 인권이 보장되어야 한다는 서독인들의 요구는 당연한 권리이며, 서독의 인도주의적 의무라는 점이다. 독일문제에 관한 교육지침은 동독지역에 있는 독일인들의 인권보장을 요구하는 것이 서독주민들의 인도주의적 의무라는 것을 학생들이 인지하게끔 가르치고 있다. 동독도 서독과 마찬가지로 유엔의 인권협정 및 헬싱키협약 등에 가입한 바 있지만, 거기에 명시된 본질적인 인권보장을 거절하고 있다. 따라서 서독인들이 비인도적 처사에 노출되어 있는 동독인들의 문제를 제기하는 것은 독일기본법상의 민족적 목표설정에도 부합되는 일이다. 더욱이 독일문제에 관한 교육지침은 인권문제 제기가 구두로 그치는 것이 아니라, 긴장완화를 통한 문제해결에 근접할 수 있다는 점을 명시하고 있다.

여덟째, 동독은 서방의 영향력에 폐쇄정책으로 대응하려고 한다는 점을 주지시켜야 한다. 독일문제에 관한 교육지침은 정치교육이 동독정부의 독일정책 및 통일정책의 폐쇄성을 지적해야 한다고 말하고 있다. 예컨대, 동독 공산당 서기장 호네커가 체제대결에서 점차 수세적 위치로 전락하자 서독 및 서방세계의 영향력을 차단하기 위해 1971년 6월 동독 사회주의 통일당 제8차 전당대회에서 동독민족을 '사회주의적 독일민족'으로 강조하는 반면, 서독민족을 '자본주의적 민족'으로 각인시킴으로써 2민족 2국가 체제를 상정했다는 점이 지적되어야 한다.

아홉째, 동독주민들도 독일 통일에 대한 강한 의지가 있으며, 아울러 그들이 동독의 발전에 대해 나름대로 긍지를 갖고 있음을 인식시켜야 한다. 독일문제에 관한 교육지침은 동독인들도 동독의 발전에 대해 나름대로 긍지를 갖고 있으며, 서독이 독일 전체를 대표하는 것으로 파악하지 않는다. 이러한 교육지침은 동독인에 대한 서독인들의 심리적 우월성을 억제하는 데 기여했으며, 또한 서독인과 동독인과의 유대감을 강화시키는 데에도 이바지했다.

아울러 지도층의 선전성 문구와 실제적인 현실이 일치하지 않는다는 점도 주지시켜야 한다. 따라서 동독의 생활상에 관한 수업은 여러 상황을 조심스럽게 고려하는 방향으로 이루어져야 한다. 그리고 동독의 학문적, 기술적, 스포츠적인 성과는 사실적으로 평가되어야 한다. 중요한 것은 서구는 부유하고 동구는 가난하다는 모형은 잘못된 것이라는 점이다. 따라서 부유한 사촌이 거만한 자세로 동독인을 대하는 것은 부적당하며, 옳지 못하다는 점을 분명히 밝혀주는 것이 중요하다.

열째, 독일 통일이 서독의 확고한 목표임을 주지시킨다. 실제 수업 중에서 독일문제를 다루는 것은 재통일론(Wiedervereinigungslehre)일 수 없다. 역사, 사회생활, 지리, 독일어 수업 그리고 여타 다른 교과들의 수업도 중요하다. 그 외의 학과들, 특히 음악이나 미술수업에서도 독일문제와 동독의 상황과 관련된 주제들이 다루어져야 할 것이다.

아울러 독일의 분단으로부터 발생하는 문제들이 정확히 파악되어야 하며, 국제적인 관계 속에서 다루어져야 한다. 청소년들은 현실인식과 문제해결을 시도하고, 해결되지 않은 문제가 무엇인지를 알아야 한다. 그럼으로써 그들은 미래의 시민으로서 독일의 상황들에 적절하게 적응할 수 있다. 여기서도 적용되는 방법론적인 기본 법칙으로는 과정의 평가가 사실의 기술보다 앞서야 한다는 점이다. 평가는 포기할 수 없는 것이다.

그러나 상대편 독일인들의 상황을 고려해, '친구-적'이라는 관계 설정은 피해야 한다. 반면에 보편적으로 적용되는 것은 여기서도 적용된다.

수업 중에 독일문제를 다루면서 피해야 할 것은 재통일은 현재 도달할 수 없다고 보는 관점이다. 수업은 서독이 이러한 민족적인 목표를 서독의 정치적인 자기 이해에 맞게, 그럼에도 불구하고 미래의 발전을 고려해 추구해야 하며, 포기해서는 안 된다는 관점으로 이루어져야 한다.

열한 번째, 서독이 독일 전체를 대변하지는 않는다는 점이다. 즉, 서독은 독일 전체가 아니며, 서독주민이 전체 독일민중도 아니다. 수업을 통해 청소년들에게 이 사실을 깨우쳐줘야 하며 독일인들의 지속적인 연대감, 특히 동독 청소년들과의 연대감도 부여해주어야 한다.

4 통일대비 정치교육의 시사점

독일의 정치교육은 학생이 정치적 사안을 인지하고, 필요한 정보를 수집 · 정리 · 평가하게 함으로써 정치사안에 대한 입장을 설정하고 정치행위능력을 함양시키고자 한다. 이 경우 구체적인 생활상황, 특히 정치상황에서 필요한 능력과 자세를 갖추게 함으로써 정치수업을 통해서 함양된 가치지향에 부합하게 행위할 수 있도록 하는 것이다. 독일이 통일대비를 위해 실시한 정치교육에서 우리가 시사 받을 수 있는 점을 이근철 · 오기성(2000)은 민주시민교육의 강조, 평화에 기초한 점진적 · 단계적 통일 강조, 문화적 동질성에 기초한 연대감 강조, 양독의 사회질서 비교와 가치척도의 문제, 통일준비교육의 방법 그리고 정부와 민간의 협조 등으로 규정했다.

1) 민주시민교육의 강조

서독 정치교육의 기본방향이 주는 시사점은 한국의 통일준비교육에서도 민주시민교육이 기초가 되어야 한다는 점이다. 민주시민교육의 차원에서 볼 때에 통일은 민주시민적 자질의 발휘에 의해서 촉진될 수 있다는 시각에 기초하고 있다. 통일을 논의함에 있어서 아집, 독선, 폭력 등의 비민주적 형태는 가장 큰 저해 요소이기도 하기 때문이다.

따라서 통일준비교육은 민주시민교육과의 상호 긴밀한 관련을 고려해야 한다. 양자는 상호 의존적 성격이 강하다. 통일을 앞당기기 위해서는 민주시민교육이 요구되고, 명실상부한 민주시민사회를 형성시키기 위해서는 통일을 앞당기기 위한 노력도 필요한 것이다. 이 두 차원의 교육을 상호 긴밀히 연결시키는 교육이 요구된다. 즉, 민주시민의 육성은 우리 국민의 통일역량을 강화하는 데 기여할 뿐만 아니라, 통일과정과 통일 이후의 민주국가 건설에도 매우 중요한 일이다. 이와 동시에 함께 사는 삶, 자유로운 삶 그리고 인간다운 삶을 구현할 수 있는 민족공동체는 다원주의, 공공성 그리고 공정성의 가치를 지녀야 한다.

통일준비교육은 통일을 촉진하고 통일 이후의 삶을 대비해서 이루어지는 교육이다. 통일 이후의 삶이란 인간의 존엄성에 기초해 자유, 평등, 복지가 실현되는 자유민주주의 질서가 원리가 되는 삶을 의미한다. 따라서 통일교육은 자유민주주의체제에 기반을 둔 민족공동체를 유지·발전시키는 데 필요한 국민들의 정치적 소속감과 민주시민으로서의 적극적이고 참여적인 자질과 능력을 형성시켜주는 교육을 지향한다.

특히, 민족통일의 근본적 동력이 남한의 민주주의 공고화와 민주개혁의 성공으로부터 얻어질 수 있다는 점과 이질적인 체제와 환경하에서 살아온 남북한 주민들이 통일 이후 공동체 삶을 살아가는 데 필요한 민주적 생활규범에 대한 교육이 필요하다는 점에서 통일교육에서 민주시민교육의 역할은 매우 중요하다. 따라서 통일교육으로서의 민주시민교육은 통일 이전뿐만 아니라, 통일을 대비하기 위해 요구되는 교육적 노력의 핵심을 차지한다.

이러한 민주시민교육의 덕목 선정에서는 두 범주가 동시에 고려되어야 한다. 하나는 민주정치체계의 통합성을 높이고 일체감을 형성하는 측면의 가치와, 다른 하나는 다원성을 조장하고 개인주의적 성격을 고양하는 측면의 가치이다. 전자에는 정의, 평등, 권위, 참여, 공공선 및 애국심 등이 있으며, 후자에는 자유, 다양성, 사생활, 공정한 절차, 인권 및 소유권 등을 들 수 있다. 그러나 통일교육의 전제가 되는 민주시민교육이 서구의 민주시민교육의 기본적인 정향을 그대로 수용하는 것은 문제가 있다. 그것은 한국의 민본주의적 전통과 창조적으로 결합된 것이어야 한다. 이러한 입장에서 민주시민교육에 있어 내용요소로서 이념적 정향의 측면은 세 가지로 대별될 수 있다.

첫째, 한국 민족주의의 측면이다. 한국적 특수성에 대한 자주의식의 확립, 즉 민족주의를 한국의 자유민주주의의 제1차적 이념요소로 삼아야 할 것이다. 이러한 민족주의적 자각이나 의식 없이 세계적 보편성을 갖춘 민주주의에 대한 내용의 직수입은 우리의 정신세계를 사대주의화시킬 위험성을 초래할 것이다.

둘째, 서구 민주주의의 보편적 측면이다. 즉, 오늘날 서구 자유민주주의에 대한 세계적 보편가치들인 자유와 평등의 이념들과 민주적 원칙 및 그 전제들—합리성, 다수결 원칙, 주권재민의 원칙, 삼권분립, 대화와 타협의 원칙, 복수정당제, 야당의 보호 및 의회 민주주의 등—이 민주시민교육 내용요소의 이념적 기반을 이룬다.

셋째, 한국과 동양의 민본주의 이념 측면이다. 한국의 자유민주주의는 19세기 서구 자본주의의 폐단이었던 무조건적이고 비도덕적인 경쟁으로부터 야기되는 비리와 부정을 경계 · 배격한다. 따라서 한국의 민주시민교육의 내용은 장구한 역사 속에서 면면히 이어져왔으며, 동시에 전국민의 의사와 이익을 균형 있게 수렴 · 발전시켜서 그들이 더불어 행복하게 살 수 있는 민본주의를 그 이념적 구성요소로 삼아야 할 것이다.

2) 평화에 기초한 점진적 · 단계적 통일 강조

서독은 독일 통일이 자신들의 확고한 목표임을 강조했다. 그러나 서독은 통일문제가 양독 간의 문제일 뿐만 아니라 유럽의 문화와도 관련되어 있으며, 나아가 국제정세와 연루되어 있음을 강조했다. 또한, 통일이 현재 달성될 수 없음을 주지시키고, 자신들의 실정에 맞게 점진적으로 평화지향적인 정책하에서 통일을 준비하면서도 미래의 발전을 고려하여 추진해야 함을 강조했고, 절대로 포기해서는 안 될 것으로 인식했다. 그리고 이러한 민족통일을 위한 자신들의 노력이 정당함을 학생들에게 주지시켰다.

이러한 측면에서 독일의 통일대비 정치교육이 우리의 통일준비교육에 주는 시사점으로는 우선 평화의 강조이다. 동서독은 분단 이후 동족상잔의 비극을 겪지 않았다. 그러나 우리는 6 · 25 전쟁을 통해 분단의 고착화를 가져왔고, 남북한 간 상호적대감과 불신을 지녀왔다. 한민족이면서 동포애보다는 서로를 적으로 규정하고 대결심리와 적대감을 키워왔으며, 준 전시상태의 정전체제에서 서로 간의 군비경쟁 속에서 위협의식을 지녀왔다.

따라서 장차 통일의 주역이 될 청소년들의 통일의식을 건전한 방향으로 제고시키기 위한 교육은 무엇보다도 분단 60여 년간 남북 간에 누적되어온 상대방에 대한 대결심리와 적대감을 해소하기 위한 기초로서 평화를 만들어낼 수 있는 교육에서 출발해야 한다. 통일교육에서 분단과 전쟁의 배경이나 폐해 그리고 북한사회에 대한 객관적 이해 등을 청소년들에게 가르치는 것은 필수적이다. 그러나 이러한 내용들을 가르치는 것은 무엇보다도 과거라는 거울을 통해 현재 우리의 자화상을 비추어 보고, 현재 우리의 모습에 대한 편견 없는 객관적인 인식을 통해 한민족의 평화, 화해, 협력 그리고 번영을 추구하려는 데 주목적이 있다. 따라서 통일환경의 변화에 따른 새로운 통일교육은 평화를 만들어낼 수 있는 능력을 기초로 화해와 협력을 심화시킬 수 있는 방향을 지향해야 한다.

평화는 단순히 전쟁부재의 상태가 아니다. 그것은 인간의 생명을 존중하지 않고 인간적인 삶을 위협하는 모든 형태의 폭력을 근원적으로 제거함으로써 인간의 자유와 평등이 보장되고, 사회정의가 구현되는 적극적인 상태를 의미한다. 따라서 우리 사회에 조직화된 비평화적인 현상으로부터 야기되는 갈등을 대화와 화해를 통해 평화적으로 해결할 수 있고, 평화를 위한 행위에 능동적으로 참여할 수 있는 행위능력을 함양시키는 것이 평화교육의 주목적이라고 할 수 있다.

이를 기초로 통일준비교육에서는 기본적으로 한반도 통일이 가까운 장래에 달성될 전망이 없다고 판단하고, 당장 해결할 수 없는 이러한 문제로 인간의 존엄성과 내면생활이 희생되어서는 안 된다는 인식하에 이데올로기에 의한 대립을 삼가야 한다는 점을 강조해야 한다. 전쟁의 위험이 여전히 상존해 있는 한반도에서 남북한이 소모적인 체제경쟁을 지양하고, 상호 체제를 인정 및 존중하는 가운데 한반도 분단을 평화적으로 관리함으로써 화해를 통한 남북한 간 평화공존을 이룩해야 한다는 점을 인지시킨다.

또한, 한반도문제는 우리 민족내부의 문제인 동시에 주변 강대국들의 문제라는 복합성을 지니고 있다. 우리 민족의 장래를 남북한이 주도적으로 결정하고 해결해야 하지만, 한반도 분단은 단순히 남북한 분단만이 아니라 동아시아 체제대립과 일정한 맥을 같이 하고 있으므로, 한반도 평화정착 문제를 해결하기 위해서는 국제사회의 협조와 지지가 필요하다. 그러므로 통일교육에서는 한반도문제에 관한 한 기본적으로 자본주의 대 사회주의 체제의 대결적인 모순 · 갈등관계를 평화적으로 관리 · 해소해야 한다는 점에서 한반도문제의 국제적 성격을 강조해야 한다.

3) 문화적 동질성에 기초한 연대감 강조

독일문제에 관한 교육지침에서 서독은 양 독일인들이 공통의 언어, 역사 그리고 문화를 지니고 있음을 강조했다. 서독은 동독의 발전에 대해 사실적 평가를 강조했으며, 동독인들 또한 강렬한 통일의지가 있고, 서독이 독일 전체를 대변하지 않음을 강조했다. 그럼으로써 동서독 젊은이들 간의 연대감을 강조한 것이다.

문화적 측면에서 볼 때, 남북한은 문화목표를 달리했고 정책을 달리해왔다. 이에 따라 의식이나 가치관도 다를 수밖에 없었다. 남한의 자유민주주의 문화와 북한식 사회주의 문화 간에는 상당한 이질적 측면이 있는 것이 사실이다. 그러나 이러한 사실이 반드시 문화적 이질화의 필요충분조건은 아니다. 문화적 이질화의 주요인은 오히려 두 체제 간의 대립과 교류의 단절에서 찾아야 할 것이다. 또한 내용 면에서도 문화적 이질성을 체제적 이질성에서만 찾을 경우에 설명하기 어려운 부분이 많다.

이러한 사실은 독일사례가 분명히 실증해주었으며, 남북한의 경우에도 결코 예외가 될 수 없다. 무엇보다 남북한의 정치, 사회 및 경제의 각 부분에서 체제의 지도원리 또는 이데올로기에 영향을 받은 문화의 상징적 차원과 실제로 나타나는 실천적 문화, 즉 주로 문화의 외현적 차원 사이에는 분명히 거리가 있기 때문이다. 현상적인 측면만 보더라도 남북한 체제의 이념과 사회현실상에 불일치가 확연히 존재하고 있으며, 나아가 주민 개개인에 있어 그러한 지도원리와 이념의 내면화 정도는 일률적으로 측정하기 어렵다. 따라서 북한사회 연구나 북한이해교육의 내용 구성에서는 체제가 지향하는 이념에 영향을 받는 측면, 영향을 받지 않는 측면 그리고 전통적으로 지속되어 온 측면을 항상 고려해야 한다. 그리고 이것은 남북한 문화의 동질성 발굴에 중요한 부분을 차지하고 있다.

남북한 간에 동질성이 존재하는 주요인을 몇 가지 살펴보면 다음과 같다.

첫째, 남북한은 반만년에 걸친 역사를 공유하고 있다. 즉, 분단 이전의 남북한은 동일한 생활세계를 구성해왔고, 이러한 과정에서 형성된 문화적 현실이 분단 이후에 이념과 체제에 의한 채색에도 불구하고 잔존하고 있다는 것이다. 이는 문학 · 예술뿐만 아니라, 일상적인 가치 지향에서도 두드러지게 나타난다.

둘째, 근대화에서 나타나는 동질성이다. 남북한의 근대화는 상대적으로 차이가 난다. 그러나 사회구조 측면이나 인구구성 그리고 가치관의 변화에서는 비교적 동질성의 징후가 나타나고 있다. 즉, 수렴론적 사회변화에 따른 동질성이라고 할 수 있다. 이러한 동질적 요소에는 바람직한 측면도 있지만, 바람직하지 못한 측면도 존재한다.

셋째, 문화의 보편성과 관련된 동질성이다. 모든 문화는 체제나 이념적 차이에도 불구하고 공통성을 지니는 경향을 띤다. 즉, 사회주의 문화의 독특성에도 불구하고 자본주의 사회에서 나타나는 문화적 추세가 발견될 수 있다. 특히, 남북한의 경우에 문학 · 예술 분야에서 이러한 경향을 찾을 수 있다. 즉, 과거의 인식과는 달리 북한에는 비이념적인 문학 · 예술 분야가 분명히 존재하며, 이것은 남북한 모두 동질성 확보를 위해 공유 가능한 부분이 있음을 보여주는 것이다.

이러한 관점에서 민족의 동질성에 기초한 민족공동체 수립을 위한 통일준비교육의 수업방식은 '이질화의 사례집' 수준을 뛰어넘어야 한다. 남북 간의 이질화 사례를 모아 놓고 그 문제점을 부각시킨 후, 그에 대한 해결책을 제시하며 읽고 외우고 평가받는 일이 이질화 극복을 위한 교육방안이라고는 볼 수 없기 때문이다. 이질화 사례에 대해 읽고 외우고 평가받음으로써 얻어진 높은 점수가 곧 회복된 민족동질성의 징표가 되지는 못한다.

아울러 통일준비교육 내용의 기본방향 역시 양극적 분열상을 노정시킨 이데올로기와 체제비판에서 민족의 평화통일 실현을 위해 남북이 공유할 수 있는 전통문화와 민족동질성 회복의 방향으로 전환되어야 한다. 특히, 북한의 대남공세와 관련된 '민중적 통일론'과 '주체적 통일론'의 대두와 환상적 · 감상적 · 회의적 · 비관적 통일관을 극복하고 조정, 수용할 수 있는 내용이 개발되어야 한다.

4) 양독의 사회질서 비교와 가치척도의 문제

양독 주민 간의 동포애적 유대강화를 위해 서독은 우선 동독의 현재 상황에 대한 다양한 분야에서의 이해 필요성을 먼저 제기하고 있다. 정치, 경제, 사회 그리고 문화에 대한 객관적 이해를 중시하고 있는 것이다. 주목할 점은 사회질서에 대한 지식이 그 자체가 목적이 아니라, 그로 인해 동독주민들에게 어떤 결과가 생겨나는가를 알아보도록 하는데 있음을 강조하고 있다는 것이다. 그리고 이렇게 습득된 지식들을 사실 그대로의 판단과 통찰을 넓히기 위해 서독의 가치척도나 국가·사회적 관계들을 동독의 그것과 비교하는 것이 불가결함을 강조하고 있다. 여기에서 비교는 기본법의 가치척도에 따라 이루어진다.

이렇게 볼 때, 우리의 통일준비교육 또한 북한사회와 주민생활에 대한 객관적 이해가 먼저 이루어져야 한다. 북한을 무조건적으로 적대시하고 부정적으로 보았던 반공교육 위주에서 탈피해 북한체제를 객관적이고 합리적으로 바라보는 자세를 함양해야 한다. 종래의 통일교육은 북한에 대한 정서적 태도를 강조했으며, 통일에 대한 열망과 의지를 중요시했다는 점에서 규범적·정서적 접근이라고 할 수 있다. 그러나 이러한 접근은 북한을 우리 동포의 일원으로서 이해하고 포용하는 데에는 효과가 있지만, 북한을 보다 객관적으로 정확히 이해하는 데에는 한계가 있다.

이러한 북한사회와 주민생활에 대한 객관적 이해를 토대로 남북한 비교를 시도할 수 있으며, 평가를 내릴 수 있다. 즉, 가치판단을 먼저 하는 것이 아니라 있는 사실을 그대로 바라보고, 이를 인류가 추구해온 보편적 가치와 우리 한민족에게 존재하는 특수한 민족적 가치의 입장에서 다시 바라보는 것이다.

분단 이후 북한주민들은 남한과 다른 체제와 성격의 지도자 밑에서 살면서 다른 생활세계를 경험해왔다. 따라서 북한주민들에 의해 도출되는 사회·문화적 현상을 정확히 분석하려면 그들이 겪은 생활세계의 이해가 바탕 되어야 함이 명백하다. 따라서 기존의 모든 것에 괄호를 치고 북한연구에 있어서 북한주민들의 신발을 신고 그들의 안경을 쓴

후에 북한의 사회·문화를 보아야 한다는 현상학적 접근이 요구된다. 이는 곧 인류학의 내관적 접근법과 연장선상에 있는 입장이라고 볼 수 있다.

나아가 북한의 사회문화 현상을 접근하는 데 있어 체제가 지향하는 이념에 크게 제약되는 측면과 동시에 체제가 지향하는 이념과는 어느 정도 간격을 지니는 생활세계를 함께 고려하는 것이 바람직하다고 하겠다. 그리고 이러한 접근은 기존의 내재적·외재적 접근법의 한계를 나름대로 벗어날 수 있다고 판단된다. 이러한 입장은 다음과 같이 편의상 3단계의 과정을 지향하는 것으로 제시될 수 있다. 우선, 북한의 문화실태를 고찰하는 단계로 먼저 북한의 현상을 전체적·객관적·사실적으로 파악하는 자세(가치중립 지향), 그런 다음에 북한의 현상을 북한 사람들의 입장과 관점에서 이해하는 현상학적 접근 그리고 마지막으로 보편적·민족적 가치기준에 의한 윤리적 판단을 취하는 것이다.

이러한 과정은 우선 현지인의 입장에서 북한을 연구함으로써 그 객관적 실체를 과학적으로 규명하고, 그런 연후에 인간의 본질적 가치를 실현시킬 수 있는지의 여부를 비판적으로 검토한다는 것이다. 대체로 보편적 가치는 민주적 가치, 평화적 가치, 풍요와 복지의 균형으로, 또 민족적 가치는 민족반성, 민족화해, 민족번영의 가치로 제시될 수 있다.

5) 통일준비교육의 방법

서독의 경우 독일문제를 다루는 주요 수업으로 역사, 사회생활, 지리 그리고 독일어를 중시하고 있다. 아울러 음악이나 미술수업에서도 통일 문제와 독일 상황과 관련된 주제들이 다루어져야 함을 강조했다. 또한 정치교육의 기본방향에서도 나타났듯이 수업의 주제가 구체적이고 현실적이며 실제적이어야 함을 강조했다.

이러한 측면에서 볼 때 우리의 통일준비교육은 첫째, 범교과적 차원에서 이루어져야 한다고 볼 수 있다. 즉 도덕, 국어, 국사, 일반사회, 지리, 음악 및 예술 등을 통해 이루어지는 것이 바람직하다. 특히, 초·중등학교에서의 통일교육은 통일관 정립에 가장 중요한 역할을 수행하고 있다. 따라서 교과활동과 창의적 체험활동을 통한 다양한 통일교육의 실천이 이루어져야 한다. 특히, 교과교육 차원에서 통일교육은 범교과적으로 접근해야 하며, 도덕을 비롯한 국어, 사회, 역사뿐만 아니라, 예체능 교과에서도 다룰 수 있는 교과내용을 체계적으로 개발하여 수업현장에 적용해야 한다.

예컨대, 도덕과에서는 북한 및 통일문제 전반에 대한 종합적 인식을 토대로 평화의 기초 위에 화해와 협력을 통한 남북한 간 도덕적·윤리적 동질성을 회복하고 통일을 준비하는 바람직한 적극적 태도를 갖도록 한다.

국어과에서는 객관적인 시각에서 남북한 국어교육의 총체적인 모습을 조망할 수 있다. 또 국어의 이질화 문제를 이러한 기초지식을 통해 민족 동질성의 회복이라는 시각에서 접근해야 한다. 특히, 언어의 측면에서는 남북한 언어의 장·단점을 이해하고 통합함으로써 보다 발전된 언어체계의 수립 가능성을 인식하게 한다. 또한 문학적 교류를 통해 한국문학의 토양을 보다 깊게 할 수 있음을 인식시키는 데 주안점을 둔다.

국사과에서는 우선 남북한 역사관에 대한 인식을 기초로 역사 서술상의 특성을 비교·이해하게 한다. 이러한 바탕 위에서 남북분단의 역사적 사실과 조건을 인식하고, 한국사의 전개과정에서 나타나는 통일사례를 통해 현재의 남북한 분단을 극복할 수 있는 태도를 함양하도록 한다.

일반사회과에서는 남북한 사회의 정치, 경제, 사회, 문화현실을 체계적으로 이해하고 이를 토대로 이질성과 동질성을 인식하게 한다. 나아가 통일한국에서의 동질성 회복과 민족 정체성 확립을 위한 자세를 갖도록 한다.

지리과에서는 다양성을 존중하고 공존을 도모하는 관점에서 북한의 자연환경과 인문환경의 현실을 이해하고, 이를 통해 남북한을 환경공동체로 인식해 국토의 효율적인 이용과 국토통일의 미래상을 인식하도록 하는 데 중점을 둔다.

음악·미술과에서는 북한의 음악·미술을 이해하고, 남북한 음악·미술의 가치지향과 구체적인 표현양식에서 나타나는 동질성과 이질성에 대한 이해를 도모할 수 있다. 이를 통해 민족 동질성을 회복하고, 민족의 이해와 화합을 이루어 음악과 미술을 통해 남북분단의 현실을 극복할 수 있는 통일에 대한 정서적 태도를 함양시키는 데 중점을 둔다.

그리고 통일준비교육은 일상생활에서 쉽게 접근하고 이해할 수 있는 생활문화와 관련된 내용을 중요시해야 한다. 생활문화는 이념이나 체제 또는 사상과 제도와 같이 거창하거나 추상적인 소재가 아니라, 생활 속에서 쉽게 접할 수 있는 전통문화, 관습, 의식주생활, 가정생활, 가족관계 또는 자연지리나 관광자원 등을 뜻한다. 특히, 북한주민들의 문화와 생활에 관련되는 내용, 북한사람들의 일상생활, 남북한 주민들이 공동생활을 할 경우에 나타날 수 있는 문제 등 실천적인 차원의 문제를 중심으로 교육이 이루어져야 한다. 통일교육과 관련하여 학생들이 궁금해 하는 사항들은 매우 많다. 학생들은 가정생활, 의식주생활, 가족관계, 생활관습 등 북한학생들의 생활에 관한 많은 사항들에 대해 호기심을 가지고 있다. 이러한 측면은 추상성을 극복해 구체성을 지향하는 데에도 많은 이점이 있다.

아울러 통일준비교육에서 통일을 성취하고 남북한의 사회적 통합을 실현하려면, 지금 남북한 주민들의 의식 속에 잠재되어 있는 상호 불신과 적대감을 해소하고 화해와 협력의식을 형성시키는 것이 필수적이다. 만약 남북한이 지금과 같은 상호 불신과 적대감이 해소되지 않은 채 존속한다면 통일의 길은 멀어질 뿐만 아니라, 통일이 이루어진다고 해도 남북한 주민의 갈등과 혼란은 더욱 극심해질 것이다.

역사적으로 볼 때 상호 접촉이나 교류가 없었던 국가들이 정치·경제적 교류가 활성화되고 우호적인 관계가 되려면, 먼저 서로의 사회와 문화를 이해하기 위한 과정이 필수적이다. 마찬가지로 남북한 간에 지속적으로 누적되어온 상호 불신과 적대감을 해소하고, 이해와 화해의식을 형성하려면 사회·문화 부문의 교류가 필수이다. 남북한 간의 사회·문화 교류는 광범위한 인적·문화적 접촉을 수반한다. 이러한 접촉은 남북한의 긴장을 완화시키고, 양측 주민 간의 적대감을 해소하며, 이해와 화해의식 형성에 중요한 역할을 수행한다.

따라서 학교 통일교육에서도 남북한의 사회·문화적 측면의 교류사례를 통해 학생들로 하여금 북한에 대한 불신과 적대감을 해소함으로써 평화와 신뢰를 조성해가며, 화해를 추구하는 태도를 확립시키는 것이 중요한 방법이라고 할 수 있다.

6) 정부와 민간의 협조

'독일연방정치교육센터'의 전신은 1918년에 설립되어 1933년에 폐지된 '향토봉사를 위한 제국본부'였고, 이 기구는 1952년 '향토봉사를 위한 연방본부'가 되었다가 1963년에 '독일연방정치교육센터'로 자리 잡게 되었다.

연방 내무부장관은 1962년 11월 25일에 이 기구의 설립을 발표하면서 "독일민족에게 민주주의적·유럽적 사고를 강화하고 보급시킨다."라는 임무를 부여했다. 이를 통해 서독의 정치교육은 큰 성과를 거두었으며, 통일 후에는 동독지역에 신설된 각 주 정치교육센터를 중심으로 하여 동독주민들을 대상으로 적용되고 있다.

독일의 경우, 정치교육은 기본법 체계에 입각해 학교, 정당, 교회 및 노동조합 등 다양한 주체에 의해 실시되었다. 그러나 우리의 정치교육은 정부에 의해 획일화된 형태로 실시되었다. 과거 관 주도의 정치교육 프로그램은 단시간 내에 특정 목적을 달성하기 위해 도입되어 지속성을 갖지 못했을 뿐만 아니라, 효율적이지도 못한 경향을 보여왔다. 따라서 이러한 시행착오의 재발을 막기 위해서는 장기적 관점에서 다원주의적 시각의 정치교육이 실시되어야 한다.

무엇보다도 우리나라의 경우 과거의 관 주도적 통일준비교육에서 벗어나 민관의 긴밀한 협조체제를 구축해야 한다. 이를 위해 무엇보다도 관과 민간의 불신과 오해를 없애고, 상호신뢰를 일구어가는 것이 필수적이다. 이러한 상호신뢰의 기초 위에 우선 학교와 평생교육기관은 실제 교육현장에서 수강자와 교육환경에 적합한 통일교육 프로그램을 통해 교육을 실시하고, 교육실태의 분석을 통해 관련되는 지원사항이나 요구사항을 전달한다. 아울러 학교의 통일교육 시범학교나 평생교육기관의 시민사회 단체 · 청소년 단체 등은 자체적으로 독창적인 프로그램을 개발하고 보급하는 것을 중점 사업으로 삼아야 한다. 공공 및 민간 교육기관은 정부의 지원에 기초해 독창적 프로그램이나 특화된 내용을 개발하고, 다양한 대상에게 다종의 방법을 사용해 통일교육을 시행하는 것이 바람직하다.

통일교육 관련 기관은 정책 개발과 교육 프로그램 개발 그리고 교재와 교육기법 개발을 주요 사업으로 하며, 언론매체는 교육 관련 홍보를 실시하고 국민들에게 정보를 제공하는 역할을 주로 수행한다. 통일교육

지원센터는 종합적인 지원센터로서 정부와의 긴밀한 협조 속에 정부와 교육기관 간의 가교 역할을 수행하고, 통일교육의 방향 · 목표 · 내용을 정립하며, 프로그램의 개발 및 공모를 하고, 교재 개발 및 지원과 교육기관의 조정 및 관리기능을 수행한다. 그럼으로써 정부와 교육기관, 연구기관, 학교 간의 협조와 원활한 상호 작용을 통한 공동 상승효과를 창출해야 할 것이다.

▸ **김영희 국제문제 대기자의 칼럼**

(2014. 11. 18일자 중앙일보 35면 - 오피니언)

독일 통일 25년, 내적 통합은 진행 중

가던 날이 베를린장벽 붕괴 25주년이 되는 날이었다. 장벽이 무너진 1989년 11월 9일은 사실상 통일의 날이다. 1990년 10월 3일의 통일선포는 요식행위에 불과했다.

기온 섭씨 10도. 음산하고 쌀쌀한 날씨인데도 100만 명의 인파가 베를린장벽의 흔적을 밟으면서 독일과 유럽과 세계 역사를 다시 쓴 그날의 감동을 되새겼다. 군데군데 설치된 무대에서는 록밴드들이 역사적인 이날을 축하하러 몰려든 독일인들의 흥을 돋웠다. 그들은 무질서하게 춤을 췄다.

축제의 클라이맥스는 브란덴부르크 게이트에서 열린 기념식이었다. 10만 명이 광장을 가득 메웠다. 요아힘 가우크 대통령과 앙겔라 메르켈 총리 외에 미하일 고르바초프 전 소련 공산당 서기장과 레흐 바웬사 전 폴란드 대통령 같은 독일 통일의 유공자들이 단상에 앉았다. 그들은 연설은 하지 않았다. 축제의 주인은 시민이라는 의미에서다. 그런 행사에서 정치 지도자들이 주인행세를 하는 정치문화에 익숙한 사람의 눈에는 신기하게만 보였다.

무대의 중심에 선 사람은 지휘자 다니엘 바렌보임이었다. 그의 지휘로 독일 국립합창단이 베토벤 교향곡 9번 '환희의 찬가'를 연주하는 가운데 7,000개의 벌룬이 밤하늘로 날아올랐다. 최초의 벌룬이 날아오른 오후 7시 26분은 25년 전 베를린장벽이 열린 시간이다. 밤하늘로 날아오르는 벌룬은 장벽의 붕괴와 소멸을 상징하는 것이었다.

이렇게 정치적으로는 독일 통일이 25년째를 맞았지만 사회적으로는 동서독 통합이 여전히 진행 중이라는 사실이 우리에게 주는 메시지가 무겁다.

동독 비밀경찰 슈타지(STASI) 문서관리위원회는 아직도 슈타지의 문서를 일반에 공개해 피해자 구제를 계속한다. 동독 독재청산위원회도 동독 독재정권의 유산을 청산하는 작업을 진행 중이다. 독재청산위원회의 카민스키 위원장과 슈타지 문서관리위원회의 얀 위원장 모두 두 기구의 임무가 언제 끝날지 모른다고 말했다. 독일 통일정부는 10만 명의 동독 당 · 군 · 비밀경찰 · 행정부 관리들을 조사해 1,737명을 기소했지만 유죄판결 54%, 그중에서 실형을 선고받은 사람은 7%밖에 되지 않았다. 그나마 대부분이 고령이어서 형 집행정지 처분을 받았다. 당연히 독재 피해자들의 불만이 터져 나왔다. 그들은 "우리가 기대한 건 정의인데 얻은 것은 법치뿐."이라는 성명까지 냈다.

동독인들은 독재에 신음하고 통일 후에는 서독인들과의 각종 격차에 고통받는다. 그들의 평균수입은 서독인들의 85% 정도다. 취업에서도 불이익을 당한다고 느낀다. 16만 5,000명의 동독 군인 중 통일 독일군에 흡수된 것은 1만 1,000명에 불과하다. 고급 장교들은 대개 두 계급 강등 당했다. 동독 파워 엘리트 중 통일 독일정부에 고용된 행운아들은 예외 없이 엄격한 신상 털기의 관문을 통과한 사람이다.

여기 통일을 준비하는 한국이 배울 교훈이 있다. 그것은 통일 후 동서독인들의 화해와 통합이 동독 파워 엘리트 처리의 대전제라는 사실이다. 보복보다는 관용을 통한 화해. 남북통일이 가시권에 들어오고 독일처럼 1년의 통일 마무리 기간이 주어졌을 경우 국가와 민족보다는 자신들의 안위를 더 걱정하는 겁먹은 북한 파워 엘리트들이 통일 저지에 올인할 것임은 짐작하기 어렵지 않다. 그래서 우리의 통일 준비에서 중요한 것은 북한 파워 엘리트 일반을 처리하는 문제의 치밀한 사전 연구다. 통일에 대한 그들의 공포를 해소할 필요가 있다.

동방정책의 설계자 에곤 바르도 필자와의 인터뷰에서 내적 통합(Innere Einheit)
의 어려움을 강조했다. "독일인들은 25년 전에 '우리는 하나의 국민이다'라는 구호를 외쳤지만 지금도 오시(Ossie : 동독인)와 베시(Wessie : 서독인)라는 말이 사라지지 않았어요." 그는 내적 통합은 아직도 완성되지 않았다면서 이렇게 말했다. "구세대가 사라지고 신세대가 나타나면서 통합도 이루어집니다." 그의 말은 자연의 법칙에 맡길 뿐 인위적인 정책으로는 통합을 완성할 수 없다는 뜻이다.

바의 이 말은 우리에게 참고가 안 된다. 독일의 내적 통합은 우리 식으로 민족 동질성 회복이다. 민족 동질성 회복을 위한 정책은 통일을 기다릴 필요가 없다. 대화를 하고 교류를 넓혀감으로써 서로 한걸음씩 다가서면서 점진적으로 동질성을 회복하는 것은 통일의 준비과정으로서도 필요하고 정치적인 통일 뒤의 사회적·문화적·심리적 통합을 위해서도 필요불가결한 작업이다. 신뢰 프로세스나 드레스덴 선언이나 아직은 말뿐이다. 실천하는 접촉과 교류가 진정한 통일 준비요, 통일 후 남북 내적 통합의 짐을 더는 길일 것이다.

〈베를린에서〉

제11장

21세기의 통일교육

제11장 21세기의 통일교육

1 21세기 통일교육의 방향

한만길(2001b)은 통일교육의 새로운 방향을 평화능력의 함양, 북한사회에 대한 이해와 화해의식 그리고 공동체의식에 기초한 통일의지 형성 등 세 가지로 제시한 바 있는데, 이를 소개하면 다음과 같다.

1) 평화능력의 함양 지향

남북한의 평화를 성취하기 위한 기본 조건으로서 남한사회 안의 평화를 먼저 중시해야 한다. 평화와 통일을 위한 교육의 접근 방향으로 우선 평화의 중요성을 인식하고 평화를 만들어가는 능력을 함양하는 교육이 중요하다. 우리 사회 안에서의 평화, 즉 사회적 갈등과 문제를 해소하고 화합을 도모하는 데 있어서 교육의 중요성을 인식케 해야 한다.

우리 사회에는 다양한 종류의 사회적 갈등현상이 존재하고 있다. 크게는 이념갈등 아래 지역갈등, 세대갈등, 학력갈등 등으로 인해 '편 가르기'가 심하게 나타난다. 무엇보다도 우리 사회 내에 존재하는 평화 저해요인들에 대한 냉철한 이해와 이를 해소시켜나가려는 신념과 태도를 길러주어야 한다.

평화의 관점에서 볼 때, 통일을 위한 기반은 사회정의와 국민복지의 실현이라고 할 수 있다. 경제적 번영이 통일의 물질적 토대를 이룬다면, 민주주의와 사회복지의 실현은 국민적 통합을 조성하는 데 있어 꼭 필요한 정신적 토대이다. 남한사회 내부의 화합과 평화는 보다 많은 경제적 성과를 이루게 하고, 이 성과를 보다 평등하게 분배함으로써 사회의 모든 성원들이 인간답게 살 수 있도록 복지 수준이 향상되는 것이다. 또한 정신적 측면에서 다원주의적 가치와 개인의 자유가 보다 존중되는 민주주의 발전과 국민적 화합을 실현하는 것이다. 이러한 국가적 과제의 중요성을 인식하고 이를 실현하려는 노력이 평화와 통일을 이루는 교육의 방향으로서 중시되어야 한다.

나아가 통일교육의 방향에서 평화의식의 배양은 남북한의 냉전체제를 해소하고 한반도의 평화를 정착시키는 데 있어 기초적인 요소가 되어야 한다. 남북한의 대화와 협력의 중요성을 인식시키고 대화와 타협을 통해 갈등과 대립을 해결해야 함을 인식하도록 하는 것이다. 또한 한반도와 주변 국가의 평화정착이 중요하다는 사실을 인식할 필요가 있다. 무엇보다도 분단체제에서 남북 간에 심화되어온 상호갈등과 적대감, 적개심을 해소하려면 상호 이해와 화해를 추구하는 자세가 필요하다. 한반도와 주변의 전쟁 가능성을 제거하고 방지하려면 국내외적인 평화 저해요인에 대한 경계심을 심어주고 한반도의 평화정착의 중요성을 인식시키는 것이 중요하다.

한반도 통일문제는 민족 내 문제이면서 동시에 국제문제이기도 하다. 이는 동서독 분단과 달리 한반도 분단이 동서 냉전체제의 성립 이외에 민족 내 이념 갈등에도 영향을 받아 형성되었기 때문이다. 특히 한반도는 민족 내부의 이념 갈등 극대화로 냉전의 실제적 대결장이었다. 이로 인해 세계 냉전체제가 해체되었음에도 불구하고 여전히 냉전체제 속에 갇혀 있다. 이런 점에서 남북한 간에는 당장의 통일을 논의하기 이전에 무엇보다도 상대방을 무력으로 침공하지 않으며, 서로의 실체를 인정하는 가운데 평화적 공존 관계부터 구축해야 하는 과제가 놓여 있다. 따라서 통일교육은 통일을 추구하는 데 집착할 것이 아니라, 한반도 평화정착을 우선시하는 평화와 화해협력이라는 점진적 통일과정을 추구해야 함을 이해시키는 일에도 목표를 두어야 할 것이다.

통일은 갈등을 풀고 분열된 것들을 통합하는 과정이다. 어느 한 쪽을 정복하거나 이기려는 것이 아니라 더불어 살아가는 공동체를 만들려는 과정인 것이다. 따라서 통일준비는 우선 우리 사회 안에서 더불어 살아가는 공동체를 형성할 수 있는 능력과 태도를 기르는 것에서부터 시작해야 한다. 우리 사회의 통일준비로서 사회적 화합과 안정, 사회복지 실현을 통한 풍요롭고 안정된 삶의 실현을 중요시해야 할 것이다. 또한 남한사회의 화합과 평화를 실현하는 것이 통일준비 과업으로서 중요함을 인식하고 이를 위해 노력하는 자세를 기르도록 해야 할 것이다.

2) 북한사회에 대한 이해와 화해의식

남북한은 통일을 추구하기 이전에 현실적으로 상호 이해의 과정이 필요하다. 그동안 남북한은 전쟁과 분단의 과정에서 상호 불신과 반목상태가 첨예화되었다. 서로를 이해하지 않고 부정 및 불신하는 상태가 지속되었던 것이다. 이런 상황에서 우선 상대방을 정확히 이해하고 공존의 대상으로 인정하는 것이 중요하다.

따라서 북한에 관한 사실들을 정확히 가르치는 것이 중요하다. 그동안의 통일교육은 체제와 이념교육이 중심을 이루어왔다. 체제와 이념중심의 교육은 공산주의 이념과 체제, 북한의 정치체제를 중심으로 그에 대한 한계를 지적하고, 나아가 남한의 자유민주주의체제의 우월성을 강조하는 방식이다. 반면, 사회문화 중심의 통일교육은 북한사회의 전반적 특성, 특히 북한주민들의 일상적 생활문화를 중심으로 접근하는 방식이다. 또한 이념과 체제 중심의 접근이 남북한의 체제통합을 중심으로 하는 접근방식이라면, 사회문화 중심의 접근은 사회문화적 통합 중심의 접근방식이다.

새로운 패러다임하에서의 북한이해교육은 학생들이 일상생활 속에서 쉽게 접근하고 이해할 수 있는 생활문화를 중심으로 구상되어야 한다. 이러한 생활문화를 소재로 한 교육을 실시한다면, 북한을 우리와는 관련 없는 다른 세계로 인식하기보다 밀접하게 관련된, 같은 문화를 갖고 같은 방식으로 생활하는 우리의 이웃으로 인식할 수 있게 된다.

북한주민의 생활상과 더불어 그들의 의식과 가치관을 이해하는 것 역시 대단히 중요하다. 북한주민들의 의식과 가치관은 사회주의체제의 특성으로부터 유래된 요소도 있고, 우리 민족의 전통에서 유래된 요소도 있다. 따라서 남한사회와 다른 점도 있고, 유사점도 있다. 다른 점과 유사점에 대한 이해와 함께 다른 점에 대해서는 서로의 차이를 인정하는 자세가 필요하다. 또한 유사점에 대해서는 민족의 전통적 요소에 대한 애정과 함께 사회발전의 추세에 부합하는 방향으로 개선할 수 있는 개방적 자세를 갖추는 것도 중요하다.

탈북자들은 남북한 사회에 대한 경험을 바탕으로 상호 간의 특성과 장단점을 비교할 수 있는 안목을 갖고 있다. 탈북자들의 생활태도를 통해 북한주민들의 의식구조를 간접적으로 파악할 수 있으며, 그들의 증언을 통해 남북한 사회에 대한 비교도 가능하다. 그들의 증언을 기초로 하여 남북한 사회의 특징을 살펴보면, 먼저 남한사회는 개인주의, 물질주의 그리고 합리주의가 지배적인 가치관으로 작용하고 있다. 반면, 지나친 이기주의와 금전만능주의, 비인간적이라는 부정적 측면도 동시에 지니고 있다. 북한사회는 집단주의, 인정주의 및 명분과 자존을 중시하는 가치관이 중심이 되고 있는 반면, 타율적 · 수동적이며 권위주의와 가부장적 요소들이 있다.

한편, 탈북자들이 바라보는 우리 사회의 모습을 거울로 삼을 수도 있다. 이는 우리 사회의 장단점에 대한 자화상을 바탕으로 우리 사회를 보다 객관적으로 이해하는 계기가 될 수 있기 때문이다. 나아가서는 북한사회에 대한 보다 객관적 이해가 필요하고, 북한사회의 장단점을 수용하는 자세도 요구된다. 그동안 우리는 북한에 대해 편파적 시각으로 바라보면서 부정적 측면만을 강조하는 경향이 있었다. 그러나 북한사회에서도 나름대로 인간의 다양한 모습과 활발하게 움직이는 삶의 모습이 있음을 간과하지 말아야 한다. 특히 북한사회의 특성에 비추어 보아, 주민들도 나름대로 강점을 지니고 있음을 인정하는 것이 중요하다.

현재 남북한 주민들의 의식 속에 잠재되어 있는 상호 불신과 적대감을 해소하고, 화해 · 협력의식을 갖도록 하는 일에도 그 목표를 두어야 한다. 만약 남북한이 지금과 같이 상호 불신과 적대감을 해소하지 않은 상태로 대결구도를 계속해나간다면, 통일의 길은 멀어질 뿐만 아니라 통일이 이루어진다고 해도 남북한 주민의 갈등과 혼란은 더욱 극심해질 것이다.

독일의 통일이 평화적으로 이루어지고 통일 이후 아직까지도 많은 문제들이 남아 있다고는 하지만, 그래도 큰 무리 없이 진행되고 있는 것은 이미 20년 가깝게 서로를 이해하고 화해 · 협력하는 과정이 있었기 때문이다. 서로에 대한 적대감을 해소하고 신뢰를 쌓아가는 다양한 분야에서의 교류협력 과정이 우선되었기 때문에 가능한 것이다. 역사적으로 이데올로기 대립이 극심한 국가들 간에 적대감 및 상호 불신의 해소는 정치적 접촉보다는 비정치 분야에서의 교류가 우선되는 가운데 가능했다.

그러나 남북한은 분단 60여 년 동안 최근 몇 년 간을 제외하고는 정치적 대결 속에서 비정치 분야에서의 교류가 거의 없는 상태로 서로를 소멸의 대상으로 바라보며 지내왔다. 이로 인해 상호 불신 및 적대감은 상당히 누적되어온 것이 사실이다. 따라서 통일교육은 통일을 현실화하고 가능성 있는 사건으로 만들기 위해 우선 서로에 대한 신뢰를 조성하고 이해 기반을 구축하면서 다양한 형태의 사회문화와 경제의 교류를 추진하는 것이 시급하다는 사실을 인식할 필요가 있다.

북한주민들을 이해하고 그들과 화해하려면, 우리가 먼저 앞장서서 동포애를 보여주는 것이 중요하다. 현실적으로 국가적 역량이나 주민들의 생활여건 면에서 우리 남한이 북한보다는 훨씬 유리하고 우위에 있다는 점을 고려한다면, 한 동포이자 민족으로서 우리가 먼저 그들을 포용하고 지원하는 자세를 보여줘야 한다. 그리하여 북한주민들도 우리의 동포애와 화해의식을 이해하고 그들이 갖고 있는 적대감을 점차적으로 해소시켜나갈 수 있을 것으로 기대한다. 현재로선 북한의 변화를 속단하기 이르다고 해도 또 그것이 비록 오랜 시일이 걸린다고 해도, 북한의 변화를 기대하고 유도해나가는 것이 현명한 자세라고 할 수 있다.

독일은 이미 동서독 기본조약이 체결되기 이전인 1696년에 서독인 11만여 명이 친지방문과 관광을 목적으로 동독지역을 여행한 바 있다. 이러한 동독방문 인원은 동서독 기본조약이 체결된 다음 해인 1973년에는 227만 명으로 증가했다. 동독에서도 노인층과 친지방문 목적으로 범위가 제한되기는 했지만, 서독을 방문할 수 있었다. 1986년 동서독 간 문화협정이 체결된 이후, 청소년 교류사업이 활발하게 전개되면서 1987년 한 해 동안 서독 청소년 77,000명, 동독 청소년 3,760명이 교환방문한 경험을 갖고 있다. 이들은 박물관과 전시관을 견학하거나 거리를 산책하면서 서로의 일상생활에 대해 대화를 나눔으로써 이제까지 상대방에 대해 갖고 있던 선입견을 바꾸고, 서로를 이해할 수 있었다. 우리도 이러한 교류와 협력의 경험을 축적하지 않는 한 통일을 기약할 수 없을 것이다.

3) 공동체의식에 기초한 통일의지 형성 지향

최근 들어 청소년 사이에서 통일에 대해 무관심하거나 통일의 필요성에 관해 회의적인 태도를 보이는 경향이 있다. 더욱이 통일 이후에 나타날 것으로 예상되는 후유증이나 통일 비용의 부담을 지나치게 염려하여 통일에 대해 부정적이고 기피하는 태도를 보이는 경우도 있다.

청소년들이 통일 기피증을 보이는 원인은 두 가지 측면에서 분석될 수 있다. 하나는 통일의 필요성에 대해 회의적 태도를 갖고 있기 때문이며, 다른 하나는 북한주민을 우리와는 무관한 대상으로 인식하고 있기 때문이다. 이러한 요인을 고려할 때, 통일의 필요성을 인식하면서 북한주민을 동포로 인식할 수 있는 계기를 마련하는 것이 중요하다.

먼저 청소년들이 통일에 대해 관심과 애정을 갖고 통일의 필요성에 대한 확실한 인식을 가지면서 통일의지를 가다듬을 수 있게 하는 교육이 필요하다. 말하자면, 통일은 먼 미래의 이상이 아니라 우리들의 현실과 장래 삶에 보탬이 될 수 있는 이득과 혜택을 가져다줄 수 있다는 사실을 인식하도록 해야 할 필요가 있다.

무엇보다도 남북한이 전쟁의 공포로부터 해방되고 평화로운 삶을 보장받기 위해 한반도의 안정과 궁극적 통일이 필요하다는 사실을 인식하는 것이 중요하다. 통일의 필요성은 무엇보다도 '전쟁으로 인한 불행'을 방지하는 데 있다. 국방비에 투입되는 세금을 감축해서 국민들의 부담을 줄일 수 있으며, 이를 교육비나 복지비용으로 충당함으로써 국민

삶의 질을 향상시킬 수 있다.

또한 남북한은 경제적 협력과 문화적 교류를 통해 실질적인 혜택을 얻을 수 있다. 통일은 우리 민족의 발전 무대를 전 한반도로 확대시켜 줄 것이며, 민족역량을 강화시켜줄 것이다. 통일한국은 국제적 지위와 영향력의 강화로 21세기 무한 경쟁의 국제무대에서 주도적 역할을 담당할 수 있을 뿐만 아니라, 더 나아가서는 인류의 공동번영에도 이바지할 수 있다.

이러한 통일의식의 기초에는 '우리는 하나'라는 공동체의식이 자리 잡고 있다는 사실을 간과할 수 없다. 공동체의식에 기초해 우리 사회 안의 화합을 도모하는 동시에 남북한의 민족적 연대감을 갖도록 할 필요가 있다. 그동안 남북분단과 전쟁으로 말미암아 우리는 북한에 대해 동질감보다 이질감을 더 갖고 있었던 것이 사실이다. 6 · 25 전쟁을 경험한 기성세대는 북한에 대해 여전히 적대감을 갖고 있으며, 최근에 북한의 경제적 어려움을 목격하고 있는 젊은 세대는 북한에 대해 혐오감을 갖고, 그들을 귀찮은 존재로 인식하고 있다.

그러나 우리들의 의식 내면에 자리 잡고 있는 남북은 한 민족이며 동포라는 인식이 통일의 밑거름이 될 것은 분명하다. 비록 짧은 시기의 분단과 전쟁으로 인해 민족 내부의 갈등이 심화되기는 했으나, 오랜 역사를 공유하면서 함께 살아온 민족이라는 사실을 간과해서는 안 된다.

독일의 경우, 통일 이전인 1978년 서독에서 〈독일 통일에 관한 교육지침〉을 제정하고 "국경선 양편에 살고 있는 독일인들은 공통된 역사, 언어, 문화를 통해 결속되어 있다."라고 천명했다. 즉, 동서독은 역사 · 문화적으로뿐만 아니라 경제 · 지리적으로도 한 민족으로서의 공통성을 유지하고 있다는 사실을 강조한 것이다. 그리고 이러한 사실을 학교교육과 실제 수업에서 체계적으로 다루도록 권고했다. 또한 동독 지역에 대한 방문과 여행을 통해 문화적 동질성을 찾고, 이를 체험할 수 있는 기회를 가져야 한다고 밝혔다. 이제 우리도 남북한의 역사와 문화에 대한 이해를 바탕으로 민족적 동질성을 보다 강조할 필요가 있다.

2 통일실현을 위한 교육의 과제

통일교육의 과제 및 해결 방안으로 박찬석(2001)은 민주적이며 절차적인 논의에서 통일교육의 흐름 조성, 민족관과 세계관을 조화하는 민주시민교육 내용의 확대, 혁신과 반성 그리고 절차 중시 등 세 가지를 제시한 바 있는데, 이를 안내하면 다음과 같다.

1) 절차적인 논의에서의 통일교육 흐름 조성

2000년도 정부의 통일교육 방향은 자유민주주의에 대한 신념과 민족공동체 의식 및 건전한 안보관을 바탕으로 남북한 간에 평화정착을 실현하고 나아가 통일을 이룩하는 데 필요한 가치관과 태도를 함양하는 것을 목적으로 하는 제반교육에 있었다(통일부, 1999).

이러한 입장의 통일교육은 남북한에 존재하는 이념과 체제의 차이를 동질화시켜나가면서, 궁극적으로 학생들에게 통일의 의의와 민족통합의 실천적인 과정을 강화하려는 데 그 목적을 두고 있다. 그러나 공식적인 학교 통일교육은 자유민주주의체제의 우월성을 통일 · 안보교육과 마찬가지로 내세우고 있었다. 이러한 입장에 대해 비판적인 견해도 교육현장에서 엄연히 존재했다(박찬석, 1999).

1980년대 중반 이후 통일교육에 대한 비판적 입장이 부각되었고, 이 입장은 실질적으로 학교교육에 영향을 주었다(한만길 외 6인, 1999). 또한 이 시기의 통일운동 역시 학교 통일교육에 지대한 영향을 끼쳤다. 따라서 기존의 통일 · 안보교육에 대한 비판적 입장이 학교현장에서 중대한 의미를 갖기 시작했다.

1992년을 전후한 남북한 정부 간 남북 기본합의서나 6 · 15 선언은 통일교육이 민족통합을 지향해야 한다는 것을 상징적으로 보여주었다. 이제, 통일교육은 객관적이고 보편적인, 대안적 내용체계로 변화되는 양상을 보이고 있다. 이러한 통일교육의 새로운 경향은 인간의 보편적 가치를 지향하는 민주화의 노력이 실현되어가는 과정에 기인한다. 통일교육은 북한을 객관적으로 이해하고자 하며, 북한을 같은 민족으로 포용하는 새로운 경향을 보인다. 즉 이러한 경향은 남북한에 존재하는 이념적 대립과 체제적 대립을 인정하면서도 극복할 수 있는 이념적, 체제적 융합을 모색하고자 한다.

기존의 통일교육은 북한의 사회주의체제를 포용하고자 하는 노력보다 자유민주주의의 우월성을 견지하면서 북한이해를 시도하고 있었다. 그러나 통일교육의 새로운 경향은 기존의 인식에 반발해 1980년대의 소위 '비판적 통일교육'[1]으로 가속화되었다. 이러한 비판적 통일교육은 근본적으로 한국의 분단을 바라보는 입장에 있어 기존의 냉전적 · 편향적인 우파적 사고에 반발해 대안적인 입장에서 보고자 했다. 이러한 시각은 아직도 학교 통일교육의 목표와 내용체계가 보수적 인식의 반공 ·

1) 학교현장에서는 교육부 중심의 통일교육에 대한 논의와 대안적 혹은 비판적 통일교육에 대한 접근이 엄연히 존재한다. 이러한 발상은 6 · 25 전쟁에 대한 시각 차이나 북한 인식의 차이 등에서 극명하게 나타난다. 한편 국가보안법에 대해서도 새롭게 파악하려는 성향을 보인다. 이러한 의미에서 비판적 통일교육은 좌파적 사고와 우파적 사고에 대해 새롭게 재조명함으로써 자리매김할 수 있다. ; 박찬석(2001). 〈국내외 통일환경의 혼돈 속에서 통일교육의 방향과 과제〉. 아시아교육연구, 2(2), 아태평양교육발전연구단. p.51. 재인용.

안보·안정의 측면에서 유지되고 있다고 비판한다. 이는 통일교육이 학교의 전반적인 보수적 성향에 매몰되어 있어 적극적인 통일교육 활동을 제약하고 있다고 보는 것이다.

정부 주도의 통일대비교육과 통일이후교육에 대한 논의는 국민적 통일 논의를 조성하는 노력에서 이루어져야 한다. 따라서 가능한 한 많은 통일교육 전문가들이 합의할 수 있는 내용 구성을 시도해야 한다. 그 과정에서 논란이 예상되는 내용은 부록 형식으로 첨부되어야 한다. 그래서 비판적 통일교육은 전반적으로 통일을 준비하기 위해서는 먼저 학교사회의 갈등요소를 포용할 수 있는 과정을 만들어야 한다고 주장한다. 학교나 사회에 있어 자율적 의사소통, 집단따돌림 및 인권 문제의 적극적 개선이 궁극적으로 통일로 가는 길임을 강조할 필요가 있다.

이러한 의미에서 통일교육은 학생들과 함께 남북한이 더불어 살아갈 수 있는 실천적 방법을 모색하는 것이다. 학생들은 학교 통일교육을 통해 남북한 사회의 분단을 인식하고, 그 분단 해소를 위한 방안으로 북한에 대한 이해와 통일에 대한 근본적인 목표를 실천해야 한다. 사회에서는 통일에 대한 국민합의를 이루기 위한 논의과정을 계속 가져야 하고, 학교에서는 학생들의 통일의지를 고양할 수 있는 내용이나 장기적으로 남북한 통합인식을 강화할 수 있도록 하는 내용을 부각시켜야 한다.

2) 민족관과 세계관을 조화시킨 민주시민교육 내용의 확대

통일교육은 궁극적으로 민족통합을 위한 작업의 기초이며, 우리 시대의 남북한 교류나 통일관을 진작시키는 시대정신의 함의를 모색하는 작업이다. 민족통일을 지향하는 학생들은 통일을 향한 마음을 학교 통일교육 프로그램에서 실천할 수 있어야 한다(정세구 외, 1999). 그리고 이러한 필요성에 대해 그동안 우리 사회가 얼마나 진지하게 논의했나를 생각해봐야 한다.

이제까지 학교에서는 극심한 대화의 부재 속에서 학생들의 실력 향상에 초점을 맞춰 대화의 단절을 대화의 시작으로 변화시키지 못하고 있었다. 그러나 이제 학교는 성장과 발전이라는 정신적 기둥인 반공대결 이데올로기와 성장 이데올로기의 결합에서 벗어나기 시작했다. 외형적으로는 학교 스스로 민주시민적 실천이 가능한 공동체를 꿈꾸게 되었고, 이러한 변화 속에 통일교육도 변화를 맞게 되었다. 통일교육은 학생들의 관심과 대화를 통해 재구성되는 내용을 새로운 교육적 모색으로 설계해야 한다.

통일교육에서는 전반적인 교육목표가 통일교육으로서의 실질적인 남북화해와 남북대화의 틀을 만들어가는 흐름이다. 이에, 우리 사회는 국민적 융합을 기초로 한 교육목표를 차근차근 실천해야 한다. 그리고 이러한 흐름 속에서 통일교육의 교육과정은 패러다임의 부재 및 국민적 통합의 한계를 인정하는 속에서 출발해야 한다. 통일교육에 대한 전반적인 수정을 위해서는 여러 가지 질곡들의 연속과 분열과 반목을 극복해야 한다. 바로 적확(的確)한 교육목표에 기초한 통일교육의 교육과정은 현재의 모습과 문제점에 대한 철저한 분석이 요구된다.

이러한 문제점은 첫째, 통일교육의 교육과정은 전반적인 교과에서 다루어지고 있지만, 그 역할이 애매하다는 것이다. 실제로 통일교육에 대한 내용을 완벽하게 수행하는 교과는 없다. 그러한 의미에서 통일교육의 체계적 접근은 통일을 이룰 세대인 학생들에게 소홀히 하는 경향을 보인다. 학교 통일교육은 초 · 중 · 고등학교에서 '바른생활', '도덕', '윤리', '사회', '국사' 및 '국어' 등에 망라되어 전개되고 있다. 그래서 실질적으로 학교 통일교육은 북한의 언어, 사회, 경제, 문화 그리고 이념을 객관적으로 파악할 수 있는 교사교육부터 제대로 실천되어야 한다. 이를테면, 교육을 시도해야 할 교사들에게 통일교육의 통합적 교수기법이나 자료집이 수시로 배포되어야 할 것이다.

둘째, 통일교육은 이념적인 자유민주주의체제의 강화를 뛰어넘는 체제 포용적인 새로운 지평이 요구된다. 우리 민족이 21세기 통일을 이루는 전환기적 사고를 가지려면 통일교육의 새로운 전환이 필요하다(한만길, 1994). 절대적으로 부족한 교육과정의 편성으로 통일교육은 학생들의 흥미를 얻기 어렵다. 실제 학생들에게 교육과정은 미래적 전망을 지닌 중요한 의미를 가지고 있다. 통일교육은 체제 대결로 인식되던 입장에서 벗어나 보다 개방적인 입장으로 더욱 강화될 필요가 있다. 전반적으로 통일교육의 교육과정에서 다뤄지는 북한 관련 내용은 북한에서 통용되는 언어나 정치 현실로 이루어져 있는데, 이는 학생들에게 통일에 대한 상상력을 부여해주는 역할도 한다. 그러나 실질적으로 학교 통일교육의 교육과정은 북한의 학교생활이나 특별활동, 진학, 고민거리 등을 알리는 데에도 중요성을 둘 필요가 있다.

셋째, 현실적으로 교육과정에서 남북통합을 위한 일관된 프로그램이 조성되어 있지 못하다. 그래서 현재 상태로는 북한과 통일문제를 이해하기보다는 한시적인 통일목표를 추진하기에 급급하다. 그러나 이러한 추진은 학생들에게 통일과 북한에 대해 일방적으로 호전적인 의식이나 냉소적인 태도를 가지게 할 가능성이 크다. 실질적으로 북한을 이해할 수 있는 교육과정상의 내용자료가 부족한 실정이다.

이와 같은 문제를 해결할 수 있는 통일교육의 현실적 해결방안은 통일교육과 민족교육의 접목, 그에 따른 문제점을 보편적 세계관으로 재구성하려는 노력이 학교 교육과정 속에서 가능하게 하는 것이다. 분단의 상처가 엄연히 남아 있지만 학생들은 통일문제를 정치적 수사로만 인식하고 있다. 통일교육에 대한 중요한 화두는 학생들에게 남북한이 한민족임을 보여주는 것이다. 우리 민족에게 민족의식을 부여한 곳은 가정과 학교였다. 따라서 통일교육은 현실적인 민족문제를 잊고서는 우리의 통일과 평화가 보장되지 않음을 학생들에게 주지시켜야 한다.

이전처럼 강요에 의한 반공교육이나 의식화교육은 상당한 문제를 야기한다. 반공교육은 학생들에게 민족의 일부를 타도 대상으로 삼는 경향을 보여주며, 의식화교육은 의식과 존재를 지나치게 협소화하여 사고의 자유로움을 막는 경향을 보이고 있다. 의식화교육의 한계를 말하는 것에서 시사 받을 수 있는 것은 리영희(1999)의 행적에서도 찾아볼 수 있다. 독재사회에서의 의식화는 시대의 올바른 반영을 위해 노력한 산물이라고 하지만, 리영희 역시도 1990년대 이후 민주화시대를 거치면서 조광조의 논쟁적인 개혁보다는 이황의 대안적인 입장을 취하려는 노력을 보였다. 이처럼 의식화교육도 이 시대에는 대안적 · 사회 발전적 요소를 지녀야 할 것으로 판단된다. 민족문제에 대한 의식은 지나친 이념적 맹신을 가져올 수 있다. 그러한 편파성을 극복하기 위해서는 학생들이 평화적인 요구나 소수의 의견, 차이를 인정하고 배려할 수 있는 보편적인 세계관을 바탕으로 올바른 민족관을 실천하도록 도와야 하는 것이다(이남석, 2001).

3) 혁신과 반성 그리고 절차의 중시

우리 사회가 남북통합시대를 준비하려면 어떻게 해야 할까? 우리 사회의 일부에서는 북한사회에서 변화가 일어나고 있기 때문에 우리 사회도 바뀌어야 한다고 말한다. 한편, 북한사회는 변하지 않을 것이기 때문에 우리 사회가 변할 것이 없다고 생각하기도 한다. 이러한 현실

속에서 통일교육이 새로운 시도나 변화에만 치중한다면 상당한 진통을 겪을 것이다. 변화해야 할 것은 바뀌어야 하지만 전면적인 변화가 우리 사회 내부의 또 다른 문제를 확산시킬 수 있을 것이다.

그렇기 때문에 통일교육의 변화와 지속적인 내용은 혁신과 반성 그리고 절차를 중시하는 가운데에서 이루어져야 한다. 그동안 통일교육에 대한 상당한 국민적 논의가 전개되어왔다. 이 과정은 보수와 혁신의 갈등으로 과도기를 충분히 겪으면 겪을수록 더욱 의미 있는 통일교육으로 거듭날 것이다. 일례로 통일교육에 대해 다양한 시각을 갖는 사람들의, 통합을 향하는 통일교육 교육과정의 진척이 필요하다.

현 정부는 남북관계 회복을 위한 평화정착을 위해 평화교육에 중심을 두고 있다. 이러한 측면에서 평화실천의 문제가 될 수 있는 대립적 인식들을 포용하는 입장이 중요하다. 아직도 북한에 대해 신뢰하지 못하는 입장들을 설득하면서 한편으로는 북한의 의혹을 실제적으로 풀어가는 방법으로 갈등 해소의 입장이 전개되어야 한다. 보수세력의 논리들을 비난한다고 해서 통일이 빨리 이루어지는 것이 아니다. 통일교육 논의에서도 대화와 타협의 과정이 중요하다. 즉, 반대세력과 주도세력 간에 서로의 입장을 전개할 수 있는 평화정착 노력 속에서 통일교육 논의가 이루어짐으로써 통일문제 또한 의미 있게 되는 것이다(구영록, 2000). 또한 우리 학생들은 북한이해에 있어서 '불안정감'을 가지고 있기 때문에, 안정감 있게 대처할 수 있도록 해야 한다.

통일교육은 북한에 대한 위협과 공포를 줄이고 우리 사회에서의 통합을 추진하는 것이다. 실질적으로 북한이해 차원에 있어 감정적인 접근을 자제하고, 비관적인 입장에 대해 경종을 울릴 필요도 있다. 이 작업은 혁신적인 변화에서 오는 혼란이나 기존의 보수적인 시각에만 머물러 있어서는 이루어질 수 없다. 학생들은 북한에 대한 불안정한 이해보다는 포용적인 입장에서 그 내용을 배워야 한다. 이러한 과정이 지속된다면, 통일교육 교육과정은 급조된 정책이나 대책들을 통해 이루어질 수 없을 것이다. 건실하게 조성된 통일교육은 학생들이 안정적인 상태에서 통일문제에 대해 생각할 수 있게 한다. 따라서 정부나 민간단체 그리고 일반 국민들의 경우에도 안정적인 상태에서 북한에 대한 경각심을 늦추지 말아야 할 것은 당연하다고 하겠다. 그렇기 때문에 통일교육의 내용은 그 기초적인 인식에 있어 호혜 평등의 입장과 국내 보수세력의 안정을 심화할 점진적 방법에서 고려되어야 한다.

또한 통일교육의 과제는 좌우의 대립에 따른 역사적 문제의 규명이 이루어져야 한다. 그동안 남북한 사회는 상당한 개인적 · 민족적 희생을 감수해야만 했다. 민족의 자존심에 멍을 들게 한 6 · 25 전쟁으로 발생한 이산가족 문제나 남북한의 체제 비전향자들에 대한 교환 문제 등의 해결이 이루어져야 한다. 그리고 이를 위한 논의가 계속되는 현재 분위기를 확대해나가야 한다. 즉, 통일문제나 통일교육이 인도주의적 관점에서 강화되어야 하는 것이다. 이러한 과정에서도 통일에 대한 관점은 사회적인 통념에 대한 새로운 의식과 반성적 의식이 요구된다.

전반적인 의미에서 통일교육은 국민들이 통일의지를 고양할 수 있는 상당한 설득력과 합리성을 가지고 있어야 한다. 국민의 통일지향적 성향을 강화하기 위해서는 남북한 현실에 맞게 변화하는 통일교육이 이루어져야 한다. 즉, 통일교육은 민족공동체교육, 민주시민교육, 국가안보교육 차원으로 이해해야 하며, 확고한 인간적 입장을 지향하는 민주주의의 신념에서 통일교육의 지향점이 마련되어야 한다.

3 통일실현을 위한 통일교육 지도법[2)]

1) 협동학습 방법

(1) 통일포스터

미술시간에 모둠별로 통일포스터와 관련해 표어, 아이디어와 그림을 구상하도록 하고, 각자의 역할에 따라 협동작품을 만들게 한다. 작품의 주제를 모둠별로 따로 정해주어도 좋다.

(2) 집단작품 만들기

통일한국을 외국에 소개할 수 있는 통일국가 국기, 국가, 관광안내, 통일기념 티셔츠 디자인, 통일기념 예술제 등의 집단작품(group project)을 완성해 모둠별로 발표한다. 완성 과정 속에서 협동의식을 기르는 방법이다.

(3) 전문가수첩 만들기

이 활동은 일선 학교에서 많이 활용하고 있는 '미니북 만들기'와 흡사한 방법으로 북한에 관해 '이것만은 내가 전문가'라는 의식을 가지도록 한다. 북한의 관광지, 유물유적, 고유명절, 민속놀이, 학교제도 그리고 가족제도 등의 생활문화에 대한 주제를 정해주고, 이를 정리해 하나의 수첩으로 만드는 활동이다.

---

2) 교육부 · 한국교육개발원(2000), 통일교육 자료 CD롬 타이틀 '대립에서 화합으로'에 수록되어 있음. ; 한만길(2001b). 〈남북한의 평화와 통일을 위한 학교교육의 실천과제〉. 예술과 교육. 제7집. 충북 : 한국교원대학교 예술교육연구소. p.13. 재인용.

2) 자료 활용 학습법

(1) 통일지도 만들기

모둠으로 나누어서 모래밭에서 활동할 수 있는 방법이다. 예를 들어 한반도지도를 호랑이 모양으로 그리고, 모래를 모아서 산맥과 강줄기 및 벌판을 만들며, 중요한 섬들도 만든다. 항구도시를 정해서 표시하고, 종이배를 접거나 장난감 배를 모아 항구와 바다에 배치한다. 기찻길과 도로를 만들고 터널을 뚫기도 하며 장난감 자동차나 기차를 배치한다. 고무찰흙으로 어른과 어린이들의 다양한 생활모습 및 즐겁게 노는 모습 등을 만들어서 지도 위에 배치한다. 통일지도를 배경으로 모둠별 사진을 찍고, 다른 활동을 곁들여도 좋다.

(2) 통일의 달 행사

학교에서 6월 중 교육행사를 '통일의 달'로 정하고 글짓기 대회, 포스터 그리기 대회, 나의 주장 발표하기 및 통일 어울 한마당 등 각종 통일 관련 행사를 통해 통일의식을 함양하는 방법이다.

(3) 만화 완성하기

신문이나 잡지에 나오는 인기 만화의 특정 내용을 글자와 대사만 오려내고 학생들에게 복사해서 나눠준다. 학생들은 등장인물들이 하는 대사를 자기 나름대로 구성하여 통일과 관련한 내용으로 짓고, 완성된 학생부터 연기하는 흉내를 내면서 대사를 발표한다.

(4) 통일 편지와 그림

국어시간이나 미술시간 등에 그 대상을 북한 어린이들로 정해 편지글을 써보게 하거나 그림을 그려보도록 한다. 글을 쓰거나 그림을 그려보는 작업은 학생들로 하여금 북한의 어린이들과 가까워지고 싶은 마음이 들게 하고 그들에 대한 편견과 거리감을 없애는 데 효과적인 방법이다. 편지와 그림을 교실에 비치해 모두 열람할 수 있게 하는 것도 좋다.

3) 시청각 매체 활용 학습법

(1) 북한 바로 알기 게시판

학교나 학급의 게시판에 '통일란'을 설치하고 통일 관련 시사자료, 그림들을 전시한다. 또 학생들의 궁금증을 해결해주는 코너를 마련하고, 그 코너에 자율적으로 응답할 수 있도록 공간을 마련해두는 것도 좋은 방법이 된다.

(2) 남북한 노래 부르기

음악시간에 북한에서 유행하는 노래와 남한에서 유행하는 노래를 각각 녹음테이프에 담아 들려주면서 따라 부르게 하거나 교사가 직접 피아노를 치며 가르치는 방법이 있다. 공간을 초월해 남북한이 하나 되게 하는 마음을 가질 수 있다.

(3) 영상 작품 활용하기

남북한의 주제나 소재가 비슷한 영화를 각각 보여주고 등장인물, 내용, 관객의 입장에 서서 동일한 역사적 사건을 어떤 시각에서 보고 있는지를 비교해보도록 하는 활동이다. 예를 들어 남한의 임꺽정 프로그램과 북한의 림꺽정 영화의 주요 장면을 편집해서 보여주고 평가해보도록 한다.

4) 놀이학습 방법

(1) 통일 어울 한마당

야외에서 다수의 학생들을 대상으로 OX퀴즈, 통일퀴즈 등과 함께 남북한이 공통적으로 지내는 고유명절, 민속놀이(씨름, 널뛰기, 윷놀이, 풍물놀이) 등을 실시함으로써 민족의 유대감 형성이나 동질성 회복에 효과가 있는 방법이다.

(2) 말판놀이

남북이 같은 민족임을 느끼게 하기 위해서는 말(言)에 대한 이해와 정서적인 거부감을 완화시켜야 한다. 따라서 북한에서 쓰는 말을 재미있게 여기도록 하고, 그 뜻을 정확하게 알려줄 필요가 있다. 여러 가지 북한말을 말판놀이나 OX퀴즈 등을 통해 익히도록 하는 방법이다.

(3) 통일 주사위 놀이

학생들에게 통일에 대한 열망을 심어줄 수 있는 게임으로 통일 윷놀이와 병행하거나 대치할 수 있다. 운동장에 크게 한반도지도를 그리고 큰 주사위를 던지는 사람이 직접 말이 되어 각 위치에 전시된 설명에 따라 후퇴하거나 전진, 뛰어넘기, 한 번 쉬기 등을 통해 한라에서 백두까지 가장 먼저 도달하는 팀이 승리하는 게임의 방법이다.

(4) OX퀴즈

우리와 상황이 다른 북한을 이해하는 데 많은 도움이 될 수 있는 방법으로, 즐겁게 참여할 수 있다. 진행방법은 교실이나 학생의 환경 수준에 따라 얼마든지 다양하게 할 수 있는데, 예를 들면 '북한에는 족보가 없다', '북한의 국보 제1호는 김일성 동상이다' 등의 문제들을 내고 학생들을 O, X편으로 나뉘게 한 후, 최후까지 남은 학생을 시상하는 것이 대표적이다.

(5) 통일 장기자랑 대회

학교규모로 통일관련 행사 때 통일 장기자랑 대회를 개최한다. 장기자랑의 내용으로는 개그패러디, 북한사람 흉내내기, 북한노래 부르기, 북한춤 따라하기, 나의 주장발표 그리고 통일발언대 등을 실시할 수 있다. 학생들의 관심을 높이기 위해 학생들이 좋아하는 연예인을 초청해서 통일 관련 노래를 듣게 하는 것도 좋다. 통일과 관련된 노래로는 서태지의 '발해를 꿈꾸며', 노래를 찾는 사람들의 '광야에서' 등이 있다.

(6) 바둑판 게임(퍼즐 게임)

바둑판과 같은 사각형 면에 북한이해 및 통일 관련 개념이나 지식을 세로축, 가로축 등으로 연결시켜 빈칸으로 남아 있는 부분의 옳은 답을 누가 얼마나 정확·신속하게 알아맞히느냐를 결정하는 게임이다. 이 게임은 학생들의 호기심뿐만 아니라 논리적인 사고력을 신장시키는 데에도 매우 유용한 기법이다. 특히 북한 관련 수업의 마지막 부분에서 학습한 내용을 정리할 때 사용하면 효과적이다.

(7) 통일주제 4행시

통일과 관련된 주제를 제시하고 4행시를 지으며 즐겁게 수업에 참여하는 방법으로, 릴레이 형식도 생각해볼 수 있다. 예를 들어 '남북통일', '조국통일', '남한북한', '서울평양', '우리나라', '통일조국', '대한민국' 등을 제시할 수 있다.

5) 체험학습 방법

(1) 가상 생활문화 체험학습

북한의 같은 또래 학생들의 일상적인 생활문화를 알 수 있는 읽기자료나 일기, 체험담(가정생활, 학교생활, 방과후생활, 소년단활동, 놀이문화) 등을 제시하고 우리의 현실과 관련된 공통점과 차이점을 비교하면서 토의하도록 한다.

(2) 북한 어린이 돕기 캠페인

언론기관이나 사회단체에서 실시하는 북한 어린이 돕기에 적극적으로 참여하고 참여한 소감을 적어 발표 · 토론하게 하는 방법이다. 또 알뜰시장을 열거나 통일모금함을 만들거나 용돈 절약으로 성금이나 물품을 마련해서 유관기관에 전달하는 활동은 통일분담금에 대한 합리적 생각을 어려서부터 인식시켜줄 수 있다. 체험학습을 위해 기아체험을 하거나 북한음식을 먹는 행사에 참여하는 방안도 유익하다.

(3) 통일학교

방학 중 학생을 대상으로 하는 통일학교에 참가하여 캠프생활을 통해 견학, 등산, 발표회, 촛불행사, 모닥불놀이 등의 프로그램을 체험함으로써 학생들의 통일의식이 크게 신장될 수 있다. 청소년단체나 시민단체에서 실시하는 통일 관련 단체수련활동을 통해서 다양한 체험을 하는 것도 매우 유익하다.

(4) 문화예술 · 스포츠 관람

남북한 스포츠 교류 때 단일팀의 경기를 관람하고 열심히 응원하면서 느낀 생각들을 기록하고 발표하게 하는 방법 등이 있다. 남북한 문화예술 공연 등을 직접 관람하고 체득해보는 것이 필요하다.

(5) 인터넷 과제 활용하기

교사는 학생들의 흥미를 유도할 수 있는 북한 어린이의 일상생활에 대한 과제를 제시하고, 학생들은 인터넷을 통해 여러 자료를 찾아보고 그 자료를 바탕으로 과제물을 완성한다. 직접 자료를 찾아보고 남북한 어린이의 생활을 비교하면서 좋은 점은 살리고, 나쁜 점은 개선하는 방향으로 쓰도록 지도하는 방법이다.

▸ **한만길 엮음(1999). 《북한에서는 어떻게 교육할까 - 북녘에서 살다 온 16인의 생생한 교육 체험기》**

(서울 : 우리교육. pp.183-184)

굶주리고 있는 교원들[3] - 김희영[4]

교원들은 직업적인 혁명가라고 하여 마음대로 조직생활에 누락할 수도 없고 또 항상 일감이 기다리고 있기 때문에 무단결근하는 경우 강제 노동이나 시 사로청 교양 그루빠(그룹)에 불려 나가 넋을 잃을 정도로 단련을 받고, 심한 경우 추방 당하는 교원들도 있다. 실제로 교원 해임장을 살려면 탄광이나 농촌 지역에 추방될 마음의 준비를 하라고 위협한다. 따라서 교원들은 이러지도 저러지도 못하고 있다.

이대로 상황이 지속되면 거의 대부분의 교원들이 굶어 학교에 출근하지 못할 것이다. 그러나 국가에서는 아무런 대책도 없다. 조직생활은 더욱 강화하면서도. 그래서 학교 내부에서는 시 · 당 교육부 모르게 교원들을 몇 조로 나누어 7~10일씩 교대로 식량을 구입하러 보낸다. 학교에 남은 교원들은 몇 개 학급을 맡아 10분 간격으로 통제나 하는 식으로 수업을 진행한다. 부진된 수업은 연말에 2시간 분량을 1시간에 보충하거나 일요일에도 공부하는 식으로 진도를 맞추어나간다. 학생들도 이런 현상을 묵과한다. 공부하기를 싫어하기 때문이기도 하다. 공부에는 아무런 관심도 없다.

누구를 막론하고 애국심은 찾아볼 수가 없다. 과거와는 달리 사람들의 충실성과 충성심 등은 없어진 지 오래라고 본다. 점점 생활이 어려워지자 젊은 교원들(20~30대)은 노골적으로 학교에 결근하고 있다. 심지어 대학 졸업 후 몇

---

3) 김희영은 한만길 엮음(1999)의 《북한에서는 어떻게 교육할까-북녘에서 살다 온 16인의 생생한 교육 체험기》에 "끊임없는 업무, 배고픈 교원생활(pp.175-184)."이라는 제하에 주제별로 7가지 내용을 기술했는데, 이 자료는 그중 일곱 번째 내용임.

4) 차광수대학(신의주 제1사범대학) 졸업, 고등중학교 교원 근무, 현재 대학 재학 중 ; 한만길 엮음(1999). 위의 책, p.175. 재인용.

년 동안 단 한 번도 학교에 출근하지 않은 교원들도 있다. 이것이 북한 교육의 현 실태이다.

북한 교원의 급수와 보수 체계

<table>
<tr><th colspan="2">급수</th><th>출신학교</th><th>월급(북한 돈)</th></tr>
<tr><td colspan="2">인민 교원</td><td></td><td></td></tr>
<tr><td colspan="2">공훈 교원</td><td></td><td></td></tr>
<tr><td rowspan="3">자격 요건</td><td>1급 교원</td><td></td><td>135원~140원〈130원~150원〉</td></tr>
<tr><td>2급 교원</td><td></td><td>130원~135원〈110원~130원〉</td></tr>
<tr><td>3급 교원</td><td>사범대학</td><td>125원~130원〈90원~110원〉</td></tr>
<tr><td colspan="2">4급 교원</td><td>교원대학</td><td>121원~125원</td></tr>
<tr><td colspan="2">5급 교원</td><td>비(非) 사범대학</td><td>105원~120원</td></tr>
<tr><td colspan="2"></td><td>비(非) 교원대학</td><td>105원~120원</td></tr>
</table>

*출처 : 천정순의 증언으로 작성, 〈 〉의 내용은 김찬옥의 증언을 첨부한 것임.
**참고로 북한 노동자의 월급은 보통 80원~100원 정도임.

제12장

통일한국의 미래와 요구되는 인간상

제12장 통일한국의 미래와 요구되는 인간상

1 통일한국의 미래상과 개혁과제

통일한국의 건설은 분단체제를 통해 정치 · 경제, 사회 · 문화 제반 측면에서 이질화된 남북한을 각 부문별로 통합하는 장기적이고 지속적인 과정이다. 이러한 측면에서 볼 때, 한반도의 통일은 남북한의 국가적 결합이나 재통일(reunification)이 아니라, 새로운 민족국가 건설을 의미하는 신통일(new unification)을 말한다(박종철, 1994). 통일한국의 달성은 민족통합과 국가 건설이라는 이중성을 함축하고 있다.

통일한국의 건설은 남북한 양측의 질적 변화를 수반하는 복합적 과정이다. 통일한국의 정치적 미래상은 정치제도 차원과 정치과정 차원의 새로운 정치질서의 정착을 목표로 한다. 즉, 국가권력의 구성 및 운영과 권력의 행사 및 정책집행에 관한 새로운 질서가 확립될 것이다. 이를 위해 남북한은 상호 간의 체제상용성(system compatibility)을 제고시키기 위한 개혁작업을 추진해나가야 하는데, 김국현(2004)은 이를 정치적 분야와 경제적 분야로 나누어 제시했다.

1) 정치적 미래상과 개혁과제

통일 이후 예상되는 정치상황은 계급갈등, 지역갈등 그리고 세대갈등이 복합적이고 중첩적으로 작용함으로써 각종 이익의 균열구조가 명확히 드러나는 양상일 것으로 예상된다(박종철, 1994 ; 박영호, 1994). 이러한 점에서 통일한국의 정치적 미래상은 국가권력의 구성 및 운영에 대한 정치제도 차원과 국가와 사회세력 간의 관계에 대한 정치과정 차원에서 통일한국의 각종 정치 · 사회적 갈등을 해소함과 동시에, 국제적인 변화에 능동적으로 대처할 수 있는 제도적 절차와 장치의 마련 및 제도화가 요구된다.

통일 이후 바람직한 정당 및 선거제도의 정착은 통일한국의 정치질서 성격과 민주주의 성패 여부를 결정짓는 핵심이다. 통일은 정치, 경제, 사회 그리고 문화의 전 분야에 걸쳐, 각 계층과 정치집단에게 차등적인 파급효과를 가져올 수밖에 없는 총제적인 민족국가 건설과정이다. 그러므로 통일의 후유증은 지역 간, 계층 간 그리고 세대 간 갈등으로 전개될 것이다. 따라서 이를 정치제도의 틀 내에서 해소할 수 있는 정치적 절차와 기제를 만들어내는 것이 요구되는데, 정당제도와 선거제도는 이러한 정치적 기제 중에서 가장 중요한 요소가 된다.

통일 이후 조화롭고 안정된 정치질서를 실현하기 위해서는 통일한국의 이념적 기초인 자유, 평등, 복지 그리고 민족주의이념이 생활 속에서 구현되어야 한다. 이런 맥락에서 볼 때, 남북한의 정치적 개혁은 절실한 당면과제가 된다.

남한의 정치이념은 자유민주주의이다. 자유민주주의는 경쟁적 절차, 다원적 질서, 참여기회의 공평성 등을 핵심내용으로 한다. 현재 한국은 민주주의 공고화의 과제, 즉 절차적 민주주의의 제도화, 사회민주화와 경제민주화를 포괄하는 실질적 민주주의의 성취를 통해 가치 배분에 대한 정당성을 확보해야 하는 과제를 안고 있다. 정치사회적 갈등이 기존의 제도적 틀 내에서 해결할 수 없을 정도로 악화될 때, 절차적 민주주의는 의미를 상실하게 될 가능성이 크다. 따라서 남한의 민주주의 공고화 여부는 민주적 절차를 제도화하는 문제와 함께 정치사회적 갈등을 해결할 수 있는 실질적인 이익 조정 메커니즘을 창출하는 문제와 관련될 수밖에 없다.

민주주의 공고화는 시민사회의 자율성 확보나 국가 또는 시민사회 간의 균형에 의해 가능하다. 시민사회가 자율성을 획득하고 각 영역에서 사회 하부 단위의 자율규제와 이익조정이 가능하게 될 때, 국가와 시민사회는 균형관계를 이룰 수 있다. 아직까지 우리 사회는 국가와 시민사회의 관계가 제도화되지 않았다. 그러나 그동안 활성화된 시민사회에서 다양한 시민계층이 각종 새로운 사회운동을 통해 활동영역을 증대시키고 있으며, 이러한 점에서 민주화와 시민사회의 자율성 확보 가능성은 매우 높다.

현재의 남한사회가 통일한국의 정치적 미래상에 더욱 근접하기 위해서는 사회 모든 구성원들이 계급적 이해관계에서 벗어나 민주적 · 개혁적인 가치들을 내면화하고 이를 실현하도록 노력해야 할 것이다. 이와 함께 국가기구가 민주화됨으로써 국가 부문의 영향력이 축소되고, 사회 부문의 독자적 질서유지능력이 향상되어야 한다. 그러나 시민사회의 영향력 확대가 사회질서의 혼란과 부와 권력의 불평등화로 귀결되지 않도록 각 영역의 자율적인 관리능력이 신장되어야 할 것이다.

북한의 주체사상은 지금까지 북한의 체제변화를 억제하는 가장 중요한 요인으로 작동해왔다. 그러나 북한사회에서도 사회적 일탈행위 증가와 이데올로기의 통제력 약화현상이 나타나고 있으며, 이러한 현상은 북한체제의 구조적 문제점과 개방 여파로 인해 더욱 확대될 것으로 예상된다.

현재 북한은 체제 단속을 강화하면서도 부분적 개혁 및 개방을 실시하지 않을 수 없는 딜레마에 처해 있다. 북한이 개방과 개혁정책을 수행한다면 장기적인 관점에서 볼 때, 남북한은 이념과 체제의 측면에서 공통 범위를 확대할 수 있게 된다. 즉, 남한에서는 민주주의이념 및 다원주의 정치체제가 제도화되고, 북한에서는 주체사상의 영향력이 점차로 상실되고 탈전체주의화와 제한적 다원화 과정이 진행될 것이다.

그러나 통일 이후 남북한이 이념과 자유민주주의체제 면에서 상용성이 증가한다고 해도 남북한 간에는 상당 기간 동안 격차가 존재할 수밖에 없다. 정치이념 면에서 남한사회는 민주주의이념의 정착으로 다원주의적 가치관과 공동체적 질서가 조화를 이룰 수 있을 것이다. 이에 반해, 북한에서는 점차 다원적 가치가 중요해지겠지만, 민주주의이념이 주민 개개인의 생활 속에 내면화되기까지 상당한 기간이 소요될 것이다. 정치·경제체제 면에서 남한은 다원적 정치질서가 제도화되고 참여민주주의가 활발히 전개되며, 복지국가적 요소가 더욱 확대될 것이다. 반면, 북한에서는 정치적 경쟁이 허용되는 제한적 다원주의, 즉 권위주의체제가 등장하겠지만 자유화·민주화 과정에서 발생하는 정치적 불안정이 존재할 것이다. 북한에서 다원주의체제가 기능하기 위해서는 당과 국가 부문의 기득권 계층과 시민사회 간의 힘의 변화가 전제되어야 할 것이다.

따라서 남북한이 통일한국의 정치적 미래상인 다원주의체제로 수렴되기 위해서는 북한체제의 변화가 선행되어야 하고, 남한은 민주주의의 공고화에 기초하여 북한의 정치변화를 유도 및 지원하며, 통일교육을 강화하여 통일의 기반을 구축하고 통일 이후의 삶을 대비해야 한다.

2) 경제적 미래상과 개혁과제

바람직한 통일한국의 경제적 미래상을 구상하는 것은 매우 어려운 과제이다. 이는 사회주의 계획경제와 자본주의 시장경제를 하나로 통합시킨 경험은 독일 통일의 사례 외에는 구체적인 경험이 없고, 구소련과 동구권, 중국의 개혁과정 및 결과에 대한 평가는 아직 이르며, 현시점에서 통일한국의 경제체제에 대한 구체적인 제안이 통일논의에 부담을 줄 수 있기 때문이다.

남북한 경제의 현재상을 요약해보면, 먼저 북한 경제는 계획경제와 통제경제를 근간으로 전체주의적 중앙집권, 생산수단의 국공유, 계획에 의한 조정, 경제의 정치종속화, 평등분배의 원칙, 자급자족 위주의 폐쇄형 경제모형, 사전에 결정된 생산계획, 비용계획 그리고 고정된 임금과 가격체계 등의 특징을 보이면서 전형적인 수요와 공급의 불균형, 성장과 발전의 동기 결여로 인한 효율성 상실에 처해 있다. 반면, 남한 경제는 시장경제체제를 근간으로 정부가 의도적 목적에 따라 경제에 간섭하지만, 경제의 근본 문제는 원칙적으로 민간경제 주체에게 일임하여 해결하는 자본주의 시장경제의 조정방식에 기초한다. 그러나 남한의 경제체제는 정경유착의 부패고리 개혁, 노사갈등의 평화적 해결, 독과점 문제, 인플레이션, 빈부격차, 실업의 사전 방지와 사후 구제 그리고 사회보장정책 확대 실시 등의 해결과제를 안고 있다.

통일한국의 경제적 미래상은 이러한 상극적인 남북한 양 체제의 통합에 수반되는 부작용의 최소화, 남한 자본주의가 태동시킨 부작용 제거를 통한 자본주의 시장경제의 취약점 보완 그리고 북한식 사회주의 계획경제의 상대적 장점을 최대한 수용하는 방향에서 모색되어야 한다(안두순, 1994). 이러한 점에서 남북 양 경제체제가 추구해야 할 경제적 미래상은 경제적 효율성과 사회적 분배의 형평을 조화시킬 수 있는 것이어야 한다.

이러한 맥락에서 통일한국의 경제적 미래상은 시장과 정부 간의 공동작용을 최적화시키는 사회적 시장경제체제, 효율성과 동시에 사회적 형평성을 추구하기 위해 사회적 책임을 감내할 수 있는 그리고 시장경제에서 필연적으로 대두되는 갈등을 해소시킬 장치를 구비한 시장경제체제이다. 결국, 바람직한 통일한국의 경제체제는 자유와 사회적 정의라는 두 가지 윤리적 목적을 추구하는 인간중심의 체제이다.

통일 이후의 효율적이고 정의로운 경제체제를 구축하기 위해서는 남북한 양측의 내부개혁과 남북한 관계의 질적 변화라는 상호연관된 두 과제의 해결이 요구된다. 남한에게는 경제의 민주적 구조개혁을 위한 소유구조의 개편이 우선 과제이며, 북한에게는 인간중심적 체제로의 전환이 우선 과제이다. 즉, 시장경제체제의 도입을 통해 경제의 효율성을 강화하는 한편, 내부체제를 개혁해나감으로써 주민들의 희생을 줄여나가야 한다. 남북한은 국제적 현상인 경제블록화현상에 공동 대처하고, 민족경제의 실현을 담보하기 위해 실질적인 협의체계를 구성하며, 서로를 대등한 통일경제 구축의 동반자로 인식하는 토대 위에서 협력을 강화해나가야 한다.

2 통일시대의 바람직한 인간상

통일교육은 두 가지 측면으로 나누어 생각할 수 있다. 하나는 통일을 달성할 때까지의 교육을 가리키는 통일준비교육이며, 다른 하나는 통일된 이후에 어떤 모습으로 민족의 통합을 이룩해야 할지를 의미하는 통일대비교육이다. 여기서는 통일대비교육 측면에서 통일시대를 살아갈 인간상은 어떠해야 하는지를 고찰해보고자 한다.

1) 인간상 모색의 대안 – 샬롬의 평화운동

구약성서에 등장하는 샬롬(Shalom)은 평화를 의미한다(서울평화교육센터, 1995). 그래서 기독교인은 샬롬을 신앙으로 고백할 뿐만 아니라 실천하려고도 애쓴다. 평화를 의미하는 샬롬은 전쟁이나 분쟁이 없는 상태의 소극적인 평화이기 이전에 보다 적극적인 의미라서 정의, 평화 그리고 창조질서의 보전(Justice, Peace, and Integrity of Creation : JPIC)으로 받아들이고 있다(서울평화교육센터, 1995). 이것은 바로 세계교회협의회(WCC)가 중심이 되어 평화운동체로서의 기독교 위상을 재정립하면서 성서에 나타난 평화개념인 '샬롬'을 요약 · 정리한 내용이다.

JPIC로 대변되는 샬롬운동의 출발은 세계교회협의회 역사상 처음으로 1990년 3월 5일부터 12일까지, 그것도 서울에서 개최되었다는 점에서 커다란 의미가 있다. 이미 1983년 캐나다 밴쿠버에서 열린 제6차 세계교회협의회 총회에서 앞으로의 기독교운동을 샬롬운동으로 규정하고, 그 구체적 내용이자 실천과제인 '정의, 평화, 창조질서의 보전'을 하나의 운동으로 출발시키기로 결의했는데, 그 실천대회가 서울에서 처음 열리게 된 것이다.

이에, 기독교 평화운동의 역사적 유형들을 이제 JPIC적 평화론에서 비판적으로 분석해보고, 그 대안으로서의 기독교 평화사상과 운동의 실체를 밝혀보고자 한다. 실제로 이 세 가지 형태의 평화론은 기본적으로 평화를 전쟁과의 상관관계에서 토론한 것이었다. 말하자면 평화를 전쟁의 반대 개념으로 파악했거나 또는 전쟁의 출발과 목적을 나름대로 평화성취에 두고 있다는 점이다. 물론, 이러한 입장은 크게 보아 평화를 전쟁부재 상태로 규정하는 소극적 의미의 평화이다. 그러나 우리가 추구하는 평화는 소극적 의미의 평화를 넘어서 자유, 정의 그리고 생명문화가 구체적으로 창출되는 과정과 목표로서의 적극적 평화이다. 여기서 말하는 JPIC의 평화는 바로 이를 두고 하는 말이다.

(1) 샬롬의 성서적 의미

성서에서 평화를 지칭하는 '샬롬'은 구약성서에 히브리어로 쓰여 있고, 신약성서에는 헬라어인 '에이레네(Eirene)'로 번역되어 쓰이고 있다. 여기에서 중요한 것은 샬롬의 의미가 갖는 포괄성이다. 그것은 곧 통전성, 병을 고침, 정의, 공의, 평등, 통일, 자유 그리고 공동체 등을 총괄하는 개념이다.

구약성서에서는 이를 좀 더 구체화시켜 "평화는 정의의 결실(이사야 32장 17절)."이라고 했고, "정의와 평화가 입을 맞춘다(시편 85장 10절)."라고 했다. 여기서 말하는 평화는 개인과 집단의 의미를 포괄하는 정의를 근간으로 삼는 것이고, 이것은 신약성서에서도 마찬가지이다. 예수가 약속한 '하나님의 나라(Basileia tou Theou)'를 평화(Eirene)로 규정하면서, 그 내용을 단도직입적으로 "정의 · 평화 · 기쁨(로마서 14장 17절)."이라고 설명한다. 물론, 여기에서의 정의는 "하나님의 정의(마태복음 7장 23절)."를 의미한다.

성서에서 말하는 평화는 정의로운 평화와 함께 반전평화(反戰平和), 해방평화(解放平和)를 의미하기도 한다. 예컨대, 구약성서 〈미가〉에는 다음과 같이 구체적인 표현을 담고 있다.

> "하나님께서 민족 사이의 분쟁을 판가름해주시고, 강대국 사이의 시비를 가려주시리라. 그리되면 나라마다 칼을 쳐서 보습을 만들고 창을 쳐서 낫을 만들리라. 나라와 나라 사이에 칼을 빼어드는 일이 없이 다시는 군사를 훈련하지 아니하니라." (미가 4장 3절)

이것은 팍스 로마나(Pax Romana : 로마의 평화)가 군사안보를 전제로 한 팍스(Pax : 평화)를 주장하는 것과는 정반대의 샬롬을 말한다고 볼 수 있다. 팍스 로마나가 힘과 권력에 의해 강요된 형태로 이루어지는 평화인데 반해, 예수가 가르치는 팍스 크리스티(Pax Christi : 그리스도의 평화)는 오히려 진정한 안보적 평화의 실상을 지배자가 아닌 피지배층 즉 약자의 해방에서 찾는다. 다음과 같이 예수가 선포한 맨 처음의 설교내용이 바로 이를 입증한다(참고 : 〈이사야〉 61장 1~2절, 58장 6절).

> "주님의 성령이 나에게 내리셨다. 주께서 나에게 기름을 부으시어 가난한 이들에게 복음을 전하게 하셨다. 주께서 나를 보내시어 묶인 사람들에게는 해방을 알려주고, 눈먼 사람들은 보게 하고, 억눌린 사람들에게는 자유를 주며, 주님의 은총의 해를 선포하게 하셨다."
>
> (누가복음 4장 18~19절)

이처럼 해방사건을 포함한 정의로운 평화가 샬롬의 내용이라면 그것은 단순히 인간공동체에 해당하는 평화가 아니라, 자연과의 삶과 포괄적인 생명문화로 주어지는 삶이다. 창세기 1장 31절에 보면, 하나님은 천지만물을 모두 만드신 후에 "참 좋다(Shalom)!"라는 말로 자신의 공동체적 기쁨을 표현하고 있다.

이스라엘 역사 가운데서 이러한 샬롬을 구체화시킨 사건이 바로 "희년의 해(레위기 25장)."를 샬롬의 해로 주신 것이다. 희년(禧年)은 안식년(7년)이 일곱 번 지난 다음 해로서, 이때가 되면 모든 토지를 본 소유주에게 이관하고, 노예는 해방 받으며, 토지는 한 해 동안 경작하지 않고 쉬게 한다. 이는 곧 자연공동체와 인간공동체의 평화공존이라는 축복의 평화이다. 즉, 하나님의 창조질서가 본래의 모습대로 회복된다는 평화의 한 측면인 것이다.

이상의 간단한 인용에서 파악한 대로라면, 성서 전반에 걸친 샬롬 사상은 크게 '정의, 평화 그리고 창조질서의 보전'이라는 JPIC의 함축적 의미를 내포하고 있다고 할 수 있다. 이것을 신약성서의 말로 표현하면 '하나님의 나라'의 구체적인 표현이다. 그런 뜻에서 샬롬은 하나님의 약속인 동시에 하나님의 부름을 받은 인간의 과제라 하겠다. 이런 의미의 샬롬을 신약성서에서는 한마디로 요약해 "예수 그리스도가 우리의 평화(에베소서 2장 14~21절)."라고 단정 지었다. 그것은 곧 예수 그리스도 자신이 샬롬의 나라인 하나님 나라의 선포자인 동시에 화신이기 때문이다. 그런 뜻에서 기독교 교회는 '그리스도의 몸'이라는 점에서 출발부터가 '샬롬의 공동체'일 수밖에 없는 것이다.

기독교를 일종의 샬롬공동체라고 할 때, 그 공동체는 일종의 하나님과 인간세계 사이에 맺은 맹약공동체(盟約共同體 : Bund, Covenant)라는 뜻이다. 일차 맹약은 이미 노아의 홍수로 세계가 멸망한 이후 '무지개'를 통한 샬롬의 맹약이 성립되었고(창세기 9장 11~13절), 이스라엘 백성이 야훼로부터 "나는 너의 하나님, 너희는 나의 백성."이라는 맹약의 약속을 다시 확인받았다(이사야 42장 1~7절). 또 신약성서에 와서는 십자가의 보혈로 죄진 세계와 인간과 하나님이 화해함으로써 맹약이 갱신되었고(고린도후서 5장 17~21절), 지금도 교회는 떡과 포도주를 먹고 마시는 성만찬(Sacrament)을 통해 샬롬의 맹약을 실천해가고 있다(고린도전서 11장). 여기서 말하는 샬롬의 맹약은 두 차원, 즉 하나님과의 맹약 그리고 인간과 인간집단 상호 간에 맺는 맹약이다. 기독교 평화운동은 바로 이러한 샬롬 맹약의 실천운동이라고 할 수 있다.

(2) JPIC 평화론의 이론적 분석

JPIC에 표출된 샬롬의 세 가지 요소 간 내용적 상관관계를 독일의 유명한 물리학자이자 평화학자인 바이츠제커(C. F. von Weizsäcker)는 "정의 없이 평화 없고, 평화 없이 정의 없다. 자유 없이 정의 없고, 정의 없이 자유 없다. 자연과의 평화 없이 인간세계의 평화가 없으며, 인간세계의 평화 없이 자연과의 평화 없다."라고 규정하고 있다.

두흐로(U. Duchrow)와 리드케(G. Liedke)는 JPIC의 연관관계를 좀 더 동적으로 파악했다. 이들은 피조물(환경)이 파괴된 현장을 극복하기 위해 첫째, 탄압과 억압에 허덕이는 인간들의 현실극복을 위해 '피조물에게 해방을', 둘째, 전쟁의 불평화 속에 찌든 세계를 극복하기 위해 '인간에게 정의를', 셋째, '인류에게 평화를'이라고 제안했다.

우리는 여기서 이 세 가지의 묶음인 JPIC를 중심으로 샬롬의 현대적 의미를 파악해보기로 한다.

① **샬롬 : '사랑'의 평화**

바이츠제커는 팍스 로마나와 팍스 크리스티의 차이점을 전자는 '힘의 평화(Friede der Macht)'인데 반해, 후자는 '사랑의 평화(Friede der Liebe)'라고 구별했다. 같은 맥락에서 실제로 의로운 전쟁의 핵심에는 군사안보라는 힘의 논리가 내포되어 있다고 보는 것이 타당하다. 여기서 중요한 것은 '안보'가 힘 있는 자의 일방적 안보이기 때문에, '힘에 의한 안보'와 '사랑에 의한 안보'에 어떤 차이가 있는지를 밝히는 것이 필요하다.

퀘이커 교도인 경제학자 보울딩(K. Boulding)의 사회심리적 분석은 이에 아주 유용한 판단기준이 된다. 그는 평화를 이루는 파트너의 상관관계를 세 가지 유형으로 구분했는데, 첫째 유형은 '상호위협관계'로서 "당신이 내게 선행을 베풀지 않으면 나는 당신한테 악행으로 갚겠소."라는 식으로 이루어지는 관계이다. 둘째 유형은 '상호 교환관계'로 "당신이 나에게 선을 베풀면 나도 선으로 갚겠소(적극적)." 또는 "당신이 나를 해치지 않으면 나도 당신에게 해를 안 끼치겠소(중립적)." 또는 "당신이 나한테 해를 끼치면 나도 당신한테 해를 끼치겠소(소극적)."라고 하는 관계이다. 셋째 유형은 기독교의 샬롬 입장에서의 바람직한 관계인 '사랑의 관계'로 "내가 당신을 사랑하기에 당신한테 선행을 베풀겠소."라고 하는 쌍무관계이다.

실제로 우리가 안보평화라고 할 때, 냉전구조가 극악의 상황에 달한 경우는 첫 번째의 '상호위협관계'를 기반으로 할 것이고, 일정 부분 긴장완화의 분위기가 조성될 경우는 두 번째의 '상호 교환관계'를 기반으로 할 것이다. 그러나 어느 경우든지 그것은 쌍방의 관계가 기본적으로 '동지(同志)－적(敵)'으로 체제화 또는 이념화된 틀을 바탕으로 할 것이다. 위에서 말한 세 번째 유형은 기본구조를 '동지－동지'라는 기반으로 지닌 유형이라고 볼 수 있다.

근대의 기독교 평화운동에서 이른바 냉전시기의 평화사상을 대표적으로 담고 있는 것은 독일교회의 〈하이델베르크 테제 1959(Heidelberger Thesen 1959)〉 선언[1)]이다. 그 주요 내용을 보면 다음과 같다.

"세계평화는 기술문명시대의 생사를 가늠하는 조건이다(테제 1).", "전쟁은 지속적인 노력으로 폐기시켜야 한다(테제 3).", "고전적인 의로운 전쟁론이 기능을 발휘할 수 없는 상황이기에 세계평화로 가는 법과 자유가 위협받고 있는 지대로 들어서고 있다(테제 5).", "교회는 군비무장 포기를 기독교적 행동양식으로 삼아야 한다(테제 7).", "교회는 원자무기가 자유를 보장하는 평화를 유지하려는 계획에 그것이 오늘날에도 아직은 가능한 기독교적 행동양식이라 인정하고 참여해야 한다(테제 8).".

---

1) 〈하이델베르크 테제 1959〉의 11개 테제와 각 테제에 대한 해설을 담은 전문은 독일개신교연합회(EKD)가 펴낸 선언문인 〈Frieden wahren, föern und erneuern(1981)〉. Eine Denkschrift der EKD. Güterscloh의 부록 pp.76-87에 실려 있음.; 서울평화교육센터(1995). 《평화, 평화교육의 종교적 이해》. 서울 : 내일을 여는 책. p.41. 재인용.

위의 인용에서 보면 두 가지가 돋보인다. 하나는 전통적인 의로운 전쟁의 효용성에 대한 의문 제기(테제 5)이고, 다른 하나는 '핵무장'을 기독교적으로 유효한 것으로 인정하는 태도(테제 8)이다.

문제는 바로 여기에 있다. 실제로 오늘날 의로운 전쟁이 발전된 것이라고 할 수 있는 '힘'의 우위확보를 전제로 하는, 이른바 전쟁 억제전략(Deterrence)이 냉전적 '적-동지' 구조의 산물임은 물론, 그것이 핵무기를 앞세운 핵무기전쟁 억제전략(Nuclear Deterrence)이라는 문제가 있다. 그것이 가져올 수 있는 결과가 '대량살육'이라는 사실을 염두에 둔다면, 의로운 전쟁이 말하는 어느 조건에도 맞지 않다. 더군다나 핵무장이 안보가 아니라 적대관계에 있는 쌍방 모두에게 집단적 불안의 원인이 되고 있음을 유념해야 한다.

기독교 교회들은 이른바 핵무기전쟁 억제전략으로 대표되는 현대판 안보평화론에 대해 분명하고 단호한 자세로 비판 · 거부하고 있다. 핵의 위협에 직면해서, 특히 의로운 전쟁론에 담긴 합당한 전쟁수단(debitus modus)이라는 조건과 평화구현(recta intentio)이라는 의도와 최후의 수단(causa justa)이라는 요건이 충족되기 어렵다는 것을 공동으로 말하고 있다.

이 문제와 관련하여 세계교회협의회는 이미 1979년 중앙위결의문을 통해 ① 수억의 인구를 핵공포로 몰아넣는 '전쟁 억제전략' 평화론, ② 군사주의와 군비경쟁을 정당화하는 안보 이데올로기, ③ 군수기술의 질적 발전이 군비축소에 이른다는 이론 등을 통틀어 성서에 나타난 '사랑을 바탕으로 하는 샬롬'에 위배되는 악으로 규정하고 나섰다. 나아가 앞서 언급한 JPIC 문서는 세 가지의 샬롬 평화론을 규정하고 있다. 첫째, '의로운 전쟁'을 '정의로운 평화'로 대치한다는 전제하에 국가안보를 모두의 공동안보(common security)체제로 전환하는 것, 둘째, 저강도 전략(LIC)의 중단과 해외주둔 모든 군사기지의 철거를 포함하는 제3세계 군사안보에 관한 결정과정에 주체적으로 참여하는 것, 셋째, 생화학 무기의 폐기, 핵실험과 핵확산 금지를 통한 비폭력 문화(non-violence culture)의 창달을 기독교 신앙에 바탕을 둔 샬롬운동으로 규정하고 있다.

② **'정의로운 평화'** : 민중 우선의 정의구조

몰트만(J. Moltmann)은 샬롬의 성서적 의미가 기본적으로 평화가 정의를 가져오는 것이 아니라 정의가 평화를 창출한다고 파악했다. 그는 서구전통이 말하는 정의관을 비판적으로 분석하면서 샬롬 바탕의 정의관을 다음과 같이 제안하고 있다.

서구전통의 첫 번째 정의관은 분배정의(justfia distributa)이다. 그것은 누구나 제 몫을 받을(suum cuiqe) 권리가 있다는 것이다. 마르크스(K. Marx)의 '능력에 따라 노동하고 필요에 따라 분배 받는' 정의도 여기에 속한다. 그러나 이러한 정의는 결국 업적과 생산품에 기반을 둔 사물 중심(sachbezogen)의 것이다.

둘째로는 '사람'에 중심을 두는(personal) 정의 개념으로, 인간 또는 인간집단 상호 간에 인정과 수용을 바탕으로 한 인간공동체적 정의이다. 여기서 바로 근대의 연방체제 개념과 민중사회라는 질서가 태동하고, 이를 뒷받침하는 계약사상(covenant)과 헌법(constitution)이 등장했다고 본다. 사실 이 두 가지 전통이 나름대로 바람직하기는 하나, 기본적으로는 '위로부터'의 정의이다.

셋째로 성서가 말하는 하나님의 정의는 가장 최고 형태인 정의, 곧 '긍휼의 법(Recht des Erbarmens)'에 따른 정의이다. 그것은 곧 탈권된 자가 권리를 회복하고 불의한 자가 회개하고 정의로 돌아오는 정의이다. 이는 해방신학이 말하는 '가난한 자들을 위한 우선적 선택(Vorrangige Option für die Armen)'과 같다. 여기서 말하는 우선적 선택은 한국의 민중신학이 말하는 민중주체, 곧 민중을 역사의 주체로 보는 것과도 일치한다. 말하자면 역사는 일반적으로 말하는 역사가 아니라, 정의의 역사로 규정할 수 있다고 본다.

JPIC 문서의 신학적 고백문 제2항에서도 정의로운 평화가 곧 '하나님의 가난한 자들을 위한 우선적 선택(God's option for the poor)'이라고 선언하고 있다. 이미 세계교회협의회는 1982년에 발표한 〈선교와 전도에 관한 선언〉에서 민중신학의 테제를 성서적 관점에서 수용하여 분명히 하고 있다. 예컨대, "가난한 자들을 위한 하나님 나라의 정의를 담지 않는 선교는 반복음적이며, 동시에 하나님 나라를 지향하지 않는 정의는 기독교적인 정의운동이 아니다(34항)."라고 한 것이다. 이것은 민중 우선의 정의는 곧 하나님 나라의 빛에서 취할 정의라는 말이다.

그런데, 정의로운 평화는 '모두를 위한 평화'여야 한다. 여기서 바로 민중 우선의 정의가 지니는 보편성과 편파성의 문제가 제기된다. 위에 인용한 문서는 이 점에 대해 "하나님의 구원은 만민을 향한 보편적 구원이지만 그의 역사적 행동은 항상 가난한 자 위주의 편파적 사랑으로 나타났다(35항)."라고 했다. 그 이유는 민중이 이중 불의의 희생제물이라는 데 있다는 것이다. 즉, "그들은 불의한 경제체제로 인해 또는 불의한 권력분배로 인해 억압의 희생물이 되었다는 점이 그 하나이고, 동시에 그들은 그들을 향한 하나님의 특별한 사랑을 알지 못하도록 기득권층으로부터 철저히 차단당한 희생자들이다(32항)."라는 것이다. 여기서 중요한 것은 민중이 개인적인 죄의 희생물인 동시에 구도악의 희생물이라는 인식이 바로 정의로운 평화를 지향하는 데서 민중 우선의 정의가 갖는 의미인 것이다.

실제로 성서에 나타난 정의는 바로 이러한 의미의 정의였다. 예컨대, 선지자 예레미야가 '참평화'와 '거짓 평화'를 구분하여 민중이 불의한 세력으로부터 받는 억압을 심판하지 않고, 기득권층을 두둔하는 평화를 '거짓 평화'라고 규정한 것 등이다(누가복음 4장 18절). 또, 하나님의 정의와 평화를 주제로 하면서 가난한 이에게 복음을, 갇힌 자에게 해방을 그리고 눈먼 자에게 눈 뜨임을 선포한 내용도 우리의 관심을 끈다.

③ 환경평화 : 생명문화의 삶

전통적인 평화론에서는 물론, 기독교 평화사상에서도 전혀 취급되지 않았던 영역이 바로 '창조질서의 보전(Integrity of Creation)'이라는 환경평화의 영역이었다. 앞서 살펴본 대로 평화가 삶의 영역 전반을 포괄하는 샬롬이라면, 오늘날의 '환경위기'로 경험되는 공동체의 파괴는 곧 평화의 위기라고 할 수 있다.

다시 바이츠제커의 주장을 들어보자. 그는 "인간은 풍족한 것을 놓고는 싸우지 않는다. 경제는 자연환경에서 부족한 재화획득을 위한 것이다."라고 했다. 또한 "사회정의 실현 없이 항구적 평화를 이룰 수 없다. 그러나 인간이 자연의 자원을 고갈시키는 한 사회정의는 불가능하다."라고도 했다.

실제로 환경평화의 파괴현상은 이른바 '주객'의 도식을 인간주체와 자연객체로 확대한 자연파괴의 결과이다. 여기서 인간주체는 자연에 대한 폭력의 형태를 띤다. 베이컨(F. Bacon)이 말하는 폭력의 3단계도 바로 이것을 말한다. 곧 가장 낮은 단계는 국내정치에서의 권력쟁취이고, 둘째 단계는 국제정치에서의 지배권력이며, 최고 단계는 전인류와 전체 자연에 대한 권력과 지배의 획득이라는 말이다. 여기서 마지막 단계의 주역은 '과학기술'이다. 그러나 중요한 것은 과학기술은 가치중립적이기 때문에 그것이 자연환경을 착취하고 파괴해도, 결코 폭력 즉 반평화로 보지 않았다는 데 문제가 있다.

성서해석에서도 이것은 마찬가지였다. 예컨대, "너희는 많이 낳고 불어나거라. 땅 가득히 퍼져 땅을 정복하여라(창세기 9장 7절)."라는 축복의 말씀은 인간의 자연정복으로 파악했을 뿐, 그것이 동시에 하나님이 노아와 무지개로 평화의 계약을 맺으며, "사람만이 아니라 모든 짐승, 모든 피조물과도 맺는다(창세기 9장 10~17절)."라는 말씀과는 전혀 연관시키지 못한 것이다. 결국 기독교 신학에서도 하나님이 베푸시는 구원의 역사를 철두철미하게 인간 중심으로만 파악했을 뿐, 모든 피조물을 포함한 창조신학적으로 파악하는 데에는 게을리한 것이다.

그런데, 여기서 이를 극복하는 '환경론적 창조신학'이 새롭게 모색되면서 신학에서 취해온 인간과 자연의 주객관계를 극복하기 위해 동양의 인간과 자연의 합일 또는 조화를 창조신학적 윤리로 재해석하여 수용하는 시도가 있음도 특이한 일이다.

2) 통일시대의 바람직한 인간상

오천석(김종철 외 6인, 1983. 재인용)은 일찍이 우리 민족이 가지고 있는 병폐를 보수성, 사대주의사상, 관존민비사상, 가족중심적 이기주의, 기회주의, 패배주의, 비실용주의, 분열사상, 인격의 좌절 등으로 규정했다. 어느 것 하나 우리 사회에 그대로 잔존해서는 안 될 습관이요 의식이며 사상들이다.

민족의 통일을 내다보면서 민족의 대약진을 기약하고 있는 시점에 선 우리는 역사의 한복판에 서서 새로운 역사를 내 손으로 써나가고 있다는 주인의식을 지녀야 한다. 민족사의 주인답게 앞서 지적한 병폐를 치유하는 활동을 교육으로 이루어야 할 것은 너무나 당연하다. 전통에 얽매여 현상유지에 만족하는 정적인 보수사상으로부터 해탈해야 할 뿐만 아니라, 모든 것을 숙명으로 돌리는 체념과 퇴폐와 위축으로부터, 또한 인생을 저주하는 패배사상으로부터 탈피해 진취적이고 의욕적인 인생관과 세계관을 가지도록 노력해야 한다. 따라서 교육활동을 통해 통일시대가 요구하는 인간상을 길러야 할 절체절명의 시점에 선 우리는 몇 가지 기준(김종철 외 6인, 1992)에 도달할 인간교육에 매진해야 한다.

(1) 가치관 확립

인류는 20세기에 들어와서 각 방면으로 눈부신 발전을 이룩했다. 인간은 고도로 발전한 자연과학으로 세계를 정복했지만, 물질문화가 발달한 만큼 정신문화가 뒤따르지 못해 도처에서 문화지체 현상이 드러나고 있다. 이처럼 격동하는 사회변동과 문화지체 현상은 인생관과 세계관의 변화를 일으킴으로써 현대인은 가치관의 혼란 속에서 방황하고 있다.

이러한 현대사회 속에서 올바른 가치관을 갖기란 여간 어려운 일이 아니다. 우리에겐 냉철한 호모사피엔스(Homo Sapience)로 돌아가 인간과 사회와 국가의 과업을 바르게 수행하기 위한 가치관의 정립이 긴요하다.

(2) 인간성 회복

현대사회는 기계문명의 발달로 세계를 얻었으나 인간성 상실, 인간소외 그리고 인간부재 등의 현상을 가져왔다. 이러한 현상은 서구사회에만 존재하는 것이 아니라 우리 사회에서도 나타난다. 인간은 자연을 정복하면서 동시에 자연을 상실해가고 있다. 기계문명의 발달은 인간에게 여러 가지로 생활의 편리를 가져다주었으나, 도리어 인간존엄 사상을 퇴색케 했다. 이러한 시점에서 우리는 인간의 재발견, 인간의 개인적 · 사회적 목표나 가치의 새로운 확립 등 인간의 문제를 교육의 초점으로 삼아 인간성을 회복하는 운동을 전개해야 한다.

(3) 생명에 대한 외경

현대사회가 대중화, 조직화 그리고 도시화되면서 생명에 대한 외경(畏敬)사상이 퇴색되어가고 있다. 괴테(J. W. von Goethe)는 ① 우리들 '위에 대한 외경(Ehrfurcht von oben)' 즉 절대자인 신에 대한 외경, ② 우리들 '옆에 대한 외경(Ehrfurcht von neben)' 즉 인간에 대한 외경, ③ 우리들 '밑에 대한 외경(Ehrfurcht von unten)' 즉 동·식물에 대한 외경을 지적했다. 또한, 슈바이처(A. Schweitzer)는 '생명에 대한 외경(Ehrfurcht von dem Leben)'을 그의 저서인 《문화철학*Kulturphilosophie*》에서 주제사상으로 전개했다(김선양, 1980). 이러한 사상은 현대인이 삶을 영위하는 데 근간이 되는 것이다.

(4) 전향적인 안목

인간은 본질적으로 미래지향적인 동물이다. 인간은 미래를 그려보는 데에서 희망을 갖게 된다. 지금까지 사람들은 시간이란 과거에서 현재로 흘러왔고, 다시 미래를 향해 흘러가고 있다고 생각했다. 그러나 시간은 과거에서가 아니라 미래에서 오고 있기 때문에 현재를 낳는 것은 오히려 미래에 더 가깝다. 오늘날 미국이 번영하게 된 것도 '저 언덕 넘어서(over the hill)' 그리고 '저 모퉁이를 돌아(around the corner)'의 슬로건 때문이었다. 그들은 춥고 배고픈 겨울을 이런 슬로건 밑에서 참고 견뎠다. 지금은 고생스럽지만, 지금은 참기 어렵지만 저 언덕을 넘으면 신천지가 전개되고, 저 모퉁이만 돌아서면 물과 꿀이 흐르는 기름진 땅이 있다는 것을 믿었기 때문에 그들은 오늘의 번영을 누릴 수 있었다. 이토록 미래의 삶에 대한 꿈은 현재에 지대한 영향을 주는 것이다.

(5) 조국애

지난날 우리 교육이 교육방법론을 중심으로 다방면에서 새로운 연구가 성행했고 많은 업적도 올렸으나, 그것이 과연 무엇을 위해 그리고 어떤 목적으로 실시 · 적용되었는지는 분명하지 못했다. 인간의 존엄성을 내세우는 것도 좋고 인간성의 소외를 염려하는 것도 필요하지만, 그것은 어느 시대 어느 나라 사람에게도 타당한 인류 전체의 이상이다. 오늘의 우리에게는 우리 현실에 맞는 것이 요구된다.

일본 교과서 왜곡사건으로 한일관계의 파고(波高)가 높다. 우리나라 교육이 아무리 잘되어 있다고 해도 올바른 한국인을 길러내지 못한다면 그 교육은 무엇인가 잘못된 것이다. 국가주의의 교육사상은 미국과 같은 민주주의의 선봉을 걷는 나라에서도 그 뿌리가 깊다. "개인은 자기의 영혼을 구하기 위해서만이 아니라 그 나라를 구하기 위해서 교육을 받아야 한다."라고 와일즈(E. H. Wilds)는 갈파했다. 그리고 미국 전 대통령 케네디(J. F. Kennedy)는 그의 취임사에서 "국민 여러분, 나라가 여러분을 위해서 무엇을 할 수 있는가를 묻지 말고, 여러분이 나라를 위해서 무엇을 할 수 있을 것인가를 자문해봅시다."라고 말했다.

결국, 세계사를 살펴보면 민족중흥을 통해 근대화를 이룬 사례가 많다. 민족의 고유성과 주체성이 투철할수록 그들은 세계정신과 밀접한 관계를 가지고 있음을 알 수 있다. 대대로 조상이 묻혀 있는 땅, 내가 자란 땅, 앞으로 자손만대가 이어나갈 조국을 위한 나라사랑의 얼이 오늘날 한국교육에서 참으로 소중하지 않겠는가. 그리하여 개정된 교육과정 정신인 '당당한 한국인의 육성'이 교육의 힘에 의해 이루어져야 한다.

양극체제가 다극화되면서 세계의 국가는 자국의 이익을 위해 국제신념도 국가 간의 협력도 저버리고 있는 실정이다. 우리가 상상할 수 있는 미래를 전망할 때 민족은 영원한 것이다. 20세기 전반이 부분적인 민족주의시대였다면 지금은 전세계적인 민족주의가 다가온 것이다. 이러한 경향은 앞으로 더욱 격화될 것으로 예상된다. 국가의 발전이 나의 발전의 근본임을 깨달아 국가와 사회에 헌신하는 당당한 한국인을 길러야 할 것이다.

(6) 평생교육

계속교육(further education), 평생교육(lifelong education) 그리고 생애교육(career education)의 개념은 사람은 태어나서 죽을 때까지 계속 어떤 교육을 받아야 한다는 것이다. 끊임없이 새로운 지식과 기술을 습득하지 않으면 발전하는 사회 안에서 낙오자가 되기 쉽다. 발전하는 사회에서는 열 번이고 되풀이해서 새로 배워야 한다. 배우는 데는 손해가 없다. 뿐만 아니라, 인간은 인간으로서 살아있는 시간까지 항상 새로운 환경에 적응하고 자아를 실현하기 위한 노력을 부단히 계속해야 한다. 따라서 교육은 일정한 기간에 끝나는 것이 아니라 일생 동안 계속되는 것이다.

진정한 삶을 영위하는 사람은 이미 아는 것으로 만족하는 사람이 아니라 자기 연구를 개척하고 확대하려는 사람이다. 인간이 사회 안에서 산다는 것 자체가 끊임없이 배우고, 항상 자아를 실현해야 한다는 것을 말한다. 지금 얼마나 알고 있느냐가 문제가 아니라 지금 얼마나 알려고 하고 있는가에 더 무게를 두어야 할 것이다.

▸ **한만길 엮음(1999). 《북한에서는 어떻게 교육할까 - 북녘에서 살다 온 16인의 생생한 교육 체험기》**

(서울 : 우리교육. pp.182-183)

벼 뿌리, 옥수수 뿌리로 만든 국수[2] - 김희영

한 가지 잊혀지지 않는 것은 1996년 2월경 학생들과 함께 벼 뿌리를 수집한 것이다. 교원마다 20kg씩 과제가 주어졌다. 처음에는 어리둥절했다. 물론 여러 가지 다른 수집은 많았지만 벼 뿌리나 옥수수 뿌리 수집은 처음이었던 것이다. 교장이 총화시간에 시꺼먼 국수를 얼마 정도 책상 위에 올려놓으면서 당에서 식량 난국에 고생하는 교원들을 위해 벼 뿌리를 가지고 국수를 만들어 공급하려고 하니 식량을 받을 사람은 누구나 다 해야 된다는 것이었다. 벼 뿌리로 만든 국수를 먹어보았는데 국수라기보다는 흙덩이가 섞인 것 같았다. 짐승들도 그런 것은 먹지 않는다. 하지만 그것이나마 단지 10kg이라도 공급해주면 좋을 성싶었다. 그러나 후에 아무것도 공급받지 못했다.

또 5월이 되면 농촌으로 달려 나가야 한다. 소위 농촌지원 전투의 명목 아래 5월과 6월 내내 농사일에 동원된다. 옥수수 심기, 벼 모심기, 김매기 등 모든 농사를 끝내고 6월 20일경 학교로 돌아오면 학생들의 얼굴은 아프리카 원주민들처럼 까맣고 몸은 뼈만 앙상해진다. 변변히 먹지도 못하고 새벽 6시부터 저녁 9시까지 고된 하루 노동을 끝내고 나면 몸이 그대로 잦아드는 느낌이다. 손등은 갈라터지고, 뜨거운 햇볕 속에서 하루 종일 일한다는 것이 얼마나 힘든가 하는 것을 직접 체험해보지 못한 사람들은 알 수가 없다.

교원들은 학생들의 열의를 유도하기 위해 도급제를 실시한다. 학생들 각자에게 하루 분량을 맡기고 끝내는 차례로 먼저 돌려보낸다. 조금이라도 먼저 가려고 학생들은 열심히 일한다. 도급제가 자본주의 방식이라고 해서 여론이

---

2) 김희영은 한만길 엮음(1999)의 《북한에서는 어떻게 교육할까 - 북녘에서 살다 온 16인의 생생한 교육 체험기》에 "끊임없는 업무, 배고픈 교원생활(pp.175-184)."이라는 제하에 주제별로 7가지 내용을 기술했는데, 이 자료는 그중 여섯 번째 내용임.

좋지 않았으나 어쨌든 능률은 있으니 여전히 그런 방식이 성행하고 있다. 일을 끝내지 못한 학생들은 마지막까지 남아 일을 마저 다해야 한다.

결국 교원들의 생활은 아침부터 저녁 퇴근까지 자유시간이라고는 전혀 없다. 노동자들인 경우 일감이 없기 때문에 직장에서 장사할 시간을 제공해준다. 물론 무료는 아니다. 한 달에 1,000원씩 직장에 바치고 나머지를 생활비로 이용해야 한다. 그래도 교원보다는 아주 좋은 직업이다.

참고문헌

1. 국내문헌

강순원(2000). 평화 · 인권 · 교육. 서울 : 한울.
강순원 편(2005). 한일 평화교육. 서울 : 커뮤니티.
강정구(2000). 현대 한국사회의 이해와 전망. 서울 : 한울.
고대평화연구소(2000). 북한교육의 조명. 서울 : 법문사.
곽병선 외(1997). 제7차 교육과정 개정안의 교육적 인간상 및 교육목표 연구. 한국교육개발원 교육과정 개정연구위원회.
교육부(1992). 중학교 도덕과 교육과정 해설. 서울 : 교육부.
______(1993). 통일교육 지도자료. 서울 : 교육부.
______(1998). 교육 50년사. 서울 : 교육부.
구영록(2000). 한국과 햇볕정책 : 기능주의와 남북한 관계. 서울 : 법문사.
권성아(1995). 통일에 대비한 대학교육의 방향. 한원협신문 창간준비호. 한국대학원생대표자협의회.
______(1999). 홍익인간 사상과 통일교육. 서울 : 집문당.
길은배(1999). NGOs의 역할강화를 통한 남북한 청소년 교류 · 협력증진 방안 연구. 서울 : 한국청소년개발원.
______(2005). 남북한 청소년의 사회 · 문화적 독질성 증진방안 : 청소년의 교류 · 협력을 통한 사회통합적 관점. 서울 : 한국청소년개발원.
김국현(1997). 통일조국의 미래상과 통일교육의 과제. 국민윤리연구. 37(1), 571-597. 서울 : 한국국민윤리학회.
______(2004). 통일교육의 새로운 패러다임 - 반편견 교육. 고양 : 인간사랑.
김동규(2003). 북한학 총론. 서울 : 교육과학사.
김동규 · 김형찬(2000). 북한교육사(조선교육사 영인본). 서울 : 교육과학사.
김대중평화센터 편(2007). 통일지향의 평화를 위하여. 서울 : 한겨레출판.
김상일(1986). 한사상. 청주 : 온누리.
김선양(1980). 교육철학. 서울 : 교문사.
김재복 외(1998). 통일대비 교과서 편찬방안 연구. 교육부 정책연구보고서.
김재한(1998). 북한체제의 변화와 통합한국. 서울 : 소화.
김종철(1989). 한국교육정책연구. 서울 : 교육과학사.
김종철 외 6인(1992). 교사론. 서울 : 교육과학사.
김창근(2007). 평화를 위한 통일교육. 고양 : 인간사랑.
김창수(2000). 멋진 통일운동 신나는 평화운동. 서울 : 책세상.
김철수(2004). 독일통일의 정치와 헌법. 서울 : 박영사.

김형찬(1989). 북한교육 발달사. 서울 : 한백사.
______(1990). 북한의 교육. 서울 : 을유문화사.
______(1990). 북한의 주체교육사상. 서울 : 한백사.
김호일(1986). 소앙(素昂)의 교육사상-삼균주의에 나타난 교육균등론을 중심으로. 삼균주의 연구논집. Ⅶ : 삼균주의의 재조명. 서울 : 삼균학회.
김희오(2001). 국제관계론. 서울 : 백산출판사.
대륙연구소 편(1990). 북한법령집. 제5권. 서울 : 대륙연구소 출판부.
대통령자문교육개혁위원회(1995). 세계화 · 정보화시대를 주도하는 신교육체제 수립을 위한 교육개혁방안. 서울 : 대통령자문교육개혁위원회.
리영희(1999). 반세기의 신화. 서울 : 삼인.
문교부(1982). 국민학교 교육과정. 서울 : 대한교과서주식회사.
______(1988). 문교 40년사, 1948-1988. 서울 : 문교부.
박명림(1999). 민주주의 그리고 평화통일 : '민주적 평화'와 한국의 평화 · 통일. 세종연구소 연구논문. 99-16. 성남 : 세종연구소.
박병기 · 추병완(1996). 윤리학과 교육. 서울 : 인간사랑.
박부권(1989). 교육이념과 홍익인간. 서울 : 한국교육개발원.
박세일(2006). 대한민국 선진화 전략. 서울 : 21세기북스.
______(2011). 통일철학과 통일전략. 동아시아 평화와 번영을 위한 통일포럼. 제1차포럼 : 통일철학과 전략(2011.3.25.). 3-12. 한반도선진화재단-조선일보 공동기획.
박영호(1994). 통일이후 국민통합방안 연구. 서울 : 민족통일연구원.
______(1994). 통일한국의 정치사회적 갈등양태와 해소방안 : 신정치문화의 구축을 위하여. 제4회 한국정치세계학술대회 논문집 : 세계질서의 변화와 한반도 통일. 서울 : 한국정치학회.
______(2011). 통일은 왜 필요한가, 어떻게 해야 하나. 동아시아 평화와 번영을 위한 통일포럼. 제1차포럼 : 통일철학과 전략(2011.3.25.). 13-19. 한반도선진화재단-조선일보 공동기획.
박장호 · 추병완(1998). 인격교육론. 서울 : 도서출판 백의.
박재규 편(2004). 새로운 북한읽기를 위하여. 서울 : 법문사.
박재환(2002). 북한의 유치원 교육. 서울 : 양서원.
박종철(1994). 통일한국의 정당제도와 선거제도. 서울 : 민족통일연구원.
박찬석(1999). 학교 통일교육의 교육과정 실태와 활성화 방안. 교육과정평가연구. 2(1), 185-204. 서울 : 한국교육과정평가원.
______(2001). 국내외 통일환경의 혼돈 속에서 통일교육의 방향과 과제. 아시아교육연구. 2(2), 40-61. 서울 : 아시아태평양교육발전단연구원.
______(2003). 통일교육, 갈등과 분단을 꿰뚫는 평화의 길찾기. 고양 : 도서출판 인간사랑.
박찬석 외 8인(2003). 통일교육론. 백의교육현장총서 8. 서울 : 도서출판 백의.
박효종(2001). 통일교육 이론적 기초로서의 합리적 선택이론. 통일교육의 이론적 기초와 새로운 통일교육 방법 모색. ORM 2001-14. 3-44. 서울 : 한국교육과정평가원.

배장오(2001). 통일교육 담당요원 의식 분석에 터한 통일교육 발전 방향. 2001 춘계학술대회 발표논문. 별쇄본. 서울 : 한국교육학회.
______(2005). 통일교육의 새지평. 고양 : 서현사.
배장오 편(2001). 통일시대의 교육. 서울 : 코람데오.
백낙준(1963). 사회변천과 새교육. 한국의 현실과 이상. 상. 서울 : 연세대학교 출판부.
북한연구학회 편(2006). 북한의 교육과 과학기술. 서울 : 경인문화사.
서울시 교육과학연구원(2000). 통일교육자료 통일로 미래로. 서울 : 서울시 교육과학연구원.
서울특별시 교육위원회(1981a). 서울교육사 上. 서울 : 서울특별시 교육위원회.
______(1981b). 서울교육사 下. 서울 : 서울특별시 교육위원회.
______(1995). 서울교육사 : 1981~1995. 서울 : 서울특별시 교육청.
서울평화교육센터(1995). 평화, 평화교육의 종교적 이해. 서울 : 내일을 여는 책.
서현미(2001a). 남에서 부르는 북한가요, 북에서 부르는 남한가요. 통일한국. 북한바로보기. 2001년 7월호. 86-88. 서울 : 평화문제연구소
______(2001b). 북한의 베스트셀러를 찾아. 통일한국. 북한바로보기. 2001년 9월호. 78-80. 서울 : 평화문제연구소
______(2001c). 남북한 신세대들의 공통분모 찾기. 통일한국. 북한바로보기. 2001년 11월호. 78-80. 서울 : 평화문제연구소.
성내운(1963). 새한신문. 7.1일자.
______(1985). 분단시대의 민족교육. 서울 : 학민사.
손기웅(2000). 교류협력 차원에서 신동방정책 · 독일정책과 대북포용정책 비교. 신동방정책과 대북포용정책. 서울 : 두리.
______(2009a). 독일통일 쟁점과 과제. 1. 서울 : 늘품플러스.
______(2009b). 독일통일 쟁점과 과제. 2. 서울 : 늘품플러스.
손인수(1988). 홍익인간의 교육이념. 새교육. 대한교육연합회.
송건호 외(1978). 한국 근대사론III. 서울 : 지식산업사.
안기성 외 4인(1995). 남북통일 이후 사회통합을 위한 교육의 역할. 서울 : 집문당.
안두순(1994). 한반도 통일국가의 경제체제. 제4회 한국정치세계학술대회 논문집 : 세계질서의 변화와 한반도 통일. 1085-1106. 서울 : 한국정치학회.
안승대(2011). 통일국가 교육론. 파주 : 한국학술정보(주).
염돈재(2010). 올바른 통일준비를 위한 독일통일의 과정과 교훈. 서울 : 평화문제연구소.
오기성(2005). 통일교육론. 서울 : 양서원.
오천석(1955). 듀이의 교육사상과 한국의 교육. 상. 새교육. 9월호. 10월호. 서울 : 대한교육연합회.
______(1960). 민주교육을 지향하여. 서울 : 을유문화사.
______(1963). 민족중흥과 교육. 서울 : 현대교육총서출판사.
______(1975). 민주교육의 기초공사. 한국 신교육사. 하. 서울 : 광명출판사.
______(1975). 민주주의 교육의 건설. 오천석 교육사상문집. 제1권. 서울 : 광명출판사.
이근철 · 오기성(2000). 통일교육론. 서울 : 도서출판 엑스퍼트.

이남석(2001). 차이의 정치 – 이제 소수를 위하여. 서울 : 책세상.
이돈희 외 3인(1996). 학교 통일교육 자료 개발연구. CR96-41. 서울 : 한국교육개발원.
이무성 · 하상섭 · 박채복 · 박상현(2008). 국제정치의 신패러다임. 서울 : 높이깊이.
이상우(1995). 함께 사는 통일. 서울 : 나남.
이우영(2003). 통일환경의 변화와 통일문제에 대한 인식전환. 서울 : 민족통일연구원 정책연구실.
이원구(1993). 체험학습 프로그램. 서울 : 교학사.
이을호(1986). 한사상의 묘맥. 서울 : 사연사.
이종석(1998). 분단시대의 통일학. 서울 : 한울.
______(2000). 새로 쓴 현대북한의 이해. 서울 : 역사비평사.
이향규(2001). 민족 화해시대의 통일교육 방향. 통일교육 활성화를 위한 민간단체 통일교육의 방향 모색. 제4차 통일교육발전 워크숍 자료. 6-26. 서울 : 통일교육협의회.
임현진 · 정영철(1999). 사회문화적 접근을 통한 남북통합의 모색 : 현실과 과제. 통일연구. 3(1), 329-371. 서울 : 연세대학교 통일연구소.
장달중(1995). 남북한 정치체제의 이념과 현실. 남북한 체제비교와 통합모델의 모색. 173-210. 성남 : 세종연구소.
정범모(1966). 교육이념과 근대적 인간상. 대학신문.
정세구(1996). 바람직한 통일교육의 방향. 민주평통신문. 1996.11.15일자.
정세구 · 추병완 · 차우규 · 박찬석(1999). 통일교육 교수기법. 서울 : 통일연구원.
정영수(1993). 평화교육의 과제와 전망. 교육학연구. 31(5), 173-193. 서울 : 한국교육학회.
정영희(1993). 통일대비교육의 방향. 교육학연구. 31(4), 221-234. 서울 : 한국교육학회.
정용길(1993). 이야기로 엮은 통일로 가는 길. 서울 : 고려원.
______(2009). 독일 1990년 10월 3일. 서울 : 동국대학교 출판부.
정태수(1986). 삼균주의 건국강령이 한국교육법제에 미친 영향. 삼균주의 연구논집. Ⅶ : 삼균주의의 재조명. 서울 : 삼균학회.
조휘제(2011). 통일교육 이론과 실제 방법론 – 나도 통일교육 전문교사(전문가)가 될 수 있다. 서울 : 선인.
주시후(2008). 북한의 이해. 파주 : 한국학술정보(주).
중앙대학교 한국교육문제연구소(1974). 문교사. 서울 : 중앙대학교 출판국.
차유규 · 추병완 · 신현우 · 정창우 · 황인표(2000). 도덕 · 윤리과 수행평가. 서울 : 백의.
최민홍(1988). '한' 철학과 현대사회. 서울 : 성문사.
최영훈(2001). 쉬리와 러브 오브 시베리아. 통일한국. 통신원리포트. 2001년 2월호. 77. 서울 : 평화문제연구소.
최장집(1995). 한국 민주주의의 조건과 전망. 서울 : 나남출판.
추병완(1999). 도덕교육의 이해. 서울 : 백의.
______(1999a). 통일교육 활성화를 위한 지원방안. 학교 통일교육의 내실화 방안. 52-62. 서울 : 통일정부신문사.
______(1999b). 초등학교 통일교육의 활성화 방안. 인문사회교육. 제3호. 121-147. 춘천 : 춘천교육대학교.

______(2001). 통일교육 이론적 기초로서의 공동체이론. 통일교육의 이론적 기초와 새로운 통일교육 방법 모색. ORM 2001-14. 45-62. 서울 : 한국교육과정평가원.
______(2003). 학교 통일교육의 평화교육적 접근. 인문사회교육연구. 제6권, 91-108. 춘천 : 춘천교육대학교.
추병완 역(2001). 학생들과 함께 하는 협동학습. 서울 : 도서출판 백의.
추병완 · 김영은 공역(2000). 갈등해결을 통한 학교폭력 예방. 서울 : 도서출판 백의.
통일부(1998). 통일교육 기본방향. 서울 : 통일부.
______(1999). 2000년 통일교육 기본지침서. 서울 : 통일부.
______(2000). 통일문제 이해. 서울 : 통일부 통일교육원 연구개발과.
______(2013). 2013 통일백서. 서울 : 통일부 정책협력과.
통일부 통일교육원(2000). 사회 통일교육 지침서. 서울 : 아이플랜.
______(2006). 김정일 시대 북한교육의 변화. 서울 : 통일교육원.
______(2010). 북한이해 2010. 서울 : 통일교육원.
______(2011). 2011(고등학교용) 통일교육 지침서. 서울 : 통일교육원.
______(2014). 2014 북한이해. 서울 : 통일교육원 교육개발과.
______(2014). 2014 통일문제이해. 서울 : 통일교육원 교육개발과.
통일부 통일정책실(2000). 2001 통일교육 기본지침서. 서울 : 통일부.
통일원 통일연수원(1996). 통일문답. 서울 : 통일원 통일연수원.
통일을 생각하는 교사들의 모임(1999). '99 겨레사랑 나라사랑 청소년 통일캠프활동 보고서.
평화문제연구소(2009). (베를린장벽 붕괴 20주년) 독일통일 바로알기. 서울 : 평화문제연구소.
______(2010). (동서독 통합 20주년) 독일통일 바로알기. 서울 : 평화문제연구소.
한국정신문화연구원(1994). 한반도 통일의 전망. 성남 : 한국정신문화연구원.
______(1996). 21세기 통일한국의 비전과 전략. 성남 : 정신문화연구원.
한만길(1994). 학교 통일교육의 사회과학적 접근 모색. 통일문제연구. 6(2), 164-187. 서울 : 평화문제연구소.
______(1997). 통일시대 북한교육론. 서울 : 교육과학사.
______(2001a). 통일교육의 이론과 실천. 서울 : 교육과학사.
______(2001b). 남북한의 평화와 통일을 위한 학교교육의 실천과제. 예술과 교육. 제7집. 5-18. 충북 : 한국교원대학교 예술교육연구소.
한만길 외 2인(1997). 민족통합을 위한 교육대책 연구Ⅰ. RR97-15. 서울 : 한국교육개발원.
한만길 외 3인(1997). 학교 통일교육 내용의 체계화 방안 연구. CR97-61. 서울 : 한국교육개발원.
한만길 외 6인(1999). 각급 학교 및 사회교육기관 통일교육 실태조사와 활성화 방안 연구. CR99-12. 서울 : 한국교육개발원.
한만길 외 6인(2000). 남북한 화해협력 촉진을 위한 통일교육의 과제. 통일연구원 협동연구총서. 00-09. 서울 : 통일연구원.

한만길 편(1999). 북한에서는 어떻게 교육할까 – 북녘에서 살다 온 16인의 생생한 교육 체험기. 서울 : 우리교육.

함택영(1998). 국가안보의 정치경제학. 서울 : 법문사.

홍웅선(1989). 한국교육이 추구하는 인간특성. 서울 : 한국정신문화연구원.

황인표(2011). 학교 통일교육의 새로운 패러다임에 대한 일고. 윤리연구. 제83호. 221-262. 서울 : 한국윤리학회.

______(2011a). 북한의 통신망. 통일신문. 2011.3.12일자.

______(2011b). 북한의 음악세계. 통일신문. 2011.5.2일자.

______(2011c). 북한의 영화세계. 통일신문. 2011.5.30일자.

황장엽(2003). 황장엽의 대전략 – 김정일과 전쟁하지 않고 이기는 법. 서울 : 월간조선사.

Coleman, McCarthy. 이철우 역(2007). 19년간의 평화수업. 서울 : 책으로 여는 세상.

______. 이철우 역(2013). 비폭력 평화수업. 서울 : 책으로 여는 세상.

E. 라우드벡. 국제신문사 출판부 역(1948). 한국 미군정사.

Hicks, D. Education for Peace. 고병헌 역(1993). 평화교육의 이론과 실천. 서울 : 서원.

Ilse Schimpf-Herken(1994). 통일독일의 교육문제. 오산 : 한신대학교 민중교육연구소.

Nathan, A. J. (1997). "Promoting politico-Cultural Integration : Lessons for Korea from the Chinese Experience." Paper for the International Seminar of "Korea Unification and the Role of the Media." sponsored by the Hankuk Foundation and Munhwa Broadcasting Company. Nov. 26. 문화방송 편(1998). 정보화시대의 남북한 문화통합. 서울 : 문화방송.

Pfenig, P. 분단, 정상화 그리고 통일 – 독일과 한국의 비교분석. 아태평화재단 · 프리드리히 나우만 재단 공편(2000). 독일과 한국 – 분단에서 통일까지. 서울 : 아태평화재단.

Rüther, Günther(1995). 독일통일 이후의 정치문화와 교육. 독일 콘라드 아데나우워 재단.

______(1995). 독일 통일문제에 관한 정치교육 사례와 성과. 통일논총. 51-66. 서울 : 민주평화통일자문회의.

Shirley, H. Engle & Anna, S. Ochoa. Education for Democracy Citizenship. 정세구 역(1989). 민주시민교육. 서울 : 교육과학사.

2. 북한문헌

김일성(1973). 사회주의 교육학에 대하여. 평양 : 조선로동당출판사.

______(1974). 전국교원대회에서 한 연설(1971.12.27). 김일성 저작선집. 6. 평양 : 조선로동당출판사.

______(1975). 청소년교양에서 교육일군들의 임무에 대하여(전국교육일군열성자 대회에서 한 연설(1961.4.25). 김일성 저작선집. 3. 평양 : 조선로동당출판사.

______(1978). 로동신문. 1978.10.1일자.

리영복(1984). 조선민주주의인민공화국에서의 교육. 평양 : 사회과학출판사.

사회과학원(1975). 주체사상에 기초한 사회주의 교육리론. 평양 : 사회과학출판사.
정성철 외(1978). 사회주의 교육에 관한 테제 해설론문집. 평양 : 과학백과사전출판사.
조선로동당출판사(1977). 사회주의 교육에 관한 테제. 평양 : 조선로동당출판사.

3. 국외문헌

Boulding, K. (1965). Beyond Economics. Ann Arbor : University of Michigan Press.

Charles N. Bahmueller & Charles F. Quigley(1991). CIVITAS : A Framework for Civic Education. Calabas, C.A. : Center for Civic Education.

Die Frage nach der Deutschen Identität. Schriftenreiche der Bundeszentrale für politische Bildung. Band 221. 1985.

Duchrow, U. & Liedke, G. (1987). Shalom, Der Schöpfung Befreiung, den Menschen Gerechtigkeit, den Völkern. Stuttgart : Kreuz Verlag.

Egon Bahr(1991). Sicherheit für und vor Deutschland. Mönchen : Hanser.

Moltmann, J. (1985). Gott in der Schöpfung. Ökologische Schöpfungslehre. Stuttgart.

______(1989). Gerechtigkeit schafft Zukunft. München : Grunewald.

Neudruck(1990). “Die Deutsche Frage.” Information zur politische. 203.

Ogburn, W. F. (1966). Social Change. New York : Dell Publishing.

Turner, J. H. (1987). “Analytical Theorizing.” in Social Theory Today. edited by Anthony Giddens and J. H. Turner. Stanford. C.A. : Stanford Univ. Press.

United Church of Christ(UCC)(1986). A Just Peace Church. New York.

Weizsäcker, C. F. V. (1986). Die Zeit drängt. Eine Weltversammlung der Christn für Gerechtigkeit. Frieden und die Bewahrung der Schöpfung. Mönchen : Hanser.

Wilds, E. H. (1954). The Foundations of Modern Education. New York : Rinhaut Co..

독일개신교연합회(1981). “Frieden wahren, föern und erneuern.” Eine Denkschrift der EKD. Güterscloh.

미국장로교(1985). Presbyterians and Peace-making : Are We Now Called to Resistance?. New York.

세계교회협의회중앙위원회(1982). “The Programme on Militarism and Arnaments Race.” January. 1979(in : Peace and Disarmament. Documents of WCC and Roman Catholic Church).

세계교회협의회중앙위원회 편(1982). Mission und Evangelisation. Eine öku menische Erklärung(독어판).

찾아보기

국내 인명

국외 인명

배장오(裵長吾, Changoh Bae)

마산교육대학 졸업
강남대학교 교육학과 졸업
연세대학교 교육대학원 졸업(교육학 석사)
세종대학교 대학원 졸업(교육학 박사)
마산중앙 · 성호초등학교 근무(교사 · 주임교사)
(서울)경복초등학교 근무(교사 · 부장교사)
(현) 강남대학교 교육학과 교수
교양학부장, 교양교수부장, 교수학습지원센터 교수부장,
평생교육원장, 학생처장, 기획처장, 경영부총장 역임
전국현장교육연구대회 심사위원, 전국교육자료전 심사위원,
한국교원단체총연합회 연구위원, EBS연구대회 논문부문 심사위원
대학종합평가 방문평가단장 역임

남북 및 남남 갈등시대의 **통일교육론**

2015년 2월 15일 1판 1쇄 인쇄
2015년 2월 20일 1판 1쇄 발행

인지

저 자 배장오
펴낸이 조재성
펴낸곳 서현사

등록 2002년 8월 14일 제03-01392호
주소 경기도 고양시 일산동구 중앙로 1055번지 레이크하임 206호
전화 031-919-6643
팩스 031-912-6643

ISBN 978-89-94044-71-2 93370
정가 16,000원

잘못 만들어진 책은 구입하신 서점에서 바꾸어 드립니다.
이 책은 저작권법에 따라 보호받는 저작물이므로 무단 전재와 복제를 금하며,
내용의 전부 또는 일부를 이용하려면 저작권자와 서현사의 서면 동의를 받아야 합니다.